本专著得到"温州大学学术精品文库"出版资助

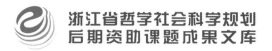

浙江省哲学社会科学规划
后期资助课题成果文库

人类共同价值体系构建研究

潘从义 著

中国社会科学出版社

图书在版编目（CIP）数据

人类共同价值体系构建研究／潘从义著．—北京：中国社会科学出版社，
2022.7

（浙江省哲学社会科学规划后期资助课题成果文库）

ISBN 978-7-5227-0656-6

Ⅰ.①人…　Ⅱ.①潘…　Ⅲ.①社会人类学—研究　Ⅳ.①C912.4

中国版本图书馆 CIP 数据核字（2022）第 141022 号

出 版 人　赵剑英
责任编辑　宫京蕾
责任校对　秦　婵
责任印制　李寡寡

出　　　版　中国社会科学出版社
社　　　址　北京鼓楼西大街甲 158 号
邮　　　编　100720
网　　　址　http：//www.csspw.cn
发 行 部　010-84083685
门 市 部　010-84029450
经　　　销　新华书店及其他书店

印刷装订　北京君升印刷有限公司
版　　　次　2022 年 7 月第 1 版
印　　　次　2022 年 7 月第 1 次印刷

开　　　本　710×1000　1/16
印　　　张　17.25
插　　　页　2
字　　　数　296 千字
定　　　价　98.00 元

序

　　《人类共同价值体系构建研究》是我的学生潘从义在其博士学位论文基础上修改完成的研究成果。五年前，人类命运共同体成为学界关注的热点，但是关注人类共同价值的研究还不多，作者把人类共同价值作为博士学位论文的选题，表明了作者具有国际视野、人类情怀和研究勇气。当今天著作出版时，关于人类共同价值的研究如火如荼，成为哲学、马克思主义、国际政治等学界热点，该著作无疑为当下的研究增添了许多新的思考。

　　20世纪以来，伴随着全球化时代的到来，整个世界出现了许多新的情况，如：经济及贸易的世界化和世界性经济（金融）危机；人员的国际交往和文化的国际交流、交融、互鉴；世界性的会议、赛事和组织（包括联合国组织）；现代科学技术特别是信息技术超越国界的、无孔不入的影响及高科技犯罪；世界性的环境危机、战争以及恐怖主义；世界性的传染性疾病流行如新冠肺炎疫情等。这些因素把全世界各个国家和全人类越来越紧密地联系在一起，其中的一些负面因素［如世界性经济（金融）危机、全球性环境危机、跨国高科技犯罪、世界性和局部性战争、国际性恐怖主义以及流行性疾病等］特别直接而现实地将人类的命运紧紧地联系在了一起，使人类已经事实上成了一个命运共同体。然而，人类并没有成为一个真正的利益共同体。要使人类真正成为一个利益共同体，必须在人类范围普遍形成价值共识，构建对人类具有普遍约束力和引领作用的人类共同价值体系。为此，需要世界各国学者协同研究、合作攻关，为人类价值共识的形成和人类价值体系的构建提供智力支持和理论依据。

　　专著《人类共同价值体系构建研究》的出版正当其时。该专著梳理分析了中西方历史上人类追求的共同价值资源，为当今构建人类共同价值体系提供了学术论证和理论依据。基于历史回顾和现实要求，该专著阐述了构建人类共同价值的必要性、可能性、现实性，探讨当代人类价值共识的形成对于世界和平和发展的意义，提出了人类应建立人类共同价值体系以及人类共同价值体系在理论上应坚持的目标、理念、原则，为人类共同价值体系构建提供了实践方案。

专著对这些问题的研究富有探索性和创新性，具有以下突出特点。

一是研究视野的广阔性。专著以世界历史的视角，系统梳理了中西方思想史中人类共同价值这一理念的历史资源，为更深入和准确的理论研究提供学术滋养。基于当今价值多元化的现实，专著注重吸收和借鉴中西方价值文化中的先进合理内容和我国正在构建的中国主流价值观的成功经验，探究人类共同价值的理论问题，构建了一个完整的人类共同价值体系，并提供了较为充分的论证。

二是学术观点的创新性。专著认为对人类共同价值体系构建要适应人类命运共同体的需要，构建人类共同价值体系要能够为人类命运共同体构建提供指导和依据。在构建人类共同价值体系的过程中，必须以人类基本价值共识为前提，理论的人类共同价值体系要从价值目标、核心理念、基本原则三个层面系统考虑。

三是学术论证的严密性。专著对人类共同价值体系研究以价值哲学和政治哲学为主要理论依据，体现了多维学科支撑与聚集重点理论的有机结合，不是孤立地对它进行研究，而是始终将历史与现实、时代需要与实践需要紧密结合起来，将现实问题的研究深深地植根于历史思想文化土壤，理论的构建和论证因而具有历史感和说服力。专著对人类共同价值体系理论构建和现实构建应始终坚持是什么以及为什么提供了较为充分的论证。

人类共同价值理论体系是一种十分复杂的价值系统，其现实构建的主体是世界上两百多个国家，要从理论上提供一个大多数国家可接受的合理构建方案，难度很大。构建人类共同价值体系势在必行，我相信在世界各国专家学者和政治家的共同努力下，这个人类的梦想终将成真。希望作者以《人类共同价值体系构建研究》的出版为起点，继续进一步深入研究构建人类共同价值体系这一难题，取得更多的优秀成果，共同为破解全球性治理难题、促进世界和谐与人类幸福提供理论参考和"中国方案"而努力！

江　畅

2022 年 1 月于武汉

引　言

第二次世界大战后，在民族利己主义的驱使下，不少国家把自己的利益看成是至高无上的，不顾及他国利益和人类整体利益，当本国利益与他国利益和人类整体利益发生冲突时，做出有损于他国乃至全人类的行为。当代人类面临着环境污染、生态破坏、核武器威胁、恐怖主义、疾病流行、跨国犯罪等全球性问题，这些问题给人类的生存和发展带来了严重威胁。导致民族利己主义问题和全球性问题的原因很复杂，但人类在许多事关自身生存和发展的重大问题上尚未形成价值共识，没有形成人类共同价值观，世界各国在价值问题上存在着严重的分歧和对立，这其中有深层次的思想观念根源。伴随着全球化的演进，人类逐渐形成了一些价值共识，但它们基本上是零散的，尚未成为完整系统的人类共同价值观。

随着经济全球化发展，人类事实上成了命运共同体。中国国家领导人习近平主席在出席博鳌亚洲论坛 2015 年年会时，顺时应势地提出了"通过迈向亚洲命运共同体，推动建设人类命运共同体"的倡议。这一倡议提出后，得到国际社会的强烈反响，"构建人类命运共同体"理念被写入了联合国决议。这一切都表明，这一理念已经得到相当广泛的认同，也彰显了中国对全球治理的巨大贡献。构建人类命运共同体必须有作为其内核和灵魂的人类共同价值观作为基础和支撑。习近平主席在出席纪念联合国成立 70 周年大会上的讲话中指出："和平、发展、公平、正义、民主、自由，是全人类的共同价值，也是联合国的崇高目标。目标远未完成，我们仍须努力。"习近平主席的讲话实际上已经根据建设人类命运共同体的需要提出了构建人类共同价值观的任务。

近年来，国内外关于人类共同价值和人类命运共同体有许多探讨，并且取得了丰富的成果。但到目前为止，尚未见有关于将人类共同价值观和人类共同价值体系置于人类命运共同体视域下的完整系统研究。鉴于这种情况，本研究尝试在对历史上中西方共同人类价值思想进行初步挖掘和梳理并利用现有价值思想理论的基础上，阐明今天人类构建与人类命运共同体相适应的价值体系的必要性、可能性和现实性，并着重从人类共同价值体系应有的终极价值目标、核心价值理念、基本价值原则三个层次阐述其理论架构，最后也对它现实构建的原则和路径提出设想。

目　　录

导　　论

　　2015 年 9 月 28 日，习近平主席在出席纪念联合国成立 70 周年大会上发表题为《携手构建合作共赢新伙伴 同心打造人类命运共同体》的讲话，指出"和平、发展、公平、正义、民主、自由，是全人类的共同价值，也是联合国的崇高目标。目标远未完成，我们仍须努力。当今世界，各国相互依存、休戚与共。我们要继承和弘扬联合国宪章的宗旨和原则，构建以合作共赢为核心的新型国际关系，打造人类命运共同体"①。2017 年 2 月，联合国社会发展委员会第 55 届会议将"构建人类命运共同体"理念首次写入联合国决议。人类事实上形成了命运共同体，但是在国家至上主义和民族利己主义驱使下，一些国家把自己的利益看成是至高无上的，没有顾及其他国家的利益，当国家利益与其他国家利益相冲突时，做出有损于他国以及人类利益的行为。正是一些国家只顾自己利益不顾他国和人类利益，造成了当代人类面临环境污染、生态破坏、核武器威胁、恐怖主义、疾病流行、跨国犯罪等全球性问题，以及近些年频发的自然灾祸引发的国际性公共事件等问题。这些问题给人类的生存和发展带来了严重危机，也使得各国家的利益受到损害。

　　人类面临着这些前所未有的灾难性难题和全球性挑战，其根源是人类在许多事关人类生存和发展的重大问题上尚未形成价值共识或者共同的价值观，在价值观上存在着严重的分歧和对立。在全世界肆虐的新冠肺炎疫情及各国在抗疫中的表现，进一步表明构建人类命运共同体的必要性和紧迫性，也凸显了构建人类命运共同体的极大难度。难度的根源在于人类在许多事关人类生存和发展的重大问题上尚未形成共识，在价值观上存在着严重的分歧和对立。事实表明，人类如果不在价值问题上形成基本共识，

---

　　①　习近平：《携手构建合作共赢新伙伴 同心打造人类命运共同体》，《人民日报》2015 年 9 月 29 日第 2 版。

并在此基础上构建共同价值体系，那么构建人类命运共同体就是一句空话。构建人类命运共同体要以构建人类共同价值体系为前提，当代人类面临的环境污染、生态破坏、核武器威胁、恐怖主义，以及近些年频发的自然灾祸引发的国际性公共事件，则使构建人类共同价值体系十分严峻地提上了全人类的议事日程。构建人类共同价值体系不仅是建设人类命运共同体的前提，而且对于解决当代人类面临的共同问题、维护世界长久和平具有重大的现实价值和深远的历史意义。

第一节　国内外相关研究综述

2013 年 3 月，习近平总书记首次提出"命运共同体"这一概念；2015 年 9 月 28 日，习近平总书记提出"和平、发展、公平、正义、民主、自由，是全人类的共同价值"的"人类共同价值"思想。"人类命运共同体""人类共同价值"是中国领导人提出的一个原创性的话语，它为思考人类未来提供了一份中国判断，为创新全球治理体系贡献中国智慧、提供中国方案。这是在遵循马克思主义所揭示的人类社会发展之客观规律的基础上做出的战略构想。国内外专家学者通过围绕哲学、政治学、国际关系和国际政治等理论这一主题纷纷开展研究，人类共同价值成了学术界、政治界热门的话题乃至实际的行动。

一　国内相关研究

人类共同价值研究是伴随着中国当代价值论的研究而开展的，大致可划分为三个阶段：（1）兴起阶段（1988—1999 年）。对"全人类普遍价值"体系的相关概念等进行探讨（李德顺，1988；王玉樑，1991；马俊峰，1992；陈新汉，1992；袁贵仁，1998；田海平，1999），这其中比较有代表性的观念是"共同价值"不能归结为享有共同的客体，也不是完全同一的价值标准和价值结果，而是不同主体可以在同一系列的行为中各自获得满足，主体之间通过多元互补或动态延续而一致起来的价值结果。这为在价值多元主体之间找到实现和谐、共商、共建、共管、共享、共赢的"共同价值"提供可能。（2）全面展开阶段（2000—2015 年）。研究全球化时代人类共同价值以及价值体系构建可能性途径（孙伟平，2001；江畅，2002；李德顺，2002），认为全球化为建立人类共同的价值体系提供了可能，其实现不能凭借自己的实力和强力去推行，需要尊重人们的自主选择、自我实现，通过平等交流与合作，去创造出一种新的秩序、新的统一与和谐。（3）繁荣阶段（2016 年至今）。习近平总书记提出"人类命运共同体""人类共同价值"后国内相关研究如雨后春笋，引起马克思主义哲学、伦理学、中国哲学等领域研究专家的兴趣。近年来，国内马克思主义理论、哲学、政治学、国际关系和国际政治等诸多学者对"人类共同价值"及相关问题进行了大量研究，成果甚丰，进一步回答了"究竟什么是共同价值""究竟哪些东西才可以算作是人类共同价值"以及"从何种视角进行构建"等问题。

有关学术单位专门组织了相关理论研讨会进行探讨，中华文化学院、中国孔子基金会、山东大学、山东中华文化学院于 2016 年 11 月在山东济南召开"中华文明与人类共同价值"国际学术研讨会，《社会主义核心价值观》编辑部、中国地质大学（北京）、北京市高校思想政治理论课"杨峻岭工作室"于 2017 年 6 月在中国地质大学（北京）召开"人类命运共同体与共同价值学术研讨会"，中国价值哲学学会于 2017 年 10 月在浙江大学召开了"人类命运共同体与人类共同价值学术研讨会"，2018 年 8 月召开的第二十四届世界哲学大会专门设立"儒学与人类可持续发展"圆桌会议，2020 年 1 月在四川南充召开"全人类共同价值与跨文化交流"国际学术研讨会等；由湖北大学 2013 年发起成立的国际学术平台——世界文化发展论坛，至今已经召开了七届，从 2016 年开始连续四年将研究"人类命运共同体"和"人类共同价值"作为论坛主题，出版系列研究成果。国内专家主要围绕以下几方面开展研究：

1. 人类共同价值的哲学诠释

习近平总书记提出"人类共同价值"概念后，国内哲学界进行了热烈的讨论，讨论涉及诸多问题。

一是人类价值与人类共识的关系问题。人类共同价值是一种价值共识，李德顺认为共同价值观是指共同体所需要、也能够在共同体成员之间达成共识的价值观念。[①] 陈先达认为人类在一定范围内、一定问题上可以存在某种价值共识，这种价值共识的凝结就表现为人类共同价值。[②] 易

① 李德顺：《"人类命运共同体"的主体性》，《党政干部学刊》2018 年第 5 期。
② 陈先达：《马克思主义十五讲》，人民出版社 2016 年版，第 213 页。

刚、林伯海认为共同价值是不同国家和民族的民众共同参与、共同享有的价值观念,为不同国家和民族的民众普遍认同、共同追求并用来指导他们实践活动的价值观念。① 二是人类共同价值与人类共同利益的关系问题。秦宣、刘鑫鑫认为人类共同价值是人类追求的共同利益的体现,是对当代文明基本价值观的总的表述。② 三是人类共同价值的主体性。孙伟平认为人类共同价值是指事物对于全人类所共同具有的价值,即反映世界各个民族、国家、地区的人民的利益和需要,超越了多层次的具体主体。③ 四是人类共同价值体系与国家、个人价值体系的关系问题。江畅认为人类共同价值体系只反映和满足人类根本的总体的需要,而不是对国家、个人的一切需要及其满足、一切活动都作出详尽无遗的规定,人类个体(包括群体和个人)在构建自己的价值体系方面有一定自己的空间。④

2. 人类共同价值时代意义的揭示

人类共同价值的提出具有深刻的时代背景,是多种因素综合作用的结果,国内学者主要从世界发展的需要、中国政府的积极倡导上阐述其积极意义。汪信砚认为中国政府所倡导的全球价值观,深刻地反映了人类的共同价值,并正在逐步获得世界各国的认同。大力促进对这种全球价值观的认同,必将对维护和促进世界和平做出重要贡献。⑤ 郭海龙、林伯海认为构建共同价值是避免西方文明霸权的客观要求,是人类走向一体化之必然。⑥ 林伯海、杨伟宾认为习近平人类共同价值思想提升了中国在世界上的话语权,彰显了中国的软实力,有助于促进人类面临的共同问题的解决和推动国际治理与世界和平。⑦ 人类文明发展需要共同价值,共同价值是

---

① 易刚、林伯海:《共同价值与社会主义核心价值观的关系探究》,《思想理论教育》2016年第7期。

② 秦宣、刘鑫鑫:《共同价值:打造人类命运共同体的价值观基础》,《中国特色社会主义研究》2017年第4期。

③ 孙伟平:《"人类共同价值"与"人类命运共同体"》,《湖北大学学报》(哲学社会科学版)2017年第6期。

④ 江畅:《全球化与人类共同价值体系之生成》,《理论月刊》2002年第4期。

⑤ 汪信砚:《价值共识与和谐世界》,《武汉大学学报》(哲学社会科学版)2017年第5期。

⑥ 郭海龙、林伯海:《对习近平共同价值思想的哲学思考》,《社会主义核心价值观研究》2016年第2期。

⑦ 林伯海、杨伟宾:《习近平的人类共同价值思想初探》,《当代世界与社会主义》2016年第2期。

人类生存发展的精神条件，也是各民族和国家的精神纽带。孙霄汉认为人类的共同价值维系着人类的发展，推动人类文明进步。世界格局大变化背景下人类文明发展呼唤共同价值。张军认为"共同价值"理念体现出责任意识与实际行动的有机统一，真切表明人类文化家园意识的实践精神。① 肖河认为人类共同价值是当代中国价值的全球传播，是全球价值理念的中国表述，将中华文明的传统精华、当代中国的发展经验与世界各国人民对于普遍政治价值的追求融为一体，既是中国增强国际话语权的重要尝试，也是顺应世界潮流所做出的理论创新。②

3. 人类共同价值内容的研究

国内学者主要是基于习近平人类共同价值思想"和平、发展、公平、正义、民主、自由"从哲学角度进行诠释人类共同价值的内容，认为和平、发展、公平、正义、民主、自由之间是彼此联系的有机整体。林伯海、杨伟宾认为和平、发展是人类的生存价值观。民主、自由是人类的政治价值观。公平、正义是人类的社会价值观。③ 甄言认为儒家文化倡导的"和为贵""己所不欲，勿施于人"、人本、和谐、太和、中庸、诚信、"天人合一，万物一体"等都可以成为"共同价值"。④ 董德刚认为科学、法治、人权、和谐和社会主义核心价值观中所指向的内容，绝大部分都属于人类共同价值。⑤

4. 人类共同价值特征的研究

国内学者主要是从价值哲学角度对人类共同价值特征进行了分析。郭海龙、林伯海认为人类共同价值具有类主体性、实践性、相对稳定性、历史发展性、广泛辐射性和特殊表现性的特性。⑥ 易刚、林伯海认为具有普

① 张军：《树立"共同价值"理念 构建人类文化家园》，《前线》2017 年第 5 期。
② 肖河：《中国外交的价值追求——"人类共同价值"框架下的理念分析》，《世界经济与政治》2017 年第 7 期。
③ 林伯海、杨伟宾：《习近平的人类共同价值思想初探》，《当代世界与社会主义》2016 年第 2 期。
④ 甄言：《中国应该为丰富人类的共同价值作贡献》，《人民论坛》2008 年第 14 期。
⑤ 董德刚：《关于人类共同价值的几点思考》，《理论视野》2017 年第 8 期。
⑥ 郭海龙、林伯海：《对习近平共同价值思想的哲学思考》，《社会主义核心价值观研究》2016 年第 2 期。

遍适用性、共建共享性、开放包容性。① 林伯海、杨伟宾认为具有兼顾性、包容性、共建性。② 董德刚认为具有主体相对性，具有相对多数、历史阶段性、多重差异性、实现形式多样性的特征。③

5. 人类命运共同体、人类共同价值、社会主义核心价值观相关关系的辨析

（1）"人类命运共同体"与"人类共同价值"的关系

国内学者认为人类命运共同体与人类共同价值具有密切相关性，二者相互作用、相互推动，共同实现人类美好生活。刘进田认为人类命运共同体是人类共同价值的现实基础，人类共同价值是人类命运共同体的内在灵魂。④ 吴潜涛认为"共同价值"和"人类命运共同体"是密切联系的两个概念。共同价值就是基于人类命运共同体的共同利益产生的一种价值诉求。⑤ 舒远招认为人类命运共同体不仅意味着人类有共同的利益，还需要有共同的价值观把所有国家团结起来，尤其是需要普遍的国际规则来协调各国的利益关系。⑥ 古晓兰认为人类命运共同体是共同价值生存发展的前提和动力，共同价值是人类命运共同体的内容基础与利益反映、核心理念，共同价值是打造人类命运共同体所遵循的基本价值。⑦ 罗平汉认为"人类共同价值"，是对"人类命运共同体"在思想理念层面的深度挖掘，是对世界各国自觉奉行的价值准则的高度概括。它反映着世界最广大民众的价值理想、价值愿望和价值追求，是人类处理各类关系的共同准则。⑧

---

① 易刚、林伯海：《共同价值与社会主义核心价值观的关系探究》，《思想理论教育》2016年第7期。

② 林伯海、杨伟宾：《习近平的人类共同价值思想初探》，《当代世界与社会主义》2016年第2期。

③ 董德刚：《关于人类共同价值的几点思考》，《理论视野》2017年第8期。

④ 刘进田：《论人类命运共同体的价值主体结构、哲学建构方法及其意义》，《观察与思考》2017年第11期。

⑤ 韩庆祥等：《人类命运共同体与共同价值》，《社会主义核心价值观研究》2017年第4期。

⑥ 舒远招：《康德的永久和平论及其对构建当代人类命运共同体的启示》，《湖北大学学报》（哲学社会科学版）2017年第6期。

⑦ 古晓兰：《人类命运共同体视域下共同价值的研究》，博士学位论文，华南理工大学，2019年，第41页。

⑧ 罗平汉：《治国理政这五年：十八大以来中国新巨变》，人民出版社2017年版，第91页。

（2）"人类共同价值"与"社会主义核心价值观"的关系

对于人类共同价值与社会主义核心价值观的关系，国内学者认为二者关系紧密，是辩证统一的。戴木才认为社会主义核心价值观是全人类共同价值的具体表现形式，是全人类共同价值的吸纳和发展，两者是辩证统一的。① 刘进田认为两者是整体与部分、普遍与特殊的关系。② 王炳林认为二者应该是一般和特殊的关系。也就是说，共同价值是一般，社会主义核心价值观是特殊。③ 韩震、王临霞认为只有中国包容差异的和谐价值观，才能在世界范围内和平地确证具有全人类普遍意义的共同价值。④ 易刚、林伯海认为人类共同价值是社会主义核心价值观的重要来源，社会主义核心价值观丰富和补充了全人类共同价值的具体形式。⑤ 虞崇胜、叶长茂认为社会主义核心价值观是迄今为止人类共同价值的高度凝结和完整表达。⑥

（3）"人类共同价值"与"普世价值"的关系

对于是否存在"普世价值"，国内学者有三种观念：第一种是人类社会根本不存在"普世价值"；第二种是世界上没有绝对的"普世价值"，只有相对的"普世价值"；第三种是人类社会存在"普世价值"。学者认为人类共同价值与普世价值两者之间有本质性的差异和对立。"全人类共同价值"不是全人类的"无差别（或者是普世）"价值。项久雨认为不能把共同价值与"普世价值"混为一谈，"普世价值"是西方对付非西方社会的意识形态，揭露"普世价值"的本来面目，并不意味着否定人类

① 戴木才：《全人类"共同价值"与社会主义核心价值观》，《光明日报》2015 年 10 月 28 日第 13 版。

② 刘进田：《论人类命运共同体的价值主体结构、哲学建构方法及其意义》，《观察与思考》2017 年第 11 期。

③ 韩庆祥等：《人类命运共同体与共同价值》，《社会主义核心价值观研究》2017 年第 4 期。

④ 韩震、王临霞：《以社会主义核心价值观培育时代新人的历史演进与现实路径》，《东北师大学报》（哲学社会科学版）2019 年第 3 期。

⑤ 易刚、林伯海：《共同价值与社会主义核心价值观的关系探究》，《思想理论教育》2016 年第 7 期。

⑥ 虞崇胜、叶长茂：《社会主义核心价值观与人类共同价值》，《中共中央党校学报》2016 年第 2 期。

共同价值的存在。① 洪晓楠认为西方推广"普世价值"的实质就是为其霸权主义行为披上合法的外衣。② 张军认为"共同价值"与"普世价值"的根本区别在于，后者把个别和特殊凌驾于一般和普遍之上，把个别和特殊的价值说成是一般和"普世价值"。③ 汪亭友认为人类共同价值不是西方所谓"普世价值"，毫无共同之处。④ 宫敬才认为人类共同价值这一命题不是以西方为主体的价值观，而是所有文明主体共同参与、共同建设、共同收获的价值观。⑤

6. 中华文明为人类共同价值的实现提供资源的研究

国内专家认为中华五千年文明蕴含着丰富的共同价值思想，为人类的未来发展提供了更多的可能，中华文明的整体思维和天下情怀，为构建人类共同价值提供了最根本的支撑。潘岳认为中华文明与全人类共同价值不仅仅是简单的局部和整体的关系，更是一种结构化的支撑与被支撑关系。⑥ 陈来认为中华文明提出的基本理念、儒家文化提出的价值原理，应该说表达了人类共同价值的道德基础。总体而言，可以说"己所不欲，勿施于人"的金律是"和平、发展、公平、正义、民主、自由"六大理念的伦理基础。⑦ 杜维明认为儒家的仁义礼智信都是儒家贡献给人类的共同价值，而且可以和现代西方启蒙所孕育的共同价值进行平等互惠的对话。⑧ 韩星认为"忠恕之道"可以成为人类共同价值观之一，以推动人类多元文明和平共处、共同发展、走向大同。⑨ 孙霄汉认为中华文明为世界文明进步贡献价值思想和精神财富，中华民族复兴为中国向人类贡献价值

---

①　项久雨：《二者存在本质区别 莫把共同价值与"普世价值"混为一谈》，《理论导报》2016 年第 4 期。

②　洪晓楠：《如何看待西方所谓的"普世价值"》，《大连理工大学学报》（社会科学版）2017 年第 4 期。

③　张军：《树立"共同价值"理念 构建人类文化家园》，《前线》2017 年第 5 期。

④　汪亭友：《"共同价值"不是西方所谓"普世价值"》，《红旗文稿》2016 年第 2 期。

⑤　韩庆祥等：《人类命运共同体与共同价值》，《社会主义核心价值观研究》2017 年第 4 期。

⑥　潘岳：《中华文明要为建构人类共同价值提供重要支撑》，《山东省社会主义学院学报》2017 年第 1 期。

⑦　陈来：《中华文明与人类共同价值》，《山东省社会主义学院学报》2017 年第 2 期。

⑧　杜维明：《儒家贡献给人类的共同价值——在第二十四届世界哲学大会启动仪式上的发言》，《船山学刊》2017 年第 5 期。

⑨　韩星：《忠恕之道与人类共同价值的构建》，《山东省社会主义学院学报》2017 年第 4 期。

思想提供了契机。①

7. 人类共同价值体系构建途径的研究

构建人类共同价值体系是全球化趋向的客观要求，具有必要性、可能性和现实性，国内专家围绕人类共同价值体系构建的实现可能性路径进行分析和探讨。江畅认为构建人类共同价值体系面临着以下四大主要障碍：狭隘国家主义的障碍、区域文明主义的障碍、文化相对主义的障碍、后现代主义的障碍。② 郭海龙、林伯海认为清除国家利益至上、普世价值论和文明冲突论的障碍，促进协商以及注重发挥全球治理的作用，是实现共同价值的可能性路径。③ 孙伟平认为通过持续不断的交往、学习、沟通、对话和合作，通过世界上各个民族、国家、地区创造性的智慧和努力，逐步推进这一伟大的社会历史进程。④ 邱仁富认为要在多元价值之间进行友好对话，实现多元价值之间相互补充、相互借鉴、互通有无，共同发展。⑤

纵观国内的研究，不仅深化了人类共同价值研究的思想认知，也为当代构建人类共同价值体系打下了良好基础。但由于这一问题的研究尚处于起步阶段，已有的研究存在一些不足，还需要做进一步深入的探讨。（1）尚未对中西思想史的共同价值思想资源进行系统梳理和分析，当代人类对共同价值的构建缺乏深厚的历史文化滋养。（2）对人类共同价值体系及其构建的具体路径的研究缺乏理论深度，尤其是对人类共同价值体系的具体内容、价值目标、理念、价值原则以及手段、规则、制约条件等问题的探讨还不够深入。（3）目前的研究大多局限于本学科领域，尚缺乏多学科的综合研究。鉴于以上情况，本研究拟从马克思主义理论、哲学、政治学、国际关系和国际政治等多学科视野，着眼于人类命运共同体构建，尝试在理论上构建符合人类根本利益、能够得到各国普遍认同的人类共同价值体系，并为其构建提出构架性实践方案，以为破解全球性治理

① 孙宵汉：《共同价值与中华民族伟大复兴》，《中国社会科学院研究生院学报》2017 年第4 期。

② 江畅：《全球化全人类共同价值体系之生成》，《理论月刊》2002 年第 4 期。

③ 郭海龙、林伯海：《对习近平共同价值思想的哲学思考》，《社会主义核心价值观研究》2016 年第 2 期。

④ 孙伟平：《"人类共同价值"与"人类命运共同体"》，《湖北大学学报》（哲学社会科学版）2017 年第 6 期。

⑤ 邱仁富：《全球化视域下人类共同价值何以可能?》，《理论与评论》2018 年第 2 期。

难题、促进世界和谐和人类普遍幸福作出贡献。

二　国外相关研究

"人类命运共同体"和"人类共同价值"是中国提出的一个原创性的话语，它为思考人类未来提供了一份中国判断和中国方略。在中国提出这种构想前后西方学者也有一些关于共同体、全球伦理和世界主义的研究成果，这里略加阐述。

1. 共同体研究

共同体（community）是广泛用于西方社会学、哲学、政治学、人类学的重要概念。词源上来源于希腊语，表示一种具有共同利益诉求和伦理取向的群体生活方式。①

西方社会学家认为共同体早于社会。德国社会学家斐迪南·滕尼斯最早把共同体从社会中分离出来，并对共同体做了清晰的表述：共同体（gemeinschaft）作为与社会（gesellschaft）相对的一种生活，特指那种凭传统的自然感情而紧密联系的交往有机体；"共同体"和"社会"虽然都属于人类的共同生活形式，但只有"共同体"才是真正、持久的共同生活，而"社会"不过是暂时、表面的共同生活。② 科林·贝尔（Colin Bell）和霍华德·纽拜（Howard Newby）认为，可以解析出超过 90 个共同体的定义，而他们之中的唯一共同要素就是人！③ 德兰蒂（Delanty）认为共同体也是社会学思想和政治运动中失落感问题的核心观念。就其本身而论，它常被看作"社会"的对立物，并被用来描述现代社会的某种隐忧。④

有学者认为，政治哲学对于共同体的研究可以追溯到古希腊，希腊城邦常被共同体主义者视作共同体生活的范本。希腊人总是通过各种方式——共同的血统和语言、共同的诸神体系和祭祀以及共同的政治生活习惯——有意识地塑造城邦的共同信仰和共同价值。他们极其重视共同体对

---

① ［古希腊］亚里士多德：《尼各马可伦理学》，廖申白译注，商务印书馆 2003 年版，第51 页。

② ［德］滕尼斯：《共同体与社会》，林荣远译，商务印书馆 1999 年版，第 54 页。

③ Colin Bell & Howard Newby, *Community Studies: An Introduction to the Sociology of the Local Community*, Westport CT: Praeger, 1973, p. 15.

④ G. Delanty, *Community*, London: Rountledge, 2003, pp. 15-21.

个体的塑造和构成作用，共同体的最大意义和最不可忽视性在于它具有构成性，无论是在存在论意义上还是在伦理学意义上，它都具有相对个体而言的优先性，是共同体构成了个体。之所以倡导"共同体"而不是"联合体"，就是因为前者揭示了群体对个体的塑造作用和构成作用。① 桑德尔认为共同体决定了"我是谁"，而不是我选择为"谁"。②

　　哲学上"共同体"主要体现了共同体的伦理道德价值。"共同体"揭示了一种特殊的社会关系模式，这种关系模式对人类生活具有特定的伦理价值和道德意义。伯纳德·威廉姆斯（Bernard Williams）就指出，一个人总是"从一种我已获得的并构成我之'所是'的那种伦理观点出发思考伦理的善和其他的善"③。尼斯贝特（Nisbet）认为最初共同体作为一种道德价值而出现；直到19世纪，这种概念的世俗化形式才在社会学思想中逐渐变得醒目。④

　　人类学研究共同体的经典名著是本尼迪克特·安德森（Benedict Anderson）的《想象的共同体》。他对作为共同体的"民族"是如何通过符号和认知媒介而被建立起来作了论证。人们是通过搜寻关于共同体的记录和实物记载，并根据某些共享的符号（常常是本土语言）来拟订共同体的边界，从而论证并且加强其文化认同感和文化差异感的。⑤

　　2. 人类命运共同体研究

　　人类命运共同体是近年来中国政府反复强调的关于人类社会的新理念，是在世界深刻变化的新背景下寻求公正合理的国际秩序和开放共赢的增长模式提出的中国方案。其一经提出，就引起国外学者的广泛关注，他们大多积极给予支持，认为树立人类命运共同体和利益共同体意识对G20成员具有现实意义，这有助于促进各国同舟共济、共同发展。⑥ 印尼政治

　　① ［美］桑德尔：《自由主义与正义的局限》，万俊人等译，译林出版社2001年版，第181—182页。

　　② ［美］桑德尔：《自由主义与正义的局限》，万俊人等译，译林出版社2001年版，第151页。

　　③ Bemard Williams, *Ethic and the Limits of Philosophy*, London. fontana Press, 1985, p. 51.

　　④ R. A. Nisbet, the *Sociological Tradition*, Heinemann, 1970, p. 18.

　　⑤ ［美］安德森：《想象的共同体》，吴叡人译，上海人民出版社2005年版，第130页。

　　⑥ 专家认为打造命运共同体对二十国集团具有现实意义，http://www.xinhuanet.com/world/2015-11/14/c_1117143843.htm, 2015年11月14日。

分析专家李卓辉认为人类命运共同体主张是全世界人民的共同愿望，说明互利合作而非对抗排斥，才是世界经济走出困境的方式。巴西中国与亚太地区研究所所长塞维利诺·卡布拉尔认为人类命运共同体是中国将本国传统的和谐理念运用到国际问题中的一种体现，以通过互信打造一个利益共同体。这个共同体的基础就是无论大小国家都愿积极合作，最终形成和平、安全和发展的国际体系。英国 48 家集团俱乐部副主席、中国问题专家班可夫认为，在 21 世纪，世界已经全球化，人类命运共同体事实上是唯一可持续和现实可行的选择，只有英明而有远见的人才能认识到这一点，并能明确阐述和倡导这一观点。

3. 国际共同价值观研究

有学者认为，随着现代国际体系的成形，在国与国的交往过程中，彼此逐步构建了一套国家间的共同价值观念。这种共同价值观念起源于基督教国际社会，经历了基督教国际社会向欧洲国际社会再向全球国际社会的转变。赫德利·布尔（Hedley Bull）认为国际共同价值观是国际社会成员对它们在维持国际社会生活最基本目标方面所持共同利益的最基本共识。[1] 国际共同价值之所以必须建立，一是共处的必需，避免战争状态，维持独立自主，二是自然法观念中的普遍道德原则，三是国际社会所在区域或文化范围内的伦理、宗教和法律传统。[2] 理查德·福尔克（Richard Falk）认为，基督教国际社会内国际共同价值观念以自然法为本原，欧洲国际社会的共同价值观念则以所谓"文明标准"体现其绝对的排他性和支配非西方世界的自设权利。[3] 沙赫特（Oscar Schachter）认为 20 世纪新的国际共同价值观念的首要特点是实现公正或正义优先于稳定的变迁，其根本内容由国家间平等和种族、民族间平等、国家间分配正义、人类正义和世界正义组成。[4]

---

[1]　Hedley Bull, *The Anarchical Society: A Study of Order in World Politics* (New York, 1997), pp. 12-13, 67.

[2]　David Armstrong, *Revolution and World Order: The Revolutionary State in International Society* (Oxford, 1993).

[3]　Richard Falk, "The Grotian Quest," in Richard Falk et al. eds., *International Law: A Contemporary Perspective* (Boulder, Colo., 1985), pp. 37-38.

[4]　Oscar Schachter, *International Law in Theory and Practice* (Dordrecht, Netherlands, 1991), p. 61.

4. 全球伦理或普世伦理、世界伦理、普世价值研究

20 世纪 90 年代初，面对全球经济、文化一体化和文化民族多元化所形成的紧张关系背景，一些宗教组织发起了一个"走向全球伦理"的运动。著名的德国神学家孔汉思（Hans Küng）创造了"Weltethos"（全球伦理）这个"含有一半希腊血脉"的德语词，出版了《全球责任——寻求新的世界伦理》。1993 年 8 月 28 日至 9 月 4 日在芝加哥召开"世界宗教议会"大会，会议公开发表了《走向全球伦理宣言》，呼吁建立一种全球伦理，即全球伦理或世界伦理。

全球伦理是对一些有约束性的价值观、一些不可取消的标准和人格态度的一种基本共识。没有这样一种在伦理上的基本共识，社会或迟或早都会受到混乱或独裁的威胁，而个人或迟或早也会感到绝望。孔汉思认为世界伦理构想"致力于宗教、文化与国家间的和平以及一系列共同、基本的伦理价值、规范及态度之基础的寻求和建构"①。面对当代人类苦难和道德危机，赞成者积极响应，而持"文明冲突论"和"文化同化论"的学者则与寻求普世伦理的立场完全不同。美国塞缪尔·亨廷顿认为西方文明的价值不在于它是普遍的，而在于它是独特的。因此，西方领导人的主要责任，不是试图按照西方的形象重塑其他文明，这是西方正在衰弱的力量所不能及的，而是保存、维护和复兴西方文明独一无二的特性。②但这种构想也面临着诸多质疑和批评，如全球伦理的立场来自何处、谁的全球伦理、它能否摆脱基督教教义话语、是否存在以"伦理共识"的名义实则推行西方强势文化的风险，等等。种种质疑和批评表明，这一思想存在理论上和实践上的局限性，饱受责难和争议，孔汉思等人倡导的全球伦理是以宗教多元化问题为基本理论，通过召开世界性大会、邀请名人政要宣传演讲，发布宣言《走向全球伦理宣言》（1993）、《全球伦理普世宣言》（1993）、《世界人类责任宣言》（1997）等做法，对于我们推动人类命运共同体、人类共同价值的国际传播无疑具有启示和借鉴作用。

"普世"是拉丁文 oecumenicus 的意译，这个词来源于希腊文，意为

① ［瑞士］孔汉思：《世界伦理手册：愿景与践履》，邓建华、廖恒译，生活·读书·新知三联书店 2012 年版，第 1 页。

② ［美］塞缪尔·亨廷顿：《文明的冲突与世界秩序的重建》，周琪等译，新华出版社 1998 年版，第 360 页。

"整个有人居住的世界"，即"世界"。不过，全球伦理所倡导的实际上仍然是现代以来西方世界的核心价值观，西方"全球伦理"的讨论在世界范围内展开，"普世价值"（universal value）这一名词出现，表面上看，这是人们试图在多元价值并存中寻求共同价值或统一价值，并用它来解决人类面临的诸多共同问题，但实际情况不仅仅如此。今天人们使用的"普世价值"概念，是从"全球伦理"衍生出来的。① 一些哲学家力图摆脱宗教的基础，诉诸理性来论证"普世价值"的存在。他们遵循的是一条由"先验理性"的普遍预设开始，到实践理性的可普遍化结论的道德推理方式。当他们将那些原本具有"地域性"和文化特殊性的伦理价值体系，普遍化为人类唯一的、各民族都必须遵守的普遍有效的规范时，就不可避免地带有了西方文化霸权主义的色彩。弗朗西斯·福山（Francis Fukuyama）认为西方国家实行的自由民主制度也许是"人类意识形态发展的终点"和"人类最后一种统治形式"②，"西方文化中心论"的雅克·德里达（Jacques Derrida）认为文化本身在其有限的经验统一性中不足以建立起纯粹的历史统一性（一切凡没有分有欧洲理念的人类学文化都将是这样）。③ 美国学者塞缪尔·亨廷顿坦言："普世文明的概念有助于为西方对其他社会的文化统治和那些社会模仿西方的实践和体制的需要作辩护。普世主义是西方对付非西方社会的意识形态。"④

5. 世界主义以及相关理念研究

世界主义发源于希腊和古罗马时期的斯多亚派哲学，认为整个世界处于自然法的支配之下，也是超越民族地域而有效的万民法。后经过中世纪神学意义上的世界主义观念再到近现代的康德的世界公民理论的发展，在当代世界主义的理论研究基于不同的基点、视角，内容非常丰富。从领域视角看世界主义可分为道德世界主义、制度世界主义、正义世界主义和极端世界主义。道德世界主义（Moral Cosmopolitanism）的核心理念是，每个人不管其

---

① 杨涯人、邹效维：《"普世价值"考辨》，《哲学研究》2011年第2期。

② ［美］弗朗西斯·福山：《历史的终结及最后之人》，黄胜强等译，中国社会科学出版社2003年版，第228页。

③ ［德］雅克·德里达：《胡塞尔〈几何学的起源〉引论》，方向红译，南京大学出版社2004年版，第43页。

④ ［美］塞缪尔·亨廷顿：《文明的冲突与世界秩序的重建》，周琪等译，新华出版社2013年版，第45页。

公民身份和国籍如何，都拥有作为道德关怀之终极单元的全球地位，因而有权获得平等的关心。制度世界主义（Institutional Cosmopolitanism）要求各种社会制度应该把所有人作为平等者予以考虑，追求建立人类统一的法律组织，强调对实体性超国家权威的认可，倡导世界主义的制度秩序。正义世界主义（Cosmopolitanism about justice）认为资源和商品在个体之间的分配应当不受成员身份的限制，即追求全球正义。极端世界主义（Extreme Cosmopolitanism）认为，价值的根本来源是世界主义的理念，我们必须根据世界主义的原则、目标和价值来证明所有其他原则或道德的合理性。温和的世界主义（Moderate Cosmopolitanism）对于价值的来源则持一种多元主义的态度，承认某些非世界主义的原则、目标和价值也具有终极的道德价值。弱式世界主义（Weak Cosmopolitanism）只要求给人们提供那些对过最低限度体面生活来说是普遍必需的条件，而强式世界主义（Strong Cosmopolitanism）追求的则是更高的全球分配平等，这种分配平等致力于人与人之间在资源占有方面的平等——即使所有人都占有一定数量的足以满足最低限度之体面生活的资源。托马斯·博格认为所有的世界主义主张都有三个要素：第一，个人主义：道德关怀的终极单元是人类；第二，普遍性：每个活着的人——而非人类中的某些群体；第三，普遍性：这一特殊地位在全球范围内都有效（Thomas Pogge，1992）。世界主义的核心理念就是平等地对待每一个人，全球正义和普遍人权是其价值基础。但是，这种在道德上显得高尚的理念也遭到了某些质疑：托马斯·内格尔（Thomas Nagel）认为，"没有世界政府的全球正义理念是一种幻想"①。贝兹（Charles Beitz）认为世界主义理论最为独特的哲学弱点是……它未能足够认真对待人们之间的紧密关系。② 希拉里·普特南（Hilary Putnam）等人则担忧世界主义可能会导致独裁统治和专制。③

---

① Nagel Thomas. *The Problem of Global Justice* [J]. Philosophy&Public Affairs, 2005, (2).

② ［美］贝兹：《政治理论与国际关系》，丛占修译，上海译文出版社 2012 年版，第 145 页。

③ Putnam, H., 1996, "*Must We Choose between Patriotism and Universal Reason?*", in J. Cohen (ed.), *For Love of Country*, Beacon Press.

第二节　本研究的意义

"人类命运共同体"概念提出以后，得到国际社会的强烈反响，"构建人类命运共同体"被写入了联合国决议。这一切都表明这一理念已经得到广大会员国的普遍认同，也彰显了中国对全球治理的巨大贡献。人类共同价值是基于人类命运共同体的构建目标而提出的，其目的是为人类命运共同体的建设奠定价值基础。构建人类命运共同体的倡议还没有在国际上达成普遍共识，构建人类共同价值体系尚未提上议事日程，而在人类共同价值体系问题上不能达成共识，也就不可能在构建人类命运共同体上达成共识。这就需要理论工作者对人类共同价值体系从理论上进行探讨和构建，各国政治家再根据理论工作者提供的可供选择的思想观点和构建方案进行挑选、设计和实践。构建人类共同价值体系是今天全球化趋向的客观要求，是人类走向一体化的必然，是人类更好的生存的需要。为此，人类共同价值体系构建研究在理论上和实践上具有现实意义。下文介绍本研究相对于已有研究的独到学术价值和应用价值。

一　学术价值

本研究既是一个现实问题，也是一个理论问题。构建人类价值体系需要强有力的学术支撑，因而本研究具有学术价值。一是本研究从多学科视野构建理论的人类共同价值体系，可以为对这一问题的进一步研究奠定初步的基础，并提供学术的参照。二是本研究挖掘、梳理中外思想史上的相关思想资源，在从中吸取合理的、有价值的滋养的同时，将人类共同价值体系的构想植根于深厚的历史文化土壤。这可以为人类共同价值体系的理论构建提供更坚实的学术支撑。

二　应用价值

本研究具有重要的应用价值。一是本研究反思当代国家之间的价值冲突和危机，直面当代逆全球化现象、世界价值多元化、相对主义盛行和狭隘民族主义等问题，阐明基于人类共同利益寻求价值共识的必要性和可能性。这有助于人们对全球化背景下世界性的价值观念冲突进行反思，为人类达成价值共识奠定基础，提供现实路径。二是本研究从理论上阐述并论证人类共同价值体系实际上为人类命运共同体构建提供了一种具有可行性的理论方案，因此本研究可以为中国提出的构建人类命运共同体的建议付诸实施提供理论依据和学术支撑。三是本研究的研究成果作为一种中国构建人类共同价值体系的方案可以进一步表明中国在这方面所作的积极努力，也可凸显中国智慧、中国价值，增强文化自信。

第三节　本研究的主要任务

一　研究对象和研究目标

本研究的研究对象是人类共同价值体系及其构建。价值体系是一种十分复杂的系统，由不同维度、不同层次的子体系构成，这其中有作为中心或者核心的体系。本研究拟从理论上构建的人类共同价值体系重点是其核心内容，主要包括终极价值目标、核心价值理念和基本价值原则三个方面。本研究将这一研究对象置于当代世界构建人类命运共同体的时代背景中观照，一方面要让所构建的人类价值体系适应人类命运共同体建设的现实需要，体现其要求；另一方面要使所构建的人类价值体系能够发挥给人类命运共同体提供指导和依据作用。

本研究有三个主要目标：一是从理论上构建人类共同价值体系。主要从核心价值目标、价值理念、基本价值原则三个层次设计人类共同价值体系整体框架，并阐述框架内各层次确立的必要性、意义和依据。二是确立构建人类共同价值体系的原则和方法。主要在借鉴和吸收过去历史上的价值体系构建的成功经验，克服和突破过去构建过程中的局限、缺陷基础上，基于尊重各民族平等、独立前提，确立各国共同协商、兼顾各方利益、求同存异的原则和方法。三是提供人类共同价值体系构建的现实方案。提出一套各国共识、共商、共建、共治的切实可行的现实方案。

二　研究的内容

本研究着眼于人类命运共同体构建的需要，从理论上研究、回答人类共同价值体系及其构建问题。为达到这一目的，本研究的主体部分主要从以下四个部分展开。

第一，阐明人类共同价值体系的思想理论渊源。中西历史上关于人类共同价值的理论与实践是今天构建人类共同价值体系的重要思想资源。第一章主要对中西方思想史上人类共同价值思想进行梳理、分析、提炼和归纳。西方思想家以探讨和构建"好社会"（理想社会）为中心，提出把幸福作为终极的价值目标，把自由、平等、民主、法治、公正等作为核心价值理念，这对于当前人类构建共同价值体系具有积极的借鉴意义。中国价值观蕴含着解决人与人、人与社会、人与自然关系难题的重要启示。中国传统价值观中的"天人合一""天下为公""天下大同""民胞物与""协和万邦""和而不同"等理念，近现代的三民主义的理论，为人民谋幸福、为民族谋复兴、为世界谋大同以及人全面而自由发展等当代主张，都是构建人类共同价值体系的重要思想资源。因此，在构建人类共同价值体系中要充分利用和挖掘中西方的思想资源，通过梳理历史上各具特色的人类共同价值思想，归纳出其中的合理因素。这些合理因素可以为当代人类共同价值构建提供思想滋养和宝贵启示。

第二，阐述构建人类共同价值体系的必要性、可能性和现实性。第二章通过分析人类还未建立与人类命运共同体相适应的价值体系，以及人类价值冲突和面临严重危机的现状，提出构建人类共同价值体系的必要性；从人类具有谋求生活得更好的共同本性、人类整体意识不断增强、人类已经形成了一些重要的价值共识几个方面分析构建人类共同价值体系的可能性；最后对构建人类共同价值体系的现实条件作了阐述，这些条件包括现代科技信息化和文化交流、国际组织、会议、赛事，联合国文书和国际法，区域共同体和合作组织等。

第三，从理论上尝试对人类共同价值体系提出初步的架构。人类共同价值体系是一种十分复杂的价值系统，存在着不同维度、不同层次的子系统和要素，而且它们之间有着错综复杂的相互作用机制。第三章主要从终极价值目标、核心价值理念、基本价值原则三个层次对人类共同价值体系整体架构进行了初步的构建，并阐述框架内各层次确立的必要性、意义、内涵及其依据。本章是本文的主体部分，表达了本文的最主要观点。本文认为，人类共同价值体系的终极价值目标包括底线目标（世界永久和平）和最高目标（人类普遍幸福），其核心价值理念是和平、发展、公平、正义、民主、自由以及合作、共赢、和谐，应把人类利益至上、维护基本人权、恪守和平底线和协商解决冲突作为人类共同价值体系的最基本原则。

第四，阐述人类共同价值体系现实构建的原则和路径。理论的人类共同价值体系或人类共同价值观必须转化为现实，转化为世界性的制度和文化，才能解决当代人类面临的重大问题，引领世界和人类朝着永久和平和普遍幸福的方向加速前进。要实现这种转化，人类共同价值体系构建必须遵循正确的原则，必须选择合适的路径。第四章在借鉴和吸取历史上国家价值体系构建的经验教训的基础上，提出人类共同价值体系现实构建要坚持四条主要原则，即与人类命运共同体相适应原则、尊重国家主权原则、各国平等原则和尊重各国国情原则。这一章还把广泛达成人类价值共识、激励各国积极参与、发挥国际组织作用、建立世界管理机构、建立相应的控制机制作为人类共同价值体系现实构建的主要路径。

三　研究的重点难点

本研究的目标是构建一个人类共同价值的理论体系并为人类共同价值体系构建提供原则和方法。实现这两个目标是本研究的重点。对于这两个重点，本文从两个方面加以突出：一方面，挖掘整理中西思想史上相关思想资源，从先哲那里寻找思想灵感和学术滋养，同时利用好当代中西学术界已经形成的相关成果，加强与相关研究者的对话和交流；另一方面，在充分运用价值哲学的理论和方法的同时，注意吸收马克思主义理论、政治学、社会学、国际关系与国际政治等学科的理论和方法并加以观照，使所提供的人类共同价值体系及其构建的方案既有学术深度，又有现实可行性。

本研究有两个难点：一是为所构建的人类共同价值体系提供令人信服的论证。一般来说，从理论上提出一个人类共同价值体系并不是很难，但要使所提出的体系得到令人信服的充分论证，那是比较难的。为突破这一难题，本研究拟在理论上对人类命运共同体、人类共同价值的思想渊源、内涵、构建和意义进行总体把握，借鉴过去中西哲学家、思想家研究的经验和教训，站在前人的肩膀上进行研究现代社会如何构建人类共同价值体系。二是提供世界各国可接受的人类共同价值体系构建的现实方案。人类共同价值体系现实构建的主体是世界上两百多个国家，要从理论上提供一个大多数国家可接受的合理构建方案，难度也比较大。对于这一问题，本研究提出要从寻求世界各国对人类共同价值的共识入手，从订立人类最基本的行为规则体系入手，在尊重当代各国主权、充分考虑各国的核心利益和历史文化的基础上设计出一套在实践上切实可行的方案，利用联合国等国际组织的力量推动各国在参与讨论的基础上加以认同。

第四节　研究的思路和方法

一　研究的基本思路

本研究按照构建人类共同价值体系的历史资源—问题意识—系统构建—现实路径四个部分依次展开：

一是梳理分析中西方历史上人类追求的共同价值资源，借鉴过去中西哲学家、思想家研究的经验和教训，为今天构建人类共同价值体系提供理论上的借鉴。

二是通过分析人类还未建立与人类命运共同体相适应的价值基础以及人类价值冲突和危机严重的现状，提出构建人类共同价值的必要性，并从人类现代文明已经创造的充分条件提出构建人类共同价值体系的可能性、现实性。

三是从人类共同价值体系应有的核心价值目标、价值理念、基本价值原则三个层次阐述人类共同价值理论体系框架，并对这一理论体系构建需要遵循的原则和方法进行论证和阐述。

四是设计出一套在实践上切实可行的方案，寻求各国对人类共同价值体系构建的共识，制定人类最基本的行为规则体系，形成各国共商、共建、共享的现实行动方案。

二　具体研究方法

一是文本分析法。本研究需要对大量的人类共同价值思想文本进行梳理，对于其思想主张及其逻辑理论进行哲学分析，以建立统贯人类共同价值体系构建的理论基础，将人类共同价值体系的构建放在一个发展过程中进行历史考察。

二是比较分析法。在归纳中西方价值思想的过程中，对基本内容和意义进行客观比较分析，既不唯我独尊也不食洋不化，运用普遍联系的原理，把人类共同价值体系的构建过程作为一个系统，站在更高的角度，层层分解，充分揭示其系统要素、结构与功能，协调全方位的动态结构，从而达到平衡。

三是多学科综合研究方法。本研究运用马克思的历史唯物主义理论、哲学（主要是价值哲学和政治哲学）、政治学、国际关系和国际政治等多学科展开，深入分析人类共同价值体系的基本内容和辩证关系，将之从学理上整合成为一个结构完备、逻辑缜密的科学体系，将其作为一个有机整体加以把握，需要从学理上进行突破。此外，还要综合考虑价值观的多样性和统一性的关系问题，立足理论和实践构建进行综合创新。

第五节　研究的创新之处

一　研究视角的创新

一是本研究以为人类共同价值体系寻找一种价值共识作为研究的切入点，是一个新的研究视角上的尝试；二是本研究以世界历史的视角，系统梳理中西方思想史中人类共同价值这一理念的历史资源，这可以为更深入和准确的理论研究提供学术滋养；三是本研究选择一种多元文化的学术视野，吸收和借鉴西方价值文化的先进合理内容和我国正在构建的中国主流价值观的成功经验，探究人类共同价值的理论问题，构建论证充分完整的人类共同价值体系。

二　学术观点的创新

一是认为人类共同价值体系必须适应人类命运共同体构建的需要来构建，同时又要能够为人类命运共同体构建提供指导和依据；二是认为必须着眼于人类价值体系构建来考虑人类价值体系本身的构建，也就是要重视人类共同价值体系理论的可行性，不能让这种理论成为"乌托邦"；三是认为人类共同价值体系从理论上看包括价值目标、核心理念、基本原则等几个基本层次；四是认为人类共同价值体系的构建必须以人类基本价值共识为前提。

三　研究方法的创新

一是与人类命运共同体紧密关联起来研究人类共同价值体系，而不是孤立地对它进行研究，将时代需要与实践需要有机结合起来；二是以价值哲学和政治哲学为主要理论依据，体现了多维学科支撑与聚集重点理论的有机结合；三是将现实问题的研究深深地植根于历史思想文化土壤，使理论的构建和论证更具历史感和说服力。

第一章

人类共同价值思想的理论渊源

在人类发展的历史上，人不管是生活在哪个时代、哪个国家、哪个民族，都是生活在同一个地球上，都必须进行社会生产、必须生活，谋求存在、生存、生存得好、生存得更好，这是人之为人的本性决定的。人类自古以来一直追求美好的生活，这种追求集中体现在价值追求上，对价值的追求也促进了人类文明进步。尽管历史上由于地理上的阻隔、文化的差异产生了不同的文明和文化，形成了不同的价值观，但是在面对自然、社会和他人时，人们都会遇到一些相同或者相似的问题，尤其是一些根本性问题，如生存、发展、安全问题，因此会产生一些共同的需要和利益，形成一些共同的价值关系、价值追求和价值观念，这使得不同文明的背后蕴含着人类共同的价值追求。自古以来，中西方思想家积极探寻包含理想人生和理想社会的共同价值观，政治家力图使这种共同价值观现实化。人类历史上的关于共同价值观的理论与实践是今天构建人类共同价值体系的重要思想资源，因此有必要对人类思想史中人类价值思想进行梳理，分析、提炼和归纳包括中国价值观和西方价值观在内的世界各个国家、各民族价值观中关于共同价值思想的精髓，探究人类共同价值思想理论渊源，为当代人类构建共同价值体系提供滋养。限于篇幅，本章主要尝试通过对人类历史上中国和西方的人类共同价值思想进行整理、归纳、分析，并在此基础上得出相关启示。

第一节　中国价值观所体现的人类共同价值思想

中华民族5000多年历史形成的悠久灿烂的历史文化和中华文明，一直维系中华民族的生存和发展，也为世界文明贡献了丰富而宝贵的共同价值财富。中华文化是世界上少数几种没有间断过的文化，这种文化中体现了中国哲学的精神概貌，其中价值哲学在整个中国哲学中处于核心地位。在中国漫长的社会实践中形成了中华民族富有特色的价值观和丰富的价值资源，并随着历史的演进不断变化，其间经历了中国传统价值观、近代价值观和现当代社会主义核心价值观，其价值观最终都指向对个人和社会价值理想的追求。

一 中国传统价值观中的人类价值思想

中国传统价值观经历了一个漫长的孕育过程，从"三皇五帝"时期萌芽，到夏商西周时期初步形成，最后到春秋战国时期成形，中国传统价值观源远流长，先后出现了在春秋战国时期有影响的儒家价值观、道家价值观、墨家价值观、法家价值观，自西汉"独尊儒术"后所形成的儒家思想占统治地位的官方价值观，宋明时期继承了儒家传统形成的以"二程"、朱熹为代表的理学价值观和以陆九渊、王阳明为代表的心学价值观。

从整体上看，中国传统价值观具有追求和谐、向往和平、重视整体、关怀他人、注重合作、崇尚道德的理念，这些理念对于今天全球化时代强调人类整体利益、实现人类命运共同体，解决人与人之间紧张关系、社会环境污染、生态危机问题，实现人与人、人与自然和谐相处，应对民族冲突、世界争端、极端恐怖主义问题实现人类和平发展和构建人类共同价值贡献了力量。"人类如果要在 21 世纪生存下去，必须回顾 2500 年，去吸取孔子的智慧。"①

1. 儒家思想家的人类价值思想

自西汉以后到辛亥革命的漫长时期，占主导地位的儒家价值观一直支配着中国人的世界观和价值观。儒家价值观是以"仁义"为核心的道德体系确定选择价值的取向和追求的目标的，"讲仁爱、重民本、守诚信、崇正义、尚和合、求大同"是其基本特征。这些基本价值观念蕴含着丰富的人类价值思想，对今天构建人类共同价值体系有积极的借鉴意义。

一是"仁"的价值理念。"仁者爱人"是中国人的一种普遍公认价值观念。"仁"的基本含义在于"爱人"。在孔子那里，"仁爱"的含义体现在三个方面：其外在体现是按照社会规范（在传统社会即为"礼"）行动，这就是孔子所说的"克己复礼"；其内在体现则是成己成人和推己及

---

① 汤恩佳：《孔子论集》，文津出版社 1996 年版，第 82 页。

人，即行"忠恕之道"；其前提是具有仁德的人，即仁者必须以具有德行为前提，而德行是通过修养获得的，即"修己以敬"。"仁爱"的这三层含义从外到内，从思（思维）到心（品质），层层递进，体现为内得于己、外显于行的仁德，其核心是人要充满爱心。[①] 在儒学中，仁者爱人涵盖的范围非常广。在孔子那里，爱人的对象从亲人扩展到众人即陌生人。"弟子入则孝，出则弟，谨而信，泛爱众，而亲仁。行有余力，则以学文。"（《论语·学而》）孟子强调仁爱，强调从爱亲人进而爱百姓，进而爱惜万物。"君子之于物也，爱之而弗仁；于民也，仁之而弗亲。亲亲而仁民，仁民而爱物。"（《孟子·尽心上》）董仲舒认为，仁爱是指向他人的（《秋繁露·仁义法》），在朱熹看来仁爱不再是人类特有的，而是宇宙万物普遍具有的共性，"仁是根，恻隐是萌芽。亲亲、仁民、爱物，便是推广到枝叶处"（《朱子语类》卷第六）。

"仁爱"是儒学乃至传统文化中最有价值且最有生命力的价值观念，它与当代西方流行的关爱伦理学（亦译为"关怀伦理学"）的"关爱"观念有异曲同工之妙。[②] 儒家通过"仁者爱人"能更好地实现人的善良本性，建立人性化、人道化、人情化的一种美好社会——"大同"社会，尽管儒家"仁爱"思想更具有理想的色彩，没有能够在当时的封建社会实现。但是今天人类已经进入自由、平等、民主、法治的现代社会，先秦儒家倡导的"仁者爱人"这一根本主张终于获得了得以践行的社会条件。同时，在当今受到市场经济"利益最大化"的影响，"仁者爱人"观念显得尤为必要，也必将成为人类共同价值观的主导观念和实践原则。

"忠恕之道"是孔子思想之根本，一个人要成为仁者，他就需要践行忠恕之道。"忠恕之道"源自《论语》中的两句对话。子贡曰："如有博施于民而能济众，何如？可谓仁乎？"子曰："何事于仁，必也圣乎！尧舜其犹病诸！夫仁者，己欲立而立人，己欲达而达人。能近取譬，可谓仁之方也已。"（《雍也》）子贡问曰："有一言而可以终身行之者乎？"子曰："其恕乎！己所不欲，勿施于人。"（《卫灵公》）这其中"己欲立而

---

① 江畅：《中国传统价值观的"仁者爱人"观念考论》，《马克思主义与中华文化研究》2019 年第 1 期。

② 江畅：《中国传统价值观的"仁者爱人"观念考论》，《马克思主义与中华文化研究》2019 年第 1 期。

立人，己欲达而达人"表达的是"忠"，也称为"忠道"；"己所不欲，勿施于人"表达的是"恕"，也称为"恕道"。忠道的意思是"成己成人"，即成就自己的同时也成就他人，有利于自己，成就于他人，按照朱熹的解释，尽自己的心就是忠；"恕道"的意思则是不要把自己所不想要的强加于他人。"恕道"要求所有人都必须接受一种作为底线的道德要求来坚守，绝对不得有任何例外，如不杀人、不偷盗、不杀人放火、不坑蒙拐骗等。在全球一体化和价值多元化的今天，"忠道"强调不同国家、民族之间合作共赢、利己利人、共同发展；"恕道"是处理国家之间相处的底线规则，它作为"金律"或者"金规则"，是全球伦理的普适原则。不同国家、民族可以进行平等交流、公平竞争、和平共处，但要避免不同文明之间产生冲突，尤其是战争。而人类共同价值追求的就是人类对底线价值的一种共识，也是世界各国价值的"最大公约数"。

二是"和"的价值原则。"和"是传统价值观中最古老、最富有民族特色的价值观念，也是几千年来中国不断追求的理想价值。它源自尧舜时代，经由《周易》、史伯和孔子的丰富发展，成为一种体系完整的思想观念。早在远古时代就确立了"和"这样一条得到普遍认同的基本价值原则，所以传承下来，就逐渐形成丰富多彩的和谐观念。如"和为贵""和而不同""协和万邦""天人合一"等观念，体现了中华文化的和谐精神、和谐文化。"和"的思想在处理人与人、社会和宇宙的关系上都有积极意义，它深刻揭示了宇宙万物，特别是人类社会以及个人存在或生存的普遍法则，同时它又将这种普遍法则转化为人类的崇高理想、追求，并把它确立为任何时候都不可违背的价值原则。

"和"作为一种思想观念，在《易经》中就得到了充分体现，儒家接受了前人的"和"思想，并将其运用于社会人生，赋予"和"以价值论意义。有子曰："礼之用，和为贵；先王之道，斯为美。小大由之，有所不行；知和而和，不以礼节之，亦不可行也。"（《学而》）孔子提出："君子和而不同，小人同而不和。"（《论语·子路》）孔子在这里讲的是做人的不同态度，君子的态度是追求不同事物之间协调和谐而不苟且求同，小人的态度则是苟且求同而不追求事物之间的协调和谐。在价值多元化、人类逐步走向一体世界的今天，多元价值主体（国家、民族、个人）之间有差异性，也有共性，各价值主体要在差异性、特殊性之中追求协调和谐、追求相同、统一和普遍性，形成人类生存发展的价值共识。这是人类实现和谐相处、构建共同价值的必由之路。

"和"的最高体现是宇宙和谐，是人类与宇宙的和谐，即"天人合一"。"天人合一"的思想形成历经了一个长期过程，先是在先秦时期的《易经》中最早建起了天道、地道和人道相统一的"天人合一"思想体系，在春秋战国时期道家和儒家从两种不同方向阐发了古人的"天人合一"观念。在汉代董仲舒提出了"天人相类、天人合一"的哲学思想，后经宋代张载、二程、朱熹、陆九渊、王阳明、王夫之等人的丰富发展最后形成哲学体系。其思想观点主要包含：一是人在宇宙中优越的地位。《尚书·泰誓上》记载，周武王曾经说："惟天地万物父母，惟人万物之灵。亶聪明作元后，元后作民父母。"二是人与天相通。其核心内容是本性上天人相通、天人相类。"中国哲学之天人关系论中所谓天人合一，有二意义：一天人相通，二天人相类。"① 三是天人在道义上相通。儒家认为相通是由于天与人有共同的本性和法则，即仁义道德，道家认为相通是由于人、地、天都效法道，道即自然。四是"天人合一"是人生追求的最高境界。古代思想家站在不同立场、从不同角度对天人关系进行了深刻的阐发，其思想体现了人与自然的和谐共生自然界法则，与天相通的人对道德应有敬畏感，同时要克制人的贪欲，不断提高人生境界和人生追求，不要为眼前的利益奴役。在今天市场经济环境下，人与人之间、国家与国家之间为了自己的利益，不断无止境地占有大自然，肆意破坏大自然，造成空气污染、环境破坏、疾病流行，人与自然不能和谐共生，对道德缺乏敬畏感，一些人做出一些突破道德底线的事情时有发生，国家与国家之间也有突破人类生存底线，通过经济、文化上等各种手段侵占他国利益，甚至不惜通过军事手段发动战争，造成人类的互相对立对抗。古代思想家提出"天人合一"的思想是人类任何时候不可违背的"铁律"，对构建人类共同价值体系具有积极的导向作用。

"和"体现在国家关系上就是国家之间的和谐，其价值要求就是"协和万邦"。"协和万邦"是中华民族传统价值观的基本精神。它出自《尚书·尧典》："克明俊德，以亲九族。九族既睦，平章百姓。百姓昭明，协和万邦。黎民于变时雍。""万邦"跟中国古代所说的"天下"基本相同，"天下"就是古代人眼能所及和心能所想的"世界"。这个世界不仅

---

① 张岱年：《中国哲学大纲》，中国社会科学出版社1982年版，第173页。

仅是地理位置的世界，它至少是地理、心理和社会制度三者合一的"世界"，兼备人文和物理含义的世界。① "协和万邦"的思想来源于中国古代思想家提出的"天人合一"观念，以及与之相应的"四海之内皆兄弟"观念及其扩展的"民胞物与"观念，形成了中国传统文化中"协和万邦"精神。在今天看来，就是协和世界各国或协和世界。这种天下和平、天下和谐的思想对中国历史发展产生了深远影响，使得中华民族始终坚守"协和万邦"的理念，不断致力于维护和构建和谐天下（世界）。纵观中国的历史发展，中国历来与周边国家和民族甚至是遥远的国家世代都睦邻友好、和平交往，不断促进国际交往和合作，历史上有古丝绸之路、张骞出使西域、玄奘西域取经、郑和七次下西洋等，不断积极传播和吸收人类文明，鲜见有多少对外掠夺、扩张、战争的历史记载，这其中"协和万邦"精神发挥着重要作用。新中国成立以后，我们继续秉承"协和万邦""美美与共"精神，不断扩大国际交往，促进了相关国家经济社会发展，推动了人类世界化、一体化进程。今天中国提出推动构建人类命运共同体和人类共同价值、建设"一带一路"经济带的倡议等，都是"协和万邦"精神在当代的发扬光大和创新性发展。

三是"公"的价值理想。在中国优秀传统文化中，积极提倡和追求公平、正义，构建天下为公的理想社会，也是传统社会倡导和追求的社会价值目标。这个美好社会在当时社会没能实现，但是"大同"提出的理念具有超时代和国界的价值，在今天看来对于人类命运共同体和构建人类共同价值体系具有积极的借鉴意义。

《礼记·礼运》对大同社会的描述是："大道之行也，天下为公，选贤与能，讲信修睦。故人不独亲其亲，不独子其子，使老有所终，壮有所用，幼有所长，矜、寡、孤、独、废疾者皆有所养。男有分，女有归。货，恶其弃于地也，不必藏于己；力，恶其不出于身也，不必为己。是故谋闭而不兴，盗窃乱贼而不作，故外户而不闭，是谓大同。"由此看来，"大同"是儒家对理想社会的憧憬。

在"大同"的理想社会里，人人都能得到全社会的关爱。每个人都是社会的一员，衣食有着，地位平等。社会敬老爱幼成风，孟子认为"老吾老，以及人之老；幼吾幼，以及人之幼"，社会弱者得到救助，鳏寡孤

---

① 赵汀阳：《天下体系——世界制度哲学导论》，中国人民大学出版社2011年版，第28页。

独废疾者皆有所养；"大同"的理想社会是人人都能安居乐业的社会。"男有分，女有归"。男女两性各有其位，各得其所，扮演着不同的身份和社会角色，担负着不同的工作；"大同"的理想社会是人尽其力、人尽其才的社会。人人都有责任心和责任感，没有私人占有欲望，各自出力，努力干好自己分内的工作。"大同"的理想社会是平安、秩序和谐的社会，人们没有不良嗜好，没有偷盗现象，家里大门始终敞开的。孔子构建的这样一个人性化、人道化、人情化的理想社会，反映了人类对美好社会的向往，在现在看来都令人憧憬。

相比西方古希腊的柏拉图《理想国》中的城邦、中世纪神学家的"天国"以及近代托马斯·莫尔的"乌托邦"等理想社会，在今天看来孔子的"大同"社会更符合人类社会生活，更具有现实可能性。正因为此，在孔子的"大同"社会理想影响下，清末政治家、思想家康有为在《大同书》里构建了源自儒家"大同"思想为蓝图的理想社会。在《大同书》中，康有为以民主主义的平等精神和某些社会主义的空想，描绘了一幅理想的"大同"世界蓝图，在中国近代对传统"大同"思想进行了弘扬和创新。中国资产阶级革命的先行者孙中山把"天下为公"作为自己的理想追求，并明确指出"真正的三民主义，就是孔子所希望之大同世界"（《三民主义》）。他为"天下为公"赋予更深邃、更宽广的内涵，其核心是民有、民治、民享。它是这样一种社会：天下为人民所共有，政治为人们所共管，利益为人民所共享。[1]

2. 道家思想家的人类价值思想

道家以"自然无为"为基调和价值取向，认为"道法自然"（《老子·二十五章》），"道常无为"（《老子·三十七章》）。"自然"指毫无勉强，不受外在制约的自由自在状态，即"自己如此"的状态；"无为"是指不强作妄为，不贪求私欲，顺其自然的态度。道家价值观的"自然无为"可以从三个层次上把握：一是指人自身没有私求，对外界不妄干预的处世态度；二是指顺应自然，不加强制的存在状态；三是指自由自在，不受束缚的精神境界。这三个层次统一于"自然"，不贪求私欲、不妄作、不强制，在本质上就是顺应自然的状态和过程，而无束缚的自由正是顺应

---

[1]　江畅：《中国传统价值观及其现代转换》上卷，社会科学文献出版社 2020 年版，第 170 页。

自然的结果。老子说："人法地，地法天，天法道，道法自然。"（《老子·二十五章》）就是说人、地、天、道都要效法"自然"，顺应自然，都应处于不受外力干涉、不受外在束缚的自然而然的状态。道家价值观体现的人与人、人与自然生态和谐相处的价值理念为当今缓解人与人的紧张关系、人类"公地悲剧"导致严重的生态危机有着积极的借鉴意义，可以说是对人类与自然和谐的共同价值理念的最早明确表达。

一是顺应人的纯朴本性，追求精神自由。道家主张追求人性的纯朴本性，认为人的本性最初是素朴无欲、纯洁无华、淡漠无欲的，处于自然状态。后来由于欲求增多和财物丰富，使人丧失了这种自然本性，于是贪欲、争夺、自私、欺诈等观念和行为愈演愈烈。面对这种人性异化的严重现象，老子主张"复归于朴"，恢复人的纯朴本性。他要求在心灵上"致虚极，守静笃"（《老子·十六章》）；在人生态度上，轻利寡欲，"知足不辱，知止不殆，可以长久"；"在待人上，无私不争，不去追逐声名货利，无欲而民自朴"（《老子·五十七章》）；在处事上，无为不矜，不急功近利，炫耀自己，即"为无为，事无事"（《老子·六十三章》），"无为故无败，无执故无失"（《老子·六十四章》）。

道家追求个人的精神自由，把精神自由作为一种崇高的理想境界，认为"自然"就是这种不受外在制约的自由自在状态，真正的价值在于人的生命和精神的自由。道家把精神自由分为两个层次：一是有限的相对的自由，"水击三千里，抟扶摇而上者九万里。去以六月息者也"（《庄子·逍遥游》）；二是无限的绝对的自由，如至人"乘天地之正而御六气之辨，以游无穷者"（《庄子·逍遥游》），"乘云气，御日月而游乎四海之外"（《庄子·齐物论》）。精神自由乃是道家学者共同追求的理想，要达到这种精神自由就要坚持自然无为的原则，如此人性就能复归到"见素抱朴"的自然本性，达到"万物将自化""天下始玄同"的理想境地。

二是追求人与自然和谐的平等、自由、安宁的理想社会。道家还对理想社会进行了设计，主张建立人与自然和谐的自然、平等、自由、安宁的理想社会。自然主义是道家理想社会最突出的特征，认为理想社会不需要政治、经济、军事的机构或者工具，不需要人为干涉或干预，即使有也不使用，"使有什伯之器而不用"（《道德经·八十章》）。在这种自然的社会里，人人平等，没有高低贵贱之分，"与天为徒者，知天子之与己，皆天之所子"（《庄子·人间世》）；人人是自由的，不受社会规范的束缚和制约；人人无私欲和私念，也就没有了精神的枷锁；人民过着免遭战乱争斗之苦和天灾人祸之害的安定宁静生活，生活充满欢乐，"甘其食，美其服，安其居，乐其俗"（《道德经·八十章》）。人与自然的关系是和谐的，不相为害，"万物群生，连属其乡，禽兽成群，草木遂长"（《庄子·马蹄》）。尽管道家追求的理想社会是当时建立在生产水平低下、物质和精神资源贫乏的基础上的封闭社会，自由也是非常有限的，但却是一个充满了真善美、社会生活安宁、人与自然环境和谐的理想乐园。

近代以来，以市场、科技、自由、平等、民主、法治为主要标志的西方现代文明给人类带来了巨大的进步，然而西方由于对自然资源无节制的开发、对殖民地国家的扩张和掠夺以及现代工业的超常规发展，人类生存的生态环境急剧恶化，人与自然界的关系空前紧张。应该看到，生态严重破坏、资源恣意滥用、地球环境迅速恶化所带来的是空气质量的下降、能源的枯竭、物种的消失和生态失衡，最终必定会导致人类自身生存质量和发展可能性的下降乃至消失，正所谓"地球上最后一滴水就是人类的眼泪"。面对人类当前面临的罪恶、灾难和不幸，中国古代道家哲学确立自然无为、返璞归真、"天人合一"等价值观念，有助于人类树立起敬畏自然、顺应自然、保护自然的生态理念，可以为破解现代生态危机、正确处理人与自然的关系提供借鉴。

3. 墨家思想家的人类价值思想

墨家价值观以功利（"为功""利民"）为基本价值取向，贯穿整个体系的中心线索是功利观念，它把功利作为衡量和评价各种价值的最高标准，从利益和道德的关系上说明功利价值的重要性，认为一切高尚的道德必须以对他人或对社会有利为其准则。墨家崇尚和提倡的最高道德理想是"兼爱"，即所谓"天下之人皆相爱"（《墨子·兼爱中》）。墨家的"兼相爱，交相利"理想中"交相利"在今天得到世界各国的认可和一定程度上的实现，而"兼相爱"的道德理想远未实现，但对于今天个人主义、民族利己主义和国家至上主义盛行的世界解决面临的生存危机、实现世界和谐具有现实意义。

一是"为功""利民"价值取向，通过"力"（发展）实现"国富民利"的美好社会。墨家的价值取向概括言之就是"功""利"二字。"功"是指功业、功效；"利"是指物质利益。"功""利"实质上都可以归结为物质利益。《墨子·公输》中说："故所为功，利于人为之巧，不利于人谓之拙。"《墨子·经上》亦云:"功,利民也。"因此,墨家崇尚的价值,其核心就是广大民众的物质利益,功业、功效不过是利益的外在表现而已。[①] 在处理道德和利益的关系时,墨家的基本观点认为利益是道德的内在实质或核心内容,人们的道德关系和道德行为都是"兼利""交相利"的表现形式,一切高尚的道德必须以对他人或对社会有利为其准则。根据功利价值取向,墨家在政治上提出了治世方略。"凡入国必择务而从事焉。国家昏乱,则语之尚贤、尚同。国家贫,则语之节用、节葬。国家喜音湛湎,则语之非乐、非命。国家淫僻无礼,则语之尊天、事鬼。国家务夺侵凌,则语之兼爱、非攻。"(《鲁问》)从这里可以看出墨家政治主张的基本原则就是"兼相爱,交相利",其归宿和宗旨则是"兴利",即"富国利民"。无论从历史角度还是当今社会来看,"富国""利民""利天下"都是"善政""好社会"的标志,也是人类对社会美好的追求。

墨家坚持以功利为价值取向,在价值实现上认为价值的创造依靠人的劳动,劳动才能创造出能够满足人类生存和发展需要的价值。墨子主张,"赖其力者生,不赖其力者不生"(《非乐》上),用"力"来创造经济价值——物质财富,用"力"来创造政治价值,达到"富其国家,众其人民,治其刑政,定其社稷"(《尚同》中)。墨家要求通过物质生产劳动促进社会发展、创造价值,实现国家富强和百姓(人民)幸福。发展生产力可以解决社会各种矛盾、满足人民日益增长的各种需要。今天实现人民美好生活,已然成为现时代的主题,绝大多数国家都在千方百计地谋求发展。墨家通过"力"来实现发展的理念,体现了人类把发展作为人类文明进步的基本要求。

二是"天下人皆相爱"的和谐世界价值理想。墨家所说的"兼爱"是指爱天下之人。墨家把"兼爱"作为拯救社会的治病良方,认为"兼爱"是产生天下之利的源泉,能给人们带来大利,而社会的动乱、灾害、灾难、罪恶是由不"兼爱"产生的。

按台湾学者王赞源先生的理解:"兼爱是广爱全体人类;兼爱是人与人相爱交利;兼爱即爱人利人;兼爱既是无差等又是有差等的爱;兼爱是超越时空的爱。虽然墨子论兼爱如此周密,但如简单地说,兼爱在个人是

---

① 赵馥洁:《中国传统哲学价值论》(增订本),人民出版社 2009 年版,第 90 页。

要去爱人利人，在全体人类是彼此都要相爱相利。"① 这里指出了墨子的"兼爱"要求人们相互地爱，"爱人者，人亦从而爱之"（《墨子·兼爱中》），"爱人者必见爱也"（《墨子·兼爱下》）；平等地爱，反对有差别的爱，"爱人若爱其身"，"为彼犹为己也"；普遍性地爱，对所有的人都去爱，"兼爱天下之博大也，譬之日月兼照天下之无有私也"（《墨子·兼爱下》），"天下之人皆相爱"（《墨子·兼爱中》）。

墨子的"兼爱"理想是一个充满友爱的和谐理想社会："视人之国，若视其国；视人之家，若视其家；视人之身，若视其身。是故诸侯相爱，则不野战；家主相爱，则不相篡；人与人相爱，则不相贼；君臣相爱，则惠忠；父子相爱，则慈孝；兄弟相爱，则和调。天下之人皆相爱，强不执弱，众不劫寡，富不侮贫，贵不敖贱，诈不欺愚。凡天下祸篡怨恨，可使毋起者，以相爱生也。是以仁者誉之。"（《墨子·兼爱中》）理想社会里不但"兼相爱"，而且在爱中得到利益。"兼而利之"，"利人者，人亦从而利之。"（《墨子·兼爱中》）这里把"相爱"和"相利"、"爱人"和"利人"、"爱"和"利"相提并论。

墨子提出的"兼爱"理想尽管在当时遇到种种障碍而不可能实现，但是在当今世界人与人之间过度重视自我、重视物欲而导致人际情爱冷淡，国家之间、民族之间经常发生矛盾、不和谐甚至是冲突和战争的现实面前，倡扬墨子的"兼爱"理想，从自我主义、民族主义和国家主义走向博爱主义、人类主义和世界主义，在互利共赢中建立利益共同体，构建人类共同价值体系具有十分重要的现实意义。

4. 法家思想家的人类价值思想

法家是先秦哲学的重要学派之一，尊君、崇法、尚力、趋利是法家最基本的价值观念。尽管法家价值观的核心是君主权力，但其中包含了"以法治国"（《韩非子·有度》）、"以法为教"（《韩非子·五蠹》）、"以法为本"（《韩非子·饰邪》）的思想，特别是它在中国哲学史上首次凸显了法的价值，在今天看来有其积极的意义，可以为人类共同价值体系构建提供有益资源。

一是"公义"思想。法家所主张的"公法"，"去私曲就公法"，"去私行行公法"（《韩非子·有度》），"必出于公利"（《韩非子·八经》），

---

① 王赞源：《墨子》，台湾东大图书公司1996年版，第191页。

"以公法而诛之"（《韩非子·孤愤》）等，体现和代表的是"公利""公义""公心"。尽管法家的"公正"具有阶级性，但他们在历史上提出以公正为法的内在价值，无疑是一个杰出的贡献。① 它和儒家把公正作为仁义道德的内在价值一样，都具有积极的意义。基于以法治国的要求，法家还提出了"法术之士"的理想人格，认为法术之士的人生宗旨就是捍卫"公义"，为"公义"而献身，做到廉洁公正："修身洁白而行公行正，居官无私，人臣之公义也"（《韩非子·饰邪》）；尽力致功："为臣尽力以致功，竭志以陈忠"，"以忠信事上，积功劳而求安"（《韩非子·奸劫弑臣》）。

二是"平等"思想。法家认为，法作为"天下之程式""万事之仪表""国之权衡"（《管子·明法解》），对适用的对象坚持同一标准，平等要求，不偏向、不倾斜、不屈从。法的执行和法的遵守平而不倾，直而不曲，对所有人一视同仁，平等相待，"上亦法，臣亦法""法令者，君臣之所共守也"（《管子·七臣七主》）。韩非说："绳直而枉木斫，准夷而高科削，权衡县而重益轻，斗石设而多益少。故以法治国，举措而已矣。法不阿贵，绳不挠曲。法之所加，智者弗能辞，勇者弗敢争。刑过不避大臣，赏善不遗匹夫。故矫上之失，诘下之邪，治乱决缪，绌羡齐非，一民之轨，莫如法。"（《韩非子·有度》）

法家不断追求理想人格同时，描绘了理想社会——"法治"社会，韩非明确提出"寻法而治"（《用人》）、"唯法为治"（《用人》）等口号，尽管法家提倡的"法治"社会依然是维护封建专制社会，但法家的法治价值观中体现公平、正义、平等思想，对于人类共同价值体系构建中建立世界法制，保障各国主权、维护各国的主体地位有借鉴意义。

二　中国近现代价值观中的人类共同价值思想

鸦片战争打开了古老中国的大门，中国从古代走向了近现代的历史舞台。与西方社会近代转型从中世纪母胎内自然孕育而成所具有的"内发自身型"特征不同，中国社会的近代转型是在世界历史已经走向整体化之际实现的，是在欧洲文明强行侵入下中断了中华文化自身进程的情形下发生

---

① 赵馥洁：《论先秦法家的价值体系》，《法律科学》（西北政法大学学报）2013 年第 4 期。

而呈现"外发次生型"特征。① 这也决定了近代中国的价值关切与解决民族存亡的危机联系在一起。中国近代的价值观也正是在外力挤压下从传统价值观向现代转换的过程中产生的，在内容上主要表现为西方近现代价值观和马克思主义对中国传统文化的冲击。

中国近现代的价值思想构建体现了仁人志士努力完成民族"救亡图存"的历史使命，促进了民族意识的觉醒、升华和民族精神高涨，展现了以爱国主义为核心的民族精神和为实现全人类解放的共产主义精神。以马克思主义为指导的中国共产党人构建的共产主义理想以人类解放为己任，实现人的自由而全面发展，都反映了人类对美好社会的憧憬和向往。从整体上看，中国近现代价值观提倡自由、平等、博爱、对人的幸福追求和实现人的全面自由发展的理念，对于今天解决民族冲突，建立民主、自由、和谐的人类世界和构建人类共同价值体系都有积极的借鉴意义。

1. 康有为大同思想体现"仁"的人道、博爱理念

大同社会是中国自古以来所追求的理想境界。大同思想在中国有着深厚的社会基础和广泛的群众基础，鼓舞着无数仁人志士为追求美好的理想社会而奋斗。② 它的感召力是巨大的，影响是久远的。康有为在中国社会内忧外患交迫之际，继承了传统大同思想，并增添了丰富而具体的新时代的内容，设计出了完整系统的大同社会蓝图。康有为大同理想寄托着对人类社会未来前景的巨大希望，并且从理论上对社会进行构思和设想，使大同思想上升到空想社会主义的理论高度，但没有找到通往现实的道路。

"仁"是康有为大同思想的核心和出发点，也构成了他的价值观的核心内容。康有为认为，"仁"就是孟子所说的"不忍人之心"，把"不忍之心"作为人类社会进化发展的动力，只要人人都具有这种不忍之心，太平大同之世就可以实现了。按照这个逻辑，人有不忍之心，就会实行不忍之政，不忍之政可以使人类社会一切合于人道理性，从而消除一切痛苦烦恼，使人类社会进入极乐境界。③

一是从"仁道"到"人道"。康有为在《大同书》中对仁道与人道的

① 戴茂堂：《中国传统价值观念的基本结构与当代构建》，黑龙江教育出版社 2016 年版，第 189 页。

② 洪辉阳：《大同源流》，硕士学位论文，厦门大学，2002 年，第 25 页。

③ 臧世俊：《康有为大同思想研究》，广东高等教育出版社 1997 年版，第 158 页。

关系作了多次阐述："仁者、人也"，"人道之仁爱，人道之文明，人道之进化，至于太平大同，皆从此出"①。他将"仁道"与"人道"联系起来，体现了西方近现代价值观的人道主义对他的影响。他强调尊重人的天赋权利，认为人生来具有平等独立之权，肯定"人"具有的最高价值，指出"去苦求乐"是人的自然本性，也是"大同"世界所追求的基本目标。他从人道角度理解人的幸福观，主张从人人极乐、愿求皆获，进而达到"至仁"（至善）的"大同"社会。

二是从"仁爱"到"博爱"。康有为的"仁"充满了博爱精神。他认为仁"在天为生生之理，在人为博爱之德"②。在康有为看来，大同思想的着眼点是人类，爱众生首先必须爱人类，《大同书》要将个人身上的"不忍人之心"扩至人类，以体现"博爱"精神，要把人类超度到极乐的大同世界，而人类仍是大同世界众生的主宰。《大同书》从"人类之苦"出发，提出摆脱这些苦必须破"九届"，即国界、级届、种届、形届、家届、产届、乱届、类届、苦届。康有为说："何以救苦？知病即药，破除其界，解其缠缚。超然飞度，摩天戾渊，浩然自在，悠然至乐，太平大同，长生永觉。吾救苦之道，即在破除九界而已。"这就是说，要把人类社会的一切界限完全消除，去掉"界"的，人就没有"私"只有"公"了。这里具有"公"性质的人，就是一般的、抽象的人。在大同世界里的博爱观是一种普遍的、抽象的人类之爱，是一种超阶级的博爱，从这点上来看具有空想社会主义的性质。

中国近代康有为等思想家以"仁"为出发点和价值核心构建大同社会的理想蓝图，其中体现的追求人权平等、自由、天下为公、幸福、博爱理念为后来社会主义在中国的传播创造了条件，对于当代人类解决社会价值冲突、走向幸福和谐有积极意义。

2. 孙中山民生主义价值思想

孙中山在《〈明报〉发刊词》中提出以"民族主义、民权主义、民生主义"为内容的三民主义，其中民生主义即平均地权，防止少数资本家垄断国计民生。孙中山非常重视民生，在后来重新解释三民主义时，对民生进行了集中阐发，提出"民生就是人民的生活——社会的生存、国民的生

---

① 康有为：《孟子徵》，中华书局 1987 年版，第 9 页。
② 康有为：《康有为全集》第五集，中国人民大学出版社 2007 年版，第 379 页。

计、群众的生命。……故民生主义就是社会主义，又名共产主义即是大同主义"①。以改善人民的物质生活，解决人民的食、衣、住、行问题，防止出现贫富的严重对立为目标。既要"振兴实业"，发展生产力；又要"反对少数人占经济之势力，垄断社会之源"②。孙中山民生主义既包括了社会经济生活内容，又体现了对人类生存发展的要求。民生问题成了"历史的重心""社会进步的原动力"。在解决民生问题中，提出了从经济上和政治上解决问题的途径，在经济上提出"平均地权""节制资本"措施，体现了重视人民群众的物质利益，在政治方面，要求打破一切不平等条约，人人有平等的地位去谋求生活，主张为人民谋幸福，建设现代中国，继承了中国古代的"天下为公"民主思想，接受了马克思主义唯物史观。孙中山民生主义坚守民本思想，关注弱势群体，坚持人民群众的利益，不断谋求人民幸福，同时他还重视伦理道德，倡导提升道德水平。孙中山民生主义体现的"济弱扶贫"、人人平等、人民幸福的价值观念对今天构建人类共同价值体系有积极借鉴意义。

3. 新儒学的人类共同价值思想

在中国传统价值观现代转换的过程中，主流是马克思主义价值观在中国的广泛传播、成长和发展，儒家价值观从新文化运动到改革开放前，曾经一再受到批判和清算。但是产生于20世纪20年代的现代新儒学，以接续儒家道统、复兴儒学为己任，以服膺宋明理学为主要特征，力图以儒家学说为主体、为本位，来吸收、融会、贯通西方文化观点③，以寻求找到一条使传统中国通向现代化的比较平稳的道路。新儒学的主要代表人物有梁漱溟、冯友兰、熊十力、贺麟等。新中国成立后，居住在海外和港、台地区的现代新儒家学者又有了新的发展，他们的代表人物有唐君毅、牟宗三、杜维明等。新中国成立以后，新儒学重新进入中国大陆，甚至成了当代中国的显学之一。

新儒学思想家以儒家学说为中国文化的正统和主干，又具有时代特征。它深切感受到西方文化的挑战和中国面临着迫切的现代化的问题，提出"体用不二""内圣外王""仁礼一体"等思想，吸收科学民主精神，

---

① 孙中山：《孙中山选集》下卷，人民出版社1956年版，第756页。

② 孙中山：《孙中山选集》上卷，人民出版社1956年版，第93页。

③ 卢连章：《中国新儒学史》，中州古籍出版社1993年版，第3页。

发挥人的能动性，有助于社会个人的自我价值实现、人际关系和谐与社会稳定，追求建立道德、法制、科学、民主、自由、平等、富强的大同社会。这对今天我们构建一个自由、民主、和谐的世界以及人类共同价值体系有积极借鉴意义。

"体用不二"由新儒学家熊十力先生等提出，他将儒学、西方思想、佛教思想相互结合，试图建立新的适合当下社会的哲学思想，用以实现人生的真正意义和价值。随着科技进步，当前人类的生存压力也不断增加，出现了"心为形役""心随物转"的现象。对此，熊十力先生提出了"体用不二"思想，认为我们"识得孔氏意识，便悟得人生有无上的崇高的价值，无限的丰富的意义，尤其是对于世界，不会有空幻的感想而自有改造的勇气"①。他主张，人类需要重新审视人的生存价值，注重人的生命价值，应以一种积极向上的人生态度面对世界，解决人类科学理性带来的生存压力及伦理道德丧失的困境。同时，要通过透识本体，做到"本心仁体"，要合理、合宜处理科学和哲学两者的关系，在肯定科学发展给人类带来的贡献的同时要避免出现"人类强于物之利，而难免弱于德之患"②。要解决宇宙问题、人生问题、道德问题，哲学不可抛弃，有哲学，人类在现实世界中才能安身立命。

"内圣外王"思想是新儒学的基本精神和理想追求。新儒家主张通过培养和提升人的内在道德品质，体现儒家"仁"的社会价值。"内圣者，深穷宇宙人生根本问题，求得正确解决，笃实践履，健以成己，是为内圣学外王者，王犹往也，孔子倡明大道，以天下为公，立开物成务之以天下一家，谋人类生活之安。"③ 内圣和外王不可分，"内圣外王不二"，因此不仅要培养内在的道德品格"内圣"，同时还要积极学习吸收西方的民主科学思想新"外王"，这样才能建立独立、自由、平等、富强、民主的大同社会。

"仁"和"礼"是新儒学思想的重要组成部分。新儒家认为"仁"和"礼"是紧密相连的，相互作用。"仁"就是儒家"仁者爱人"，"礼"就是道德秩序、行为准则。随着"礼"的内容的变迁，新儒学所说的"礼"

① 熊十力：《新唯识论》，中华书局 1985 年版，第 82 页。
② 熊十力：《熊十力全集》卷七，湖北出版社 2001 年版，第 295 页。
③ 熊十力：《乾坤衍》，上海书店出版社 2008 年版，第 4 页。

既包括了传统儒学中的"道德"上的约束，还包括了"法律"上的约束，可以发挥预防和惩戒作用。新儒家的这种思想跟今天我们国家倡导的依法治国与以德治国相结合的方针很接近，对于国家和社会的稳定、和谐社会的形成有积极作用。

4. 中国共产党的共产主义价值思想

中国共产党是以马克思主义为指导思想，马克思主义的社会理想就是要解放无产阶级，推翻资产阶级的压迫实现人类的解放，建立"以每个人的全面而自由的发展为基本原则的社会形式"，即共产主义社会，这是人类社会的远大理想。中国共产党把实现共产主义作为最高纲领和价值目标，并进行了艰苦卓绝的探索和持续不断的自我革新。

共产主义体现了人类普遍平等、自由的价值理想。共产主义社会就是要实现人类的解放，人的全面而自由的发展。在共产主义社会，社会成员是普遍自由的，"每个人的自由发展是一切人的自由发展的条件"[1]，因而社会成员是普遍自由的，这种自由是人人平等地享有的权利，因而蕴含了社会成员的普遍平等。共产党宣言明确地宣称："从这个意义上说，共产党人可以把自己的理论概括为一句话：消灭私有制。"[2] 消灭私有制、消灭阶级建立起来的社会，而社会则是一种"以每一个个人的全面而自由发展为基本原则"[3] 的自由人联合体。

建立一个美好的社会是人类共同的理想和孜孜不倦的追求，人类一直在探索一条真正实现人类美好理想的现实道路。马克思、恩格斯创立的共产主义价值观是人类历史上第一个以最大多数人的幸福为奋斗目标、以全人类的共同解放为宏大政治理想的新价值观。它通过无产阶级革命和建设，消灭剥削，消灭压迫，最后消灭一切阶级和国家，实现人类的彻底解放，全体人民当家作主，成为平等自由和人格独立的社会主人。[4] 因此可以说，中国共产党所追求的共产主义理想代表了人类的价值追求，为当前构建人类共同价值指明了价值方向。

---

[1] 《马克思恩格斯文集》第 2 卷，中共中央编译局编译，人民出版社 2009 年版，第 53 页。

[2] 《马克思恩格斯文集》第 1 卷，中共中央编译局编译，人民出版社 2009 年版，第 45 页。

[3] 《马克思恩格斯文集》第 5 卷，中共中央编译局编译，人民出版社 2009 年版，第 683 页。

[4] 孙伟平等：《创建"中国价值"：社会主义核心价值体系研究》，社会科学文献出版社 2015 年版，第 152 页。

三　中国当代价值观中的人类共同价值思想

当代中国价值观是以社会主义核心价值观为核心内容的价值观。核心价值观是终极价值目标、核心价值理念和基本价值原则构成的有机统一体系。核心价值观的终极价值目标是党的十八大提出的"中国梦",即实现"国家富强、民族振兴和人民幸福",其中人民幸福又更具有终极意义上的价值目标。人的本性决定了人要谋求自己生存得更好,也就是要谋求自己幸福。人类之所以形成社会是为了实现自己的幸福。但是,人类在几千年的文明史中,社会不仅没有为人们的幸福创造条件,相反成了人们不幸和痛苦的根源。其根本原因在于历史上从来没有统治者真正将人民的幸福作为终极的价值目标。① 中国共产党将人民幸福作为社会的终极价值目标,所代表的是广大人民的根本利益,而不是统治者或某部分人的利益。当代中国价值观把人民幸福作为社会的终极价值目标,反映了人类文明发展的趋势,代表了人类社会进步的方向。这一价值目标的实现,必定会使中国走在世界的前列,进而引领人类社会不断走向美好的未来。

随着经济全球化发展,全球化已经使人类成了一个命运共同体,人类命运共同体构建需要建立其价值基础——全人类共同价值。习近平主席2015年9月28日在出席纪念联合国成立70周年大会上指出:"和平、发展、公平、正义、民主、自由,是全人类的共同价值,也是联合国的崇高目标……构建以合作共赢为核心的新型国际关系,打造人类命运共同体。"② 中国作为负责任的大国提出构建"人类命运共同体""人类的共同价值",指明了人类和谐共存、共同发展之道,反映了世界各国人民的价值选择和利益诉求。

1. 人类命运共同体的思想

人的基本特性是社会性,人必须生活在一定的基本共同体之中。人类共同体的思想自古以来就有,西方古希腊罗马哲学家提出了理想的共同体——"世界城邦"、近代德国哲学家康德提出了"世界公民"和"永久和平"的思想,在中国传统文化中,儒家在《礼记·礼运》中具体而生

---

① 江畅:《中国梦与中国社会的终极价值目标》,《道德与文明》2013年第4期。

② 习近平:《携手构建合作共赢新伙伴 同心打造人类命运共同体》,《人民日报》2015年9月29日第2版。

动地描绘了"大道之行，天下为公"的大同社会，《论语·颜渊》提出
"四海之内皆兄弟"的主张。历史上，由于地理的阻隔、文化的差异，人
类始终分散在世界各地形成不同的生活共同体，如氏族、民族、国家。到
近代以后，由于经济的发展和"地理大发现"，人类走向了一体。今天，
随着经济全球化，世界已经一体化，整个人类成了命运共同体。"当今世
界，各国相互依存、休戚与共。"①

当代中国基于中国传统文化基因和世界经济的发展和人类文明发展趋
势，提出构建"和谐世界"的主张，倡导构建人类命运共同体。习近平主
席 2015 年 9 月 28 日在出席纪念联合国成立 70 周年大会上发表题为《携
手构建合作共赢新伙伴 同心打造人类命运共同体》的讲话。习近平主席
阐述了人类命运共同体的"五位一体"内涵，即"建立平等相待、互商
互谅的伙伴关系，营造公道正义、共建共享的安全格局，谋求开放创新、
包容互惠的发展前景，促进和而不同、兼收并蓄的文明交流，构筑尊崇自
然、绿色发展的生态体系"②。人类命运共同体作为当代人类社会的美好
愿景，虽然具有实现的现实基础，但其构建需要世界各国共同努力。中国
正在通过各种措施积极推动人类命运共同体构建，如实施"一带一路"
倡议，打造发展中国家命运共同体，共商共建共享的全球治理格局等，构
建人类命运共同体赢得了越来越广泛的共识。

人类命运共同体蕴含着和平、公平、包容的价值理念，反映了社会发
展规律，体现了人类整体的利益要求，可以促进国家与人类利益共赢。

2. 人类共同价值理念的思想

随着全球经济一体化，人类处于"地球村"，世界各国、整个人类在
价值观念和行为方式上正在"趋同"，人类也越来越感觉到成为利益相关
的命运共同体。但同时，人类还存在世界性的经济危机、全球性的生态危
机、世界性和局部性战争和恐怖危机等，人类的前途和命运面临着严峻的
全球性挑战。"当前，国际形势复杂多变，地缘政治因素错综交织，安全
冲突和动荡、难民危机、气候变化、恐怖主义等地区热点和全球性挑战不

---

① 习近平：《携手构建合作共赢新伙伴 同心打造人类命运共同体》，《人民日报》2015 年 9
月 29 日第 2 版。

② 习近平：《携手构建合作共赢新伙伴 同心打造人类命运共同体》，《人民日报》2015 年 9
月 29 日第 2 版。

容忽视。"① 全球化使得人的活动，尤其是国家的活动直接或者间接地对其他人或者国家产生积极或者消极的影响，给人类带来了机遇和挑战。人类要生活得好、生活得更好，必定会理智地选择、确立一些全人类公认和普遍接受的价值原则，② 需要构建全人类普遍公认和遵循的共同价值。

对于人类共同价值的理念，中国领导人在不同的场合进行了阐述，2005 年 9 月，时任国家主席胡锦涛在《在纪念中国人民抗日战争暨世界反法西斯战争胜利 60 周年大会上的讲话》中指出："这一胜利，挽救了人类文明，避免了历史倒退，广泛传播了自由、民主、平等、公正、和平的基本价值。"③ 2007 年 2 月，时任国务院总理温家宝在《关于社会主义初级阶段的历史任务和我国对外政策的几个问题》中指出："科学、民主、法制、自由、人权，并非资本主义所独有，而是人类在漫长的历史进程中共同追求的价值观和共同创造的文明成果。"④ 2008 年 5 月，时任国家主席胡锦涛在《中日关于全面推进战略互惠关系的联合声明》中指出："为进一步理解和追求国际社会公认的基本和普遍价值进行紧密合作，不断加深对在长期交流中共同培育、共同拥有的文化的理解。"⑤ 2015 年 9 月，习近平主席在第 70 届联合国大会上提出构建人类共同价值倡议，他说"大道之行也，天下为公""和平、发展、公平、正义、民主、自由，是全人类的共同价值，也是联合国的崇高目标"⑥。中国关于"人类共同价值"的论述响应了联合国关于人类共同基本价值的倡议，为解决当前人类面临的世界性问题提供了中国价值、中国主张和中国方案。

---

① 习近平：《同舟共济、扬帆远航，共创中拉关系美好未来》，《人民日报》2016 年 11 月 23 日第 2 版。

② 张永芝：《价值文化及其构建的理论探索与现实关怀——访江畅教授》，《当代中国价值观研究》2018 年第 4 期。

③ 胡锦涛：《在纪念中国人民抗日战争暨世界反法西斯战争胜利 60 周年大会上的讲话》，《人民日报》2005 年 9 月 4 日第 2 版。

④ 温家宝：《关于社会主义初级阶段的历史任务和我国对外政策的几个问题》，《人民日报》2007 年 2 月 27 第 2 版。

⑤ 《中日关于全面推进战略互惠关系的联合声明》，《人民日报》2008 年 5 月 8 日第 3 版。

⑥ 习近平：《携手构建合作共赢新伙伴 同心打造人类命运共同体》，《人民日报》2015 年 9 月 29 日第 2 版。

3. 为人类谋大同的思想

"大同"，是中国古人对理想社会的一种憧憬。[1] 儒家"大同"社会是充满仁爱、公正、和谐的社会，《礼记·礼运》具体而生动地描绘了"大同"社会的状态，大同思想在中国历史上影响深远，一代代思想家把大同社会作为理想社会的目标不懈追求。近代改良派思想家康有为在传统大同思想基础上吸收中外民主思想和社会主义思想，他在《大同书》中对人类未来大同社会提出了构想，将中国传统大同思想推向一个更高的层次。革命先行者孙中山也把"大同"作为他的理想，认为按照他的民有、民治、民享的三民主义建国，"就是孔子所希望之大同世界"[2]。尽管由于阶级和时代的局限，中国传统的大同思想具有缺陷，没有找到实现理想社会的正确依靠力量、理论和现实途径，但是为人类谋大同的思想一直延续至今。

青年时期的毛泽东也深受大同思想的影响，1917 年他曾给黎锦熙的信中说："立太平世为鹄，而不废据乱、升平二世。大同者，吾人之鹄也。"[3] 中国共产党成立以后，把实现共产主义作为最高目标。按照马克思、恩格斯的构想，共产主义社会将实行各尽所能、按需分配，真正实现社会共享、实现每个人自由而全面的发展。党的十一届三中全会以后，邓小平同志根据社会主义的理想提出了"共同富裕"思想，实现全体人员共同富裕、共同发展，胡锦涛同志提出了构建"和谐社会"，达到人与人、人与社会、人与自然环境的和谐，党的十六届六中全会把和谐社会看作是国家富强、民族振兴、人民幸福的重要保证。在当代中国特色社会主义核心价值观建设中，习近平总书记提出把"求大同"作为中华民族之价值追求，实现民族复兴是对传统大同思想的继承和进一步发展。在今天新的历史条件下，中国成为世界第二大经济体，已经从世界边缘走进世界舞台中央，作为负责任的大国，中国应为世界未来发展、人类福祉做出自己的贡献。为此，先后提出构建亚洲命运共同体、人类命运共同体的主张，为实现"世界大同"做出了积极努力。习近平主席于 2018 年 4 月 8日在会见联合国秘书长古特雷斯时指出："我们所做的一切都是为人民谋

---

[1]　范希春：《人类命运共同体：科学社会主义的最新理论成果及其世界性贡献》，《中共杭州市委党校学报》2020 年第 1 期。

[2]　孙中山：《孙中山选集》，人民出版社 1981 年版，第 844 页。

[3]　中共中央文献研究室：《毛泽东早期文稿》，湖南人民出版社 1990 年版，第 89 页。

幸福，为民族谋复兴，为世界谋大同。"①

4. 社会主义核心价值观

社会主义核心价值观继承了中国传统优秀文化并结合时代要求，进行创造性转化和创新性发展，吸收了人类已有的先进的价值成果的同时体现了广大劳动人民的价值需求，是在人类共同价值的基础上发展起来的，是全人类共同价值的体现。

一是社会主义核心价值观是人类共同价值的高度凝结和具体体现。马克思主义是我国社会主义核心价值观的指导思想和理论基础，也是社会主义核心价值观的最基本内容。人们追求社会主义，就是为了实现自由、平等、公正、民主等人类共同价值，社会主义在追求人类共同价值中不断发展。因此，社会主义核心价值观也正是沿着人类社会文明大道前行，是人类共同价值的高度凝结和具体体现。

社会主义核心价值观体现了实现人的自由全面发展目标并且为这一目标的实现体现不同层次的需求。在国家层面，富强、民主、文明、和谐充分体现了人民的普遍意愿和诉求，反映了人类的美好愿望。② 在社会层面，自由、平等、公正、法治反映了公民个体的权利要求，个人希望共同体能够保障公民所追求的价值，展现了当代中国社会的价值追求。在个人层面，爱国、敬业、诚信、友善反映了人类在个人道德层面的价值需求，这也是共同体要求个人所承担的责任和义务。

人类共同价值就是能够满足人的多样化、全方位的价值需求，维护人的尊严，保护人的安全、自由和权利，引领个人与社会全面发展，得到世界各国人民普遍承认的基本价值原则。社会主义核心价值观在本质上是与人类共同价值相一致的，它反映了人的自由发展的需求，表达了人类的共同愿望，符合世界潮流和历史进步的方向，是人类共同价值的具体体现。

二是社会主义核心价值观是对人类共同价值的吸收和发展。共同价值一直是社会主义运动的奋斗目标，中国共产党成立以后致力于实现人类共同追求的价值。中国共产党强调："人民的平等和自由权利，是不会仇视的，是要赞扬的！这是人类共同的宝贝。若从世界正义的人类地位来说，

---

① 《习近平会见联合国秘书长古特雷斯》，《人民日报》2018年4月9日第1版。

② 刘旭：《社会主义核心价值观话语体系建设研究》，山东师范大学，2019年。

我们所求的只有希望这些平等自由更加充实些，更加宽广些。"① 毛泽东在党的七大上作《论联合政府》报告中指出，"领导解放后的全国人民，将中国建设成为一个独立、自由、民主、统一和富强的新国家"。改革开放以后，实行经济、政治、文化等方面的改革，先后确立了以经济建设为中心、大力发展生产力、实现共同富裕，坚持以人为本、科学发展观、实现人民幸福目标。党的十八大明确提出要加强核心价值体系建设，其中包括"三个倡导"，即"倡导富强、民主、文明、和谐，倡导自由、平等、公正、法治，倡导爱国、敬业、诚信、友善，积极培育和践行社会主义核心价值观"。其中"自由、平等、公正、法治"的价值理念融入了人类共同价值理念，是对人类共同价值的吸纳、发展和提升。

人类共同价值是推动人类文明进步的精神力量，也是世界各国人民在追求人类美好生活中达成的价值共识。中国的前途命运同世界的前途命运紧密联系在一起，培育和践行社会主义核心价值观在符合本国国情的同时，要与人类共同认可的美好价值相适宜，促进社会主义文化强国建设，引领历史潮流。

三是社会主义核心价值观与人类共同价值是辩证统一的。以马克思主义为指导思想的社会主义核心价值观坚持把和平、发展、公平、正义、民主、自由等人类共同价值作为其重要内容，具有全球视野和世界眼光，代表了历史前进方向，具有世界意义，可以吸引全人类的认同和向往。社会主义核心价值观的培育和践行离不开借鉴和吸收人类共同的文明成果和共同价值，同时又是在克服西方价值观的不足和弊病之后，对人类共同价值的一种发展和推进。

人类共同价值体现了不同国家对"和平、发展、公平、正义、民主、自由"等的共同追求，为彼此间的求同存异、合作共赢、共同发展奠定了价值观方面的坚实基础。任何社会的核心价值观都具有历史性、具体性、发展性，是不同的国家和民族在不同的历史发展阶段价值追求的集中表现。它们在体现人类社会文明发展、全人类的"共同价值"进程的同时，也由于在历史、制度、文化等方面的不同而存在着差异。社会主义核心价值观与人类共同价值是个性与共性，或者是特殊性与普遍性的关系，特殊体现一般，一般存在于特殊之中。人类共同价值内在于社会主义核心价值

---

① 《民主主义的利刃——美国的民主传统》，《新华日报》1943 年 4 月 15 日第 4 版。

观中，社会主义核心价值观是对人类共同价值的体现和发展。

　　培育和践行社会主义核心价值观一方面要继承中华优秀传统文化的资源，构建适合我国国情的价值目标、价值理念、价值原则，体现中国特色、中国风格、中国气派；另一方面又要关怀人类、面向未来，反映人类文明成果和共同价值，顺应世界和平、发展、合作、共赢潮流。构建社会主义核心价值观，必须坚持世界性和民族性、个性与共性、普遍性和特殊性的辩证统一。唯有如此，社会主义核心价值观才能高高举起人类共同的文明成果和"共同价值"的大旗，站在人类价值共识的制高点，不断推进自身建设，又为人类文明的发展增添新内容，作出新贡献。[1]

第二节　西方思想家对人类共同价值的探索

　　西方价值思想经过2500多年的积累，已经成了一个巨大的思想宝库。其内容极其丰富，种类也极其多样。西方价值观是在西方特定的社会历史文化背景中产生并与之相适应的，受西方特定的历史文化制约，同时它也是西方历史文化的重要组成部分。西方历史文化是一种多源头的断裂而又兼顾的复杂历史文化，一般认为西方文化的源头主要有四个：一是古希腊世俗文化，二是古罗马的政治文化，三是古希伯来宗教文化，四是近代意大利的商品文化或市场文化。这四种文化先后占据主导地位，体现的价值观念是各不相同的。西方不同文化的更替具有断裂性，但是后一种文化的价值观念是对前一种文化的核心价值观念的吸收和扬弃，并不是全盘否定。[2]

　　尽管西方历史文化是一个复杂的体系，但是纵观2000多年的西方历史文化发展，古希腊思想家们构建的文化所体现的精神成为了后来整个西方历史文化的基调，也是西方近现代价值形成的源头，这种基本精神主要体现在两个方面：一方面是尊重个人自主、维护个人权利、重视个人幸福的个人主义；另一方面是推崇理性、注重开发和运用理性的理性主义。这

　　[1]　戴木才：《全人类"共同价值"与社会主义核心价值观》，《光明日报》2015年10月28日第13版。
　　[2]　江畅：《西方德性思想的历史演进和基本特征》，《华中科技大学学报》（社会科学版）2012年第5期。

两种精神自古希腊产生之后，深深植根于西方文化之中并随着历史的发展而不断发扬光大。即使是信仰主义占主导地位的中世纪基督教文化，也将来世幸福作为人生的追求，① 主张人人在上帝面前平等，重视"摩西十戒"等律法，而且也努力运用理性证明上帝的存在和谋划获得来世幸福的方案。

西方人类共同价值思想是伴随着西方人类理想社会构想而产生、演进的，这是因为理想社会的构建需要有价值观的支撑。西方思想家经过长期艰苦的研究，对各种不同的理想社会进行构想及理想价值观的构建。按照时间先后主要有：古希腊时期哲学家构想了种种理想社会（如"理想国""世界城邦"等），提出对德行和幸福追求的共同价值思想；中世纪时期基督教神学家构想"天堂"，追求永生的幸福生活；近现代启蒙思想家追求建立自由、民主、法治、公正的理性王国，近代西方空想共产主义者托马斯·密尔构想"乌托邦"、意大利康帕内拉构想"太阳城"的公有制为基础的理想社会。西方思想家对理想社会和美好生活的理论构建为探索人类共同价值提供了宝贵的历史遗产。

一　西方古代价值观中的人类共同价值思想

古希腊罗马和中世纪哲学家、神学家对价值问题进行了大量的思考和探索，形成了内容十分丰富的价值思想。这些价值思想不仅对西方古代价值观形成发挥积极的作用，而且为西方近现代价值体系构建奠定了基础，对今天的人类产生重要影响，对于今天构建人类共同价值体系具有重要的借鉴意义。

1. 古希腊罗马哲学家的人类共同价值思想

古希腊罗马哲学家十分关注人生幸福以及实现途径问题，尤其是对德行现象和德行问题进行了广泛而深入思考和探索，他们提出把个人幸福作为终极目标，认为个人德行对于人生幸福的实现具有重要意义，而个人的幸福离不开"好社会"（理想社会），好的社会也应该具有优秀的德行品质。这些价值思想为当前构建人类共同价值观提供了丰富的资源。主要体现在：

---

① 江畅：《西方德性思想的历史演进和基本特征》，《华中科技大学学报》（社会科学版）2012 年第 5 期。

　　一是把幸福作为终极价值目标。古希腊罗马哲学家价值思想是围绕人们普遍关心的"什么是幸福""如何获得幸福"展开的。古希腊罗马哲学家们对幸福有不同的理解，但是大多数都把幸福理解为最大的善，把幸福生活理解为好生活。古希腊哲学家苏格拉底将善看作人的终极追求，认为"每一个灵魂都追求善，都把它作为自己全部行动的目标"①，人对善的追求，就是要过上"善（好）生活"。好生活也就是苏格拉底的学生柏拉图所理解的幸福生活，对善的追求就成了对幸福的追求。柏拉图的学生亚里士多德将至善与幸福等同起来作为人的终极目的，认为幸福是善，而且是最高的、终极的、完满的、自足的善，因而是至善。西方古代哲学家普罗提诺认为至善是人的最高追求，拥有至善的生活才是完善的生活、幸福的生活，追求至善就是追求幸福。伊壁鸠鲁派认为幸福就是至善，是人追求的唯一目的，但认为幸福就是快乐，把快乐与幸福等同起来。斯多亚派也认为过幸福生活是人一切活动的终极目的，但他们否定快乐对于幸福的意义，而只重德行。

　　对于如何获得幸福？古希腊哲学家苏格拉底、柏拉图和亚里士多德都认为要成为真正幸福的人，需要具有德行，幸福主要在于德行，甚至把幸福和德行视为等同的。苏格拉底认为幸福就在于智慧。在与美诺讨论智慧与幸福的关系时，苏格拉底问："人的心灵所祈求或承受的一切，如果在智慧的指导之下，结局就是幸福；但是在愚蠢的指导下，其结局只能相反，是吗？"美诺回答说："这个结论合理。"知识是获得幸福的途径，有了知识，一个人就可以正当地行动并获得幸福。柏拉图认为，只有真正有德行的好人才是最适宜过上富裕、光荣的幸福生活的。② 亚里士多德创立的德行幸福论从目的论出发，认为"幸福应存在于按德行的生活中"③。他把幸福理解为合乎德行的现实活动，"幸福生活可以说就是合乎德行的生活"④。德行是幸福的主要内容，在幸福生活中起主导作用，幸福除德

---

① ［古希腊］柏拉图：《国家篇 505E. 柏拉图全集》第 2 卷，王晓朝译，人民出版社 2003 年版，第 501 页。

② 江畅：《西方德性思想史·古代卷》（修订版），人民出版社 2018 年版，第 134 页。

③ ［古希腊］亚里士多德：《亚里士多德全集》第八卷，苗力田主编，中国人民大学出版社 1992 年版，第 250 页。

④ ［古希腊］亚里士多德：《亚里士多德全集》第八卷，苗力田主编，中国人民大学出版社 1992 年版，第 226 页。

行这种灵魂的善之外还需要外在的善。斯多亚派认为"幸福就在于德行"①。他们认为德行不需要任何外在条件，它本身就包含了幸福的所有条件。"德行作为整体其自身对于幸福就足够了"，"德行自身足以确保幸福"②。

二是追求理想社会以及理想社会的价值理念。古希腊社会实行城邦制，尽管城邦不是现代意义的国家，但在现在看来具有国家共同体甚至具有世界共同体（如罗马帝国、罗马教廷统治的基督教世界）的意义。古希腊罗马哲学家对"好生活""好社会"（理想社会、理想国家）进行了种种描述。这为当前人类探讨人类命运共同体视域下人类共同价值体系构建提供了更为直接的借鉴。

理想社会追求整体幸福。古希腊罗马哲学家认为好生活或幸福生活作为目标主要不是个人的，而是城邦的。苏格拉底、柏拉图对智者派的个人主义和利己主义观点提出了批评，强调共同体整体幸福的优先性，③ 强调整体的幸福高于个人的幸福。柏拉图认为理想国家所追求的终极目标不是个人的幸福，而是作为整体的城邦所可能得到的最大幸福。他明确指出："在建立城邦时，我们关注的目标并不是个人的幸福，而是作为整体的城邦的所可能得到的最大幸福。"④ 亚里士多德认为城邦是最崇高、最权威的政治共同体，这种共同体是追求至善，也就是追求幸福。他说："所有城邦都是某种共同体，所有共同体都是为着善而建立的（因为人的一切行为都是为着他们所认为的善），很显然，由于所有的共同体旨在追求某种善，因而，所有共同体中最崇高、最有权威、并且包含了一切其他共同体的共同体，所追求的一定是至善。这种共同体就是所谓的城邦或政治共同体。"⑤

---

① ［古希腊］第欧根尼·拉尔修：《名哲言行录》下，马永翔、赵玉兰、祝和军等译，吉林人民出版社 2011 年版，第 369 页。

② ［古希腊］第欧根尼·拉尔修：《名哲言行录》下，马永翔、赵玉兰、祝和军等译，吉林人民出版社 2011 年版，第 381 页。

③ 江畅：《西方德性思想史·古代卷》（修订版），人民出版社 2018 年版，第 130 页。

④ ［古希腊］柏拉图：《柏拉图全集》第 2 卷，王晓朝译，人民出版社 2003 年版，第 390 页。

⑤ ［古希腊］亚里士多德：《亚里士多德全集》第九卷，颜一、秦典华译，苗力田主编，中国人民大学出版社 1994 年版，第 3 页。

　　理想社会、理想国家应该具备智慧、勇敢、节制和公正的价值理念。① 柏拉图在《理想国》中认为，正确地建立起来的城邦是全善的。其具体体现是，"她显然是智慧的、勇敢的、节制的和正义的"②。智慧就是一个国家是智慧的，主要在于统治者拥有治理国家知识的智慧。体现在统治者人数最少，但富有智慧。他说："一个按照自然原则建立起来的城邦，之所以能够整个地被说成是有智慧的，乃是因为她那个起着领导和统治任务的最小和人数最少的部分，以及她所拥有的智慧。这个部分按照自然的原则人数最少，但在各种形式的知识中，只有这个部分所拥有的知识才配称为智慧。"③ 城邦被称为勇敢的，是因为保卫城邦、为城邦打仗的人是勇敢的。节制与欲望相对，"节制是一种好秩序或对某些快乐与欲望的控制"④。也就是所谓"做自己的主人"。他认为当我们建立这个城邦时，从一开始我们就已经确定了一条普遍原则，这条原则就是公正，即"每个生活在这个国家里的人都必须承担一项最适合他的天性的社会工作"⑤。在苏格拉底看来，公正就是"每个人在国家内做他自己分内的事"⑥，公正既是城邦的普遍原则，也是城邦所有其他德行得以产生和存在的根本德行。对于城邦的公正，亚里士多德认为"政治上的善即是公正，也就是全体公民的共同利益"⑦。"所谓'公正'，它的真实意义，主要在于'平等'。如果要说'平等的公正'，这就得以城邦整个利益以及全体公民的共同善业为依据。"⑧ 统治者需要公正，统治者公正，就会实行法治，就不会成为暴君。"公正是为政的准绳，因为实施公正可以确定

① 张媛媛：《西方近代社会理想研究》，湖北大学，2017 年。

② ［古希腊］柏拉图：《柏拉图全集》第 2 卷，王晓朝译，人民出版社 2003 年版，第 400 页。

③ ［古希腊］柏拉图：《柏拉图全集》第 2 卷，王晓朝译，人民出版社 2003 年版，第 402—403 页。

④ ［古希腊］柏拉图：《理想国》，郭斌和、张竹明译，商务印书馆 1986 年版，第 152 页。

⑤ ［古希腊］柏拉图：《柏拉图全集》第 2 卷，王晓朝译，人民出版社 2003 年版，第 408 页。

⑥ ［古希腊］柏拉图：《理想国》，郭斌和、张竹明译，商务印书馆 1986 年版，第 157 页。

⑦ ［古希腊］亚里士多德：《亚里士多德全集》第九卷，颜一、秦典华译，苗力田主编，中国人民大学出版社 1994 年版，第 98 页。

⑧ ［古希腊］亚里士多德：《政治学》，吴寿彭译，商务印书馆 1965 年版，第 153 页。

曲直，而这就是一个政治共同体秩序的基础。"①

　　三是世界主义社会政治理想。体现为国家要结成统一的"世界城邦"，个人要承担"世界公民"的责任。在古希腊柏拉图、亚里士多德时代，城邦之间有不同的法规和法律，不同地方有不同的习惯和行为规则。斯多亚派哲学家根据自然法认为宇宙自身存在着自然法则，宇宙万物都服从自然法。所有自然宇宙就是自然，它是具有完善理性、神圣智慧、永恒事物的完整统一体。世界的万事万物有共同的逻各斯，逻各斯是理性的体现，所有的事物都有共同的理性，对人类而言也具有共同理性。从人类共同的理性和宇宙的普遍秩序这一观点出发，斯多亚派认为，真正的国家或理想社会是没有民族界限的，国家应是理性的人的联合体，一个理想的帝国。因此，他主张原有的各城邦国家应结成统一"世界城邦"。城邦中一切人都是平等的"世界公民"，一切人彼此是兄弟，都是智慧之人、德行之人。尽管城邦有统一法律，但不需要法律统治，人们根据理性生活，平等相处、互帮互助，充满友爱、博爱。"无论是在城邦还是在城镇，我们都不生活在彼此不同的法律之下，我们将一般地把所有人都看作是我们的同胞和公民，大家遵循一种生活方式和一种秩序，像在同一牧场中一起放养的一群羊。充满自我幻想的芝诺，美梦般地把这种情形写成了一种市民秩序的图景和一个哲学国家的形象。"②

　　承担"世界公民"的责任。斯多亚派认为人是世界城邦的一部分，但在这个世界里不是居于次要地位、服务于别人的一部分，而是居于主导地位的主要部分。③ 人作为世界公民既具有崇高的地位，也有应承担的义务或责任。"那么，[世界] 公民的义务又是什么呢？[世界公民的义务就是] 不要把任何事情当作是个人私利的事情；思考问题的时候，不要把自己当作一个独立存在 [的个体] 来进行思考，而要像手或脚一样，因为，假如手和脚也有理性、能够理解自然的构造的话，它们在行使行为驱动和

---

　　① ［古希腊］亚里士多德：《亚里士多德全集》第九卷，颜一、秦典华译，苗力田主编，中国人民大学出版社 1994 年版，第 7 页。

　　② Plutarch, *On the Fortune of Alexander*, 329A-B.

　　③ ［古罗马］爱比克泰德：《爱比克泰德论说集》第二卷，王文华译，商务印书馆 2009 年版，第 201—202 页。

想要得到东西的意愿的时候是绝对不会不考虑整体的。"① 履行世界公民的责任，关键是要把个人自己的利益与他人、国家、世界的利益紧紧地联系起来，捆绑在一起。爱比克泰德说，假如一个人把他的利益和他的信仰、品德、祖国、父母以及朋友都放在了天平的同一个托盘上，那么，一切都很安好。

斯多亚派对"世界主义""世界公民"思想的阐述，体现了世界主义社会政治理想，构想了一个完全由理性统治的无政府的乌托邦。尽管在当时这种"世界城邦"不具有实现的可能，但是斯多亚派思想家认为人的理性在实现人类追求生活得更好的过程中发挥着决定作用，以及让人类走向一体的思想，对今天人类实现全球一体化和世界和谐具有启示作用，对构建人类共同价值体系有积极的借鉴意义。

2. 中世纪神学家的人类共同价值思想

基督教文化是在古希伯来文化的基础上吸收了古希腊文化和古罗马文化形成的。从伦理文化的角度看，基督教无疑是一种典型的信仰伦理，信仰、爱和希望是基督教伦理精神的核心，基督教神学家圣·奥古斯丁将之概括为基督教三主德。面对旧世界人与社会、人与人及人与自我的矛盾冲突，西方中世纪神学家思考如何消解人的内在世界与外在世界的基本冲突，为人类提供道德和价值的意义，对人类进行终极关怀。他们高扬信仰主义、博爱主义，在古希腊罗马哲学家的基础上进一步追求永恒的幸福生活，把至福作为人的终极目的，其深层的指向则是人类在来世普遍获得永恒幸福，实际上也表达了对人类美好生活的追求。同时基督教神学家发扬犹太教和古罗马法治的传统，肯定人的自由、平等，倡导永久和平。这些价值思想为当前人类构建人类共同价值观有某种参考意义。

（1）信仰：正义、美好和完美之生活理想的追求和信念

信仰是一切宗教的精神基础。它代表着人类对某种特殊的价值目标或生活理想的崇高寄托与心灵承诺。信仰是基督教神学德行的第一德行，信仰就是信仰上帝，坚信上帝存在，上帝是圣父、圣子和圣灵三位一体。作为宇宙和所有事物的创造者，上帝是所有真理和价值的源泉。基督教信仰首先代表着古犹太民族奋力摆脱被驱逐、被压迫的生活苦难达到幸福的生

---

① ［古罗马］爱比克泰德：《爱比克泰德论说集》第二卷，王文华译，商务印书馆 2009 年版，第 202 页。

存信念，是以律法主义方式表达的上帝崇拜和强制性宗教伦理教化。早期基督教神学家奥古斯丁认为，"永生是至善，永劫是极恶。而我们生活的目的则在于求永生、避永劫"①。求永生、避永劫便是一种幸福状态。至善无法被人觉察，只能通过信念向上帝祈祷寻求帮助，"我们看不到我们的（至）善，只有照着信心而生活，而且，我们只能够这样做：以我们的信心与祈祷，盼望那给我们以信心之上帝会帮助我们"②。耶稣基督仁爱教导以及尔后保罗等圣徒"因信得教"的道德教化，使基督教的信仰观念朝着更内在化、主体人化和道德化的方向发展，成为一种宗教伦理情怀和超越的理想承诺，进而获得其特有的心性美德和道德理想的精神力量。因此，基督教伦理的信仰观念在整体上分享着一种共同的道德精神，这就是对正义、美好和完美之生活理想的追求和信念。

（2）希望：个人幸福生活理想和精神价值追求

在基督教的传统中，对上帝的希望与对上帝的信仰是密切相关的，具有希望意味着具有希望的人通过神圣精神的证据而有一种坚定的确信。③ 有了这种希望，也才会坚定对上帝的信仰。信仰代表着一种绝对主义的道德理想的精神承诺，希望就是人们能够承诺这种道德理想和完美生活前景的精神动力，希望被看作是"灵魂的支柱"。希望是盼望未来，希望既是人们能够最终树立并执着自己信仰的内在主体动力，也是人们通过自己的信仰所寄托的个人生活理想和价值追求。

基督教伦理的希望有两层含义：一是对完美生活理想和未来人生幸福的期盼，盼望与上帝同在，过上永恒的生活④，欲求永恒生活作为他们的终极幸福。希望作为基督徒对幸福燃烧着的强烈欲望，是一种上帝已经置于每个人心里的欲望。希望使基督徒的心在对永恒的、至高无上幸福的期望中得到照耀。二是拯救的希望，希冀上帝的拯救和人自身的自我拯救。基督教伦理的希望之说，旨在来世而非现实，是一种欲求摆脱现实罪恶和苦难、期求来世善乐和幸福的精神价值追求，其先定前提是对罪恶人生的神圣拯救。这种救赎既有宗教的方式，也有道德的方式，必须最终落实在

---

① 周成编：《西方伦理学名著选》上卷，商务印书馆 1964 年版，第 355 页。

② 周成编：《西方伦理学名著选》上卷，商务印书馆 1964 年版，第 35 页。

③ 江畅：《西方德性思想史·古代卷》（修订版），人民出版社 2018 年版，第 40 页。

④ 江畅：《西方德性思想史·古代卷》（修订版），人民出版社 2018 年版，第 483 页。

人格心灵的内部改善，最根本的是人的灵魂拯救。由此可说，基督教的希望观念实质上是一种以宗教信仰救赎的形式表达道德精神自救的价值理想，一种对人性完善和心灵超越的价值理想。

（3）爱：仁爱、博爱，人类精神的终极完善

爱或仁爱是基督教的第三个神学德行，是基督教"七德"中的首德，也是基督教伦理的核心。耶稣的基本精神就是爱：爱上帝，爱邻人，彼此相爱。对人的爱出于对上帝的爱，上帝爱人，人爱人实际上是爱上帝之所爱。当有人问及耶稣，他的第一紧要的诫命为何时，耶稣回答道："你要尽心、尽性、尽意爱你的神。这是诫命中第一，且是最大的。其次也相仿，就是爱人如己。这两条诫命是律法和先知一切道理的总纲。"（《圣经·马太福音》23：37-40）"爱人如己"或"爱邻人如同你自己"。在耶稣的解释中"邻人"具有超越不同性别、种族、教派和地域的全人类性质。因此，在对所有其他人无限仁爱的意义上，基督教的爱是一种上帝之爱、人类之爱、无功利的爱、普遍的爱，是人类精神的终极的完善，因为它被认为是对上帝本性的赞美，也是上帝本性的反映。奥古斯丁对爱给予了满腔热忱的歌颂，认为爱是最高的德行，是一切德行之源，是唯一能占领和充满永恒的东西。世界上如果没有爱，就没有了一切。尽管基督教的这种博爱的精神在基督教教会实际中发生了异化，而且这种异化是与基督教的本来精神相违背的。

（4）天国：人类永久和平的理想社会

奥古斯丁通过对"尘世之城"与"上帝之城"两个国度的区分构建了人类的理想境界，描绘一种人类未来的前景，就是进入天国。他认为上帝之城与世俗之城是有着不同追求的两种社会。"一座城由按照肉体生活的人组成，另一座城由按照灵魂生活的人组成。当他们找到了自己想要的东西时，各自生活在他们自己的和平之中。"①

在奥古斯丁看来，世俗之城由于灵魂与肉体的分裂和对立，人们只按照肉体而生活，导致分裂、对立和斗争，人类的和平是短暂的，不可能有长久和平。而上帝之城则按照灵魂生活，以上帝为荣耀，精神服从上帝从而能够支配肉欲的生活。上帝之城中，居民间不是统治与被统治的关系，

---

① ［古罗马］奥古斯丁：《上帝之城》上卷，王晓朝译，人民出版社2006年版，第578—579页。

而是在相互关爱中相互服务的关系，人们享有永久性的和平。永久和平是至善，而且是世俗生活的最终目的和最终之善，是因为在永久和平的国度是充满和平和确定性的安全处所。作为世俗生活的最终目的，永久和平向身处世俗生活中的每个人打开了一个绝对希望之门，那就是进入天国。

　　从宗教的本质来讲，基督教是人们对客观世界的一种主观化了的颠倒性的反映，如恩格斯所说："一切宗教都不过是支配着人们日常生活的外部力量在人们头脑中的幻想反映，在这反映中，人间的力量采取了超人间的力量的形式。"[①] 随着人的认识能力的提升，把幸福寄托于来世的愿望将被后来的西方启蒙思想家对现世的追求所取代，以人为中心的思想表现出对以神为中心的宗教神学的强烈反对。但同时我们应该看到，中世纪神学家直面人在生存中所面对的肉体与灵魂冲突问题、人在现实生活中无法回避的善与恶问题，以及人在尘世生活中的此岸世界与天国福音的彼岸世界的关系问题，其思想成果为人类解决现实生存中人与社会、人与人及人与自我的矛盾问题提供了可供参考的答案。基督教所描绘的上帝所创造的那个和谐、和平、平等、幸福、博爱的美好理想世界，更是人类几千年来梦寐以求的理想境界，无论是早期的乌托邦、空想共产主义者，乃至马克思的共产主义，都同这个原初理想世界有某种关联。尽管基督教提供解决人类生存困境和生存危机的方案不是一服良药，只是一些给人类的启示而已，但这些启示与当今已有的先进的价值思想相融合，有助于今天人类构建共同价值体系，至少为人类实现普遍幸福提出了需要解决的重大问题。

二　西方近现代价值观中的人类共同价值思想

　　西方近现代价值文化与西方传统价值文化的基本精神一脉相承。古希腊文化中的幸福主义、个人主义、自由主义、平等主义、共和主义、法治主义（律法精神）、科学主义、理性主义等精神因素构成了近现代西方价值文化的基调。从历史上看，西方近现代价值文化是在与中世纪基督教思想并在同教会和封建主阶级的统治斗争中出现的，它更多的是吸收了古希腊罗马的价值文化。近现代西方价值文化对西方传统不是简单的继承，而是通过转换和创新所形成的，这种转换和创新的推动力量，就是市场经济。市场经济的兴起，使西方人看到市场经济可以带来丰厚物质财富的巨

---

① 《马克思恩格斯选集》第 3 卷，中共中央编译局编译，人民出版社 1996 年版，第 667 页。

大魅力，人们相信拥有财富就可以过上幸福的生活。西方近现代思想家围绕如何构建能使市场经济正常运行和快速发展的"好社会"（理想社会）这个问题进行探索，经过几百年的血雨腥风，他们构建完成了完整系统的西方近现代价值体系（资本主义价值体系）。西方近现代思想家为西方社会提供已经变成现实的"好社会"理想模型所应具备的基本价值理念，如自由、平等、民主、法治、公正等，已经成为人类的价值共识。在人类走向命运共同体、世界一体化的今天，如何借鉴西方近现代价值观的合理因素及其经验教训，克服其局限和异化，这是当前构建人类共同价值体系面临的一个重大课题。

1. "好社会"的理想模型：自由主义社会与社会主义（共产主义）社会

近代思想家普遍反对近代之前中世纪构建的政教合一、封建专制统治等级制的社会，他们不断探讨"好社会"（理想社会）应该是什么样的社会。经历了文艺复兴、宗教改革运动和启蒙运动，西方近现代思想家构建了各种理想社会，并对如何实现社会的路径也进行了持续的探讨。其中自由主义社会和社会主义（共产主义）社会是两种有影响并已经付诸实践的理想社会。审视这两种社会模型，对于今天人类命运共同体视域下构建人类共同价值体系有积极借鉴意义。

（1）自由主义社会

在文艺复兴时期的人文主义者所希望构建的是一种个性充分解放、充满感性情趣的社会。早期英国启蒙思想家培根在游记小说《新大西岛》中描绘了建立"所罗门宫"的本色列国的理想社会的蓝图，表达了科学在社会中的主宰作用。意大利政治思想家马基雅维里从人的本性具有利己的自然倾向，认为人的本性是恶的。"任何人要建立国家、制定法律，他就必须假定，所有人都是恶的，只要他们一有机会，就总要依这种恶之本性行事。"[1] 早期英国启蒙思想家、自然法理论家霍布斯主张以协议的方式建立理想的国家。他认为，人们相互达成协议，自愿地服从一个人或一个集体，相信他可以保护自己来抵抗所有其他人。"把大家所有的权力和力量付托给某一个人或一个能通过多数的意见把大家的意志化为一个意志

---

① 周辅成：《西方著名伦理学家评传》，上海人民出版社 1987 年版，第 174 页。

的多人组成的集体。"① 他推崇将权力交给一人掌权的君主政体。近现代西方自由主义奠基人洛克认为，人的自然状态是一种完美无缺的自由、平等和独立的状态，每个人同意通过订立契约方式脱离涣散的自然状态而结成共同体（政治社会），共同体成员的同意和协议形成国家，国家每个成员服从于大多数的决定。他说："当每个人和其他人同意建立一个由一个政府统辖的国家的时候，他使自己对这个社会的每一成员负有服从大多数的决定和取决于大多数的义务。"② 洛克主张以代议制民主和法律至上、在法律面前人人平等为主要特征的自由平等民主法治的理想国家。法国著名的启蒙思想家、古典自然法学的主要代表孟德斯鸠把英国建立的立法权、行政权和司法权三权分立君主立宪制看作是理想社会的模式。法国共和主义主要代表卢梭主张通过恢复和保障人们在不平等社会中所丧失的自由和平等权利，提出消灭封建专制制度、建立以社会契约为基础的人民享有主权的共和国的理想社会。

纵观所有这些方案中，启蒙思想家中以洛克为主要代表的自由主义者所提供的以社会契约为前提，以自由平等为基础的自由主义社会方案最终成为西方社会接受的"好社会"理想模型。这种"好社会"理想模型适应西方市场经济兴起和发展的需要，但也暴露出许多问题，如贫富两极分化、社会生活物化、对外扩张渗透等。自由主义社会模式的经验教训值得构建人类共同价值体系借鉴与反思。

（2）空想社会主义社会、科学社会主义（共产主义）社会

与以市场经济为基础构建的自由平等为基础的自由主义"好社会"不同，一些西方近现代思想家基本上对市场经济以及作为其保障的社会制度持否定的态度，他们构想了自由主义的社会主义理想图景。社会主义理想社会主要有三种不同类型。

第一种是空想社会主义或空想共产主义。比较著名的理想社会有：欧洲空想社会主义学说创始人、英国人文主义者托马斯·莫尔的"乌托邦"、意大利文艺复兴时期的哲学家托马斯·康帕内拉的"太阳城"、英国政治活动家温斯坦莱的"自由法"、法国空想社会主义者维拉斯的"塞

---

① ［英］霍布斯：《利维坦》，黎思复、黎廷弼译，杨昌裕校，商务印书馆1985年版，第131—132页。

② ［英］洛克：《政府论》下篇，叶启芳、瞿菊农译，商务印书馆1964年版，第60页。

瓦兰人"与梅叶的"教区公社联盟"、法国政治家马布利的"完美的共和国"、法国著名的空想社会主义思想家摩莱里的"自然法典"等。这些理想社会一般都是公有制的,其学说因而被纳入社会主义的范畴。在以市场经济为基础建立起的西方主流价值文化中,空想社会主义者的这些思想没有受到重视甚至遭到反对。在今天,以市场经济为基础的现代化带来的各种问题和弊端日益凸显,对人类生存和发展提出了严峻挑战,空想社会主义者在当时就以敏锐的眼光对市场经济的反思和批判,在现在看来具有积极意义,当前人类共同价值构建需要从中吸取有益的内容。

第二种与第一种大致相同,不同之处只在于强烈主张变革现行的社会制度,但他们都不否定私有制,更没有明确主张建立以公有制为基础的社会。主要有 19 世纪的三大空想社会主义者圣西门的"实业制度"、傅立叶的"法朗吉"、欧文的"拉纳克郡"以及英国经济学家和空想思想家格雷的人类幸福论。

第三种是马克思和恩格斯构想的科学社会主义。马克思和恩格斯对资本主义制度(特别是私有制)进行了无情的批判,并在此基础上吸收了空想社会主义和其他空想家的思想,构想了以公有制为基础的共产主义(社会主义)的宏伟蓝图,并将这一蓝图建立在历史唯物主义和剩余价值理论的基础上,通过无产阶级革命实践建立了无产阶级革命和无产阶级专政理论,使社会主义从空想变成了科学。[1]

马克思和恩格斯从社会整体结构、社会的经济生活和政治生活,以及人与自然王国的关系角度对共产主义社会提出了构想。[2]

首先,共产主义社会是消灭了阶级的自由人联合体,每一个人在其中都能获得全面而自由发展。社会是一种"以每一个个人的全面而自由发展为基本原则"[3] 的自由人联合体。"代替那存在着阶级和阶级对立的资产阶级旧社会的,将是这样一个联合体,在那里,每个人的自由发展是一切人的自由发展的条件。"[4]

其次,共产主义社会是物质文明高度发达的社会,社会成员过上了充

---

① 张媛媛:《西方近代社会理想研究》,博士学位论文,湖北大学,2017 年,第 114 页。

② 张媛媛:《西方近代社会理想研究》,博士学位论文,湖北大学,2017 年,第 116 页。

③ 《马克思恩格斯文集》第 5 卷,中共中央编译局编译,人民出版社 2009 年版,第 683 页。

④ 《马克思恩格斯文集》第 2 卷,中共中央编译局编译,人民出版社 2009 年版,第 53 页。

裕的物质生活，实行按需分配。在马克思看来，共产主义有一个从低级阶段到高级阶段的发展过程。到了共产主义的高级阶段，社会分工消失，人们自觉地将劳动作为生活的第一需要，尽其所能地为社会做贡献，社会因而生产力高度发达，物质生活富足充裕。在这样的社会条件下，可以按照人们的需要进行劳动产品的分配。①

再次，共产主义社会是以公有制为基础的有计划的产品经济社会，以谋求剩余价值为目的的商品经济不复存在。他们在《共产主义者同盟中央委员会告同盟书》中明确指出："对我们说来，问题不在于改变私有制，而只在于消灭私有制，不在于掩盖阶级对立，而在于消灭阶级，不在于改良现存社会，而在于建立新社会。"②

最后，共产主义社会是没有民族分隔和对立的社会，公共权力失去了政治性质，社会意识形态也会消失。在他们看来，随着资产阶级的发展，随着贸易自由的实现和世界市场的建立，随着工业生产以及与之相适应的生活条件的趋于一致，各国人民之间的民族分隔和对立日益消失。他们认为，联合的行动，至少是各文明国家的联合行动，是无产阶级获得解放的首要条件之一。从这种意义上看，共产主义社会是世界性的，而非一国的。由于阶级统治不复存在，国家消亡，整个人类都是由自由人构成的联合体，因而公共权力也就失去了政治性质。"当阶级差别在发展进程中已经消失而全部生产集中在联合起来的个人的手里的时候，公共权力就失去政治性质"，因为"原来意义上的政治权力，是一个阶级用以压迫另一个阶级的有组织的暴力"③。马克思恩格斯认为，不同时期的社会意识尽管各不相同，但总是在某种共同的形式中运动的。当阶级对立完全消失时，这些意识形态也会完全消失。

2. "好社会"追求的终极价值目标：个人幸福、社会成员平等追求自己的利益

古代西方文化中，幸福主义文化是贯穿始终的，西方近现代思想家继承这一传统，始终把追求幸福作为人生和社会的终极目标，而且从古典幸福主义思想中汲取了不少的内容。

① 张媛媛：《西方近代社会理想研究》，博士学位论文，湖北大学，2017年，第117页。
② 《马克思恩格斯文集》第2卷，中共中央编译局编译，人民出版社2009年版，第192页。
③ 《马克思恩格斯文集》第2卷，中共中央编译局编译，人民出版社2009年版，第53页。

西方近现代价值观的终极价值目标是个人幸福。受西方理性主义和经验主义的影响，西方近现代价值观中肯定了个人作为幸福的主体，个人为自己的行为负责，生活是否幸福完全来源于自身追求，而不是外在其他因素。英国近代著名经验主义哲学家洛克曾说过："人人都欲望幸福——人们如果再问，什么驱迫欲望，则我可以答复说，那是幸福，而且亦只有幸福。"① 社会为个人的幸福的实现提供了必要的环境如自由、平等、公正和法律规则，以免个人幸福受到伤害。法国启蒙运动思想家卢梭认为，一切立法体系的最终目的是全体社会成员的最大幸福，而幸福又可以归结为两大主要的目标："即自由与平等。"② 由于受到市场经济的影响，把幸福的内容理解为利益，后来又将快乐、享受纳入幸福范畴。近代情感主义思想家认为幸福即是快乐，"极度的幸福就是我们所能享受的最大的快乐"③。近代英国功利主义哲学家边沁就提出了他最信奉的"最大多数人最大幸福"的"最大幸福"原则，他把快乐与幸福完全等同起来，不加任何区别地使用。他自己明确说："何谓幸福？我们已经知道幸福即是享有快乐，免受痛苦。"④ 他不仅将快乐与幸福等同起来，而且将快乐与善完全等同起来。19 世纪英国著名的政治哲学家约翰·密尔主张人的本性在于趋乐避苦，并将快乐与幸福等同起来，而幸福在于利益，行为的目的在于追求幸福，行为的对象则在于那些能够产生幸福的外物即利益。这样看来，西方近现代价值观的终极价值目标是社会成员自由平等地追求自己的利益，从理论上确定了社会成员追求自己利益的天然合理性，并将其作为人的自然权利。实际上，把幸福同享受和利益等同起来，两者之间是相互关联的。追求利益、占有资源归根到底是为了满足欲望，享受生活。只是在不同时期社会有不同的需要，而到了 20 世纪以后，经济走向发达，鼓励人们大量消费，则是为了通过高消费刺激经济增长。

西方近现代价值观的终极价值始终指向社会成员个人的幸福，把利益和享受结合起来，把幸福主要理解为人的物质需要的满足，极大地激发了

---

① ［英］洛克：《人类理解论》上册，关文运译，商务印书馆 1958 年版，第 228 页。

② ［法］卢梭：《社会契约论》修订第 2 版，何兆武译，商务印书馆 1982 年版，第 69 页。

③ ［英］洛克：《人类理解论上册》，关文运译，商务印书馆 1958 年版，第 228 页。

④ ［英］边沁：《道德与立法原理导论》，时殷弘译，商务印书馆 2000 年版，第 122 页。

人性的潜能，促进了西方近现代经济的高速增长，不断推动人类社会文明现代化，为实现经济全球化做出了积极的贡献。同时，我们应该看到西方的终极价值目标完全是个人主义的，它不考虑国家和民族，对幸福的主要理解为人的物质需要的满足，一个人幸福与否关键看他占有的金钱、财富的多寡，到后来发展为享乐主义，不考虑精神需要的满足，特别是人的自我实现的满足。今天，我们构建人类共同价值体系的终极目标应该从西方的实现个人幸福目标中吸收合理资源，把实现全体社会成员的普遍幸福作为终极目标进行积极探索。

按照马克思主义的观点，幸福的基本前提是自由。这种自由不是随心所欲，而是每个人的自由以他人的自由为前提，也就是法律范围内的自由。幸福的基本含义则是人的全面发展。在现代社会条件下，人的全面发展就是每个人的潜能尽可能充分地得到开发，开发出来的能力尽可能地得到发挥，发挥的结果得到相应的社会报偿。其主要体现就是各受其教，各尽所能，各得其所，这就是中国特色社会主义所要追求达到的理想社会状态。从伦理学的角度看，"幸福是一种价值性质，即善性（或好性）并被许多伦理学家看作是最高的善，即至善。幸福这种价值性质是使人对生活总体上感到满意的价值性质。幸福并不就是需要的满足，而是生活的那种能使人的需要总体上得到满足并能使人由此产生愉悦感的性质。具有这种性质的生活就是幸福生活，即伦理学家们所说的'好生活'。好生活可以从两种不同意义上理解：一是把好生活理解为'值得赞赏的生活'，这是指的道德或德行高尚的生活；二是把好生活理解为'值得欲望的生活'，这是指的繁荣或发达的生活。真正的好生活应该既是'值得欲望的生活'，又是'值得赞赏的生活'"①。

3. 实现"好社会"应有的价值理念：利益、自由、平等、民主、法治、公正

"好社会"不仅要建立起来，还要具备好的价值理念，尤其是有好的核心价值理念，才能使社会长治久安。"核心价值理念则是终极目标的具体体现，它们本身具有目的性，同时又是体现着终极价值目标的要求并服

---

① 江畅：《幸福：当代社会核心价值体系的核心价值理念》，《湖北大学学报》（哲学社会科学版）2019 年第 6 期。

务于终极目标的实现，因此，它们在价值观中具有核心的地位。"① 在西方近现代社会经济发展过程中，西方近现代价值理念正是适应市场经济的客观要求产生的，思想家们对价值体系的核心理念有着不同的论述，其中利益、自由、民主、平等、法治、公正与"好社会"应有的政治生活的价值理念相关。

西方近现代价值体系是建立在市场经济基础上的。市场经济把追求利益作为价值体系的出发点，起初体现在经济领域，追求对物质需要的满足，表现在对金钱、财富、土地、人力资源等的占有，后来扩大到可以获取经济利益的其他社会资源，政治权力、受教育的机会、社会地位等，由于经济利益的实现需要许多其他社会资源支持，而这些资源对于个人来说，也体现为不同的利益，如政治权力、社会地位和声望、受教育的机会等。当然，这些资源对于个人的社会生活也是意义重大的。于是，个体利益就成了人们经济活动乃至其他活动的根本追求。所以法国哲学家爱尔维修认为，利益是对人们唯一起支配作用的东西，"利益是我们的唯一推动力"②。西方近现代价值体系中对利益的追逐最终演变为以资本增值为终极目标。

西方价值体系中个人自由和利益至上的理念使得西方近现代取得快速发展，摆脱了封建专制的统治，获得了自由，走向现代化社会，但是这种价值体系构建的社会被资本所控制，个人也因此为新的奴役力量即资本所奴役，而没有真正获得解放、自由和幸福。究其原因是西方社会追求利益是西方资本主义市场经济下追求的个人的利益，或者是一定组织（利益集团）的利益，不是社会全体人民的共同利益，更不是各个民族国家之间的共同利益。因此，从人类共同的利益要求出发，寻求各国人民达成价值共识，这是当前构建人类共同价值体系要坚持的利益立场。

西方近现代思想家认为"好社会"是每一个社会成员（个人和社会中的组织）完全独立和充分自主的社会，这样的社会才会充满生机和活力。因此，自由成为西方近现代价值体系最推崇的核心价值理念。西方近

---

① 江畅：《我国主流价值文化构建的三个问题》，《光明日报》2013 年 6 月 21 日第 11 版。

② 《十八世纪法国哲学》，北京大学哲学系外国哲学史教研室编译，商务印书馆 1963 年版，第 537 页。

现代思想家对自由有种种不同的理解，其核心含义就是每一个人都能按自己的意愿行事。洛克认为，自由不仅是人与生俱来的权利，而且对于人具有根本性的意义，他说："我们是生而自由的"①；"人们……生来就享有完全自由的权利"②；"每个人生来就有双重的权利：第一，他的人身自由的权利，别人没有权力加以支配，只能由他自己自由处理。第二，首先是和他的弟兄继承他的父亲的财物的权利"③。孟德斯鸠讨论了公民政治自由，认为公民的政治自由是一种心境的平静状态，这种状态源自于人人都享有安全。为了享受这种自由，就必须有一个三权分立的政府。卢梭讨论了社会自由，他将"自由"和"平等"作为幸福的两大主要目标。他认为"自由，是因为一切个人的依附都要削弱国家共同体中同样大的一部分力量；平等，是因为没有它，自由便不能存在"④。就是说一个国家中的个人越不自由，这个国家的力量越弱，而且两者是完全同比例的。密尔讨论公民自由，他主张，只要不涉及他人的利害，个人（成人）就有完全的行动自由，其他人和社会都不得干涉；只有当自己的言行危害他人利益时，个人才应接受社会的强制性惩罚。他说："唯一实称其名的自由，乃是按照我们自己的道路去追求我们自己的好处的自由，只要我们不试图剥夺他人的这种自由，不试图阻碍他们取得这种自由的努力。"⑤ 康德从本体论的角度对近代以来西方高扬的自由提供了系统而深刻的论证，证明人的自由是实实在在存在的。在西方市场经济环境中，人们普遍认可自由是市场经济得以存在和运行的条件。

西方近现代思想家对平等非常推崇，霍布斯认为，人是生而平等的。洛克认为人的自然状态是一种完美无缺的自由、平等状态。平等也是适应市场经济客观要求。亚当·斯密坚决主张市场主体自由平等竞争的态度，他说："完全正义、完全自由、完全平等的确立，是最简单而对于这三阶级全体皆臻于最高度繁荣之保证又最有效的秘诀。"⑥ 这种经济要求就是

① ［英］洛克：《政府论》下篇，叶启芳、瞿菊农译，商务印书馆1964年版，第38页。

② ［英］洛克：《政府论》下篇，叶启芳、瞿菊农译，商务印书馆1964年版，第52页。

③ ［英］洛克：《政府论》下篇，叶启芳、瞿菊农译，商务印书馆1964年版，第141页。

④ ［法］卢梭：《社会契约论》修订第2版，何兆武译，商务印书馆1982年版，第69页。

⑤ ［英］约翰·密尔：《论自由》，许宝骙译，商务印书馆1959年版，第14页。

⑥ ［英］亚当·斯密：《国富论》下，郭大力、王亚南译，凤凰出版传媒集团/译林出版社2011年版，第224页。

对社会成员平等权利的要求，西方近现代的平等价值理念的原初根源就在于此。但由于人们各方面的条件不尽相同，追求所获得的利益自然不相同，因而在结果上或事实上不平等。但是，资本主义的价值文化又确实是肯定人人平等的，而且在实际生活中贯彻了这种平等的要求，只是这种平等不是结果的、事实上的平等，而是马克思所说的"形式上的"平等。这种平等就是：人格的平等，即不论出身、种族、贫富、强弱、老幼、男女都有平等的人格尊严；权利的平等，即所有人都享有相同的社会权利；机会的平等，社会的一切机会向所有人开放；规则的平等，即像在法律面前人人平等那样的规则适用于所有人。①

西方近现代思想家对国家的民主体制进行了不同探讨，卢梭提出了"参与式民主"，主张每一个人都有参加社会一切事务的权利。这种个人的权利从整个社会来说，就是一种政治权力。洛克的民主思想经过约翰·密尔正式提出了"代议制民主"，认为代议制民主政体应是代表一切人而不是仅仅代表多数的民主政体，在这种政体里，各种有才智的人虽然居于少数但他们的利益和意见仍然会得到尊重。"这种民主政体，它是唯一平等的、唯一公正的、唯一由一切人治理的一切人的政府、唯一真正的民主政体。"② 西方近现代的民主的价值理念是西方市场经济所客观要求的。市场主体以及所有社会成员的自由、平等以及其他经济权利，需要上升为政治权利，需要有政治的保障。民主实质上就是社会成员自主和自治，社会成员在政治上自主就具有自由，也才会有彼此之间的机会、权利、人格以及法律上的平等。③

"好社会"必须是法律统治的社会，一切政治权力都在法律之下，所有人都平等地遵守法律，而法律充分体现作为社会主人的社会成员的意愿和意志，最大限度地维护社会成员的利益和权利。西方近现代价值体系之所以推崇法治就是因为只有法治才能维护资本主义自由和民主，资本主义法治的基本内涵在于，政治权力在法律的范围内行使，在法律范围内行使的权力不但不能侵犯个体的自由和权利，而且要维护和扩大他们的自由和

① 江畅：《西方近现代主流价值文化构建的启示》，《人民论坛·学术前沿》2012年第14期。
② [英]约翰·密尔：《代议制政府》，汪瑄译，商务印书馆1982年版，第122页。
③ 江畅、范蓉：《西方德性思想的近代转换》，《苏州大学学报》（哲学社会科学版）2014年第6期。

权利，并确保社会秩序的正常。洛克系统阐述了西方近现代以法律至上、在法律面前人人平等为主要特征的法治主义思想。孟德斯鸠在洛克分权思想的基础上明确提出了立法权、行政权和司法权"三权分立"和以权力制约权力的学说，认为法治与政治自由密切相关，奠定了西方近现代价值体系中的法治理念基础。西方资本主义把法律作为社会的最高权威，个人社会成员活动必须遵循的法律底线，政治权力必须在法律范围内、在法律之下行使，保障了资本主义市场经济的正常运行和发展的社会秩序，体现了西方近现代核心价值中的法治价值理念。

自由、民主和法治是近代思想家所力倡的核心价值理念，自20世纪以来，出现了普遍自由与西方社会结果或事实上的不平等的深刻矛盾，社会不公问题日益突出，近现代西方思想家认为"好社会"应该是公正的社会，这种好社会才能长治久安。对于什么是公正，思想家们存在着较大的分歧，其中新自由主义、保守自由主义、社群主义之间的分歧最为明显。但近现代西方思想家大多认为在公正社会中，其成员各得其所，都能享受公正的待遇。在社会不平等前提下，增加一些必要的社会保障，使自由与事实上的不平等被控制在一定的范围之内。

以上西方近现代社会构建的价值体系的五个核心价值理念——自由、平等、民主、法治和公正在西方传统社会就出现了，但在适应西方市场经济发展要求的利益核心价值理念下，五个核心价值理念被赋予了全新的含义，促使西方经济社会发展，是人类进步所取得的最富有价值的共同成果，是现代精神文明的主要标志。但同时我们应该看到西方近现代价值体系的核心价值理念完全是适应西方私有制的市场经济建立起来的，以个人利益为轴心，追逐物质利益，把经济领域的市场化渗透到整个社会生活，使得社会和人的心灵物化和奴化，体现了资产阶级的阶级局限、时代局限、地域局限和思想局限。今天，我们构建人类共同价值体系理应在合理吸收利用和借鉴西方近现代价值体系的内容的基础上进行超越，建构人类最先进的价值体系。

第三节　历史上人类共同价值思想的重要启示

人类自古以来一直追求理想的社会，希冀在理想社会里过上美好生活，不仅要生活得好，还要生活得更好，这是人的本性使然。由于历史的原因，历史上思想家所构想、所憧憬的理想社会图景都没有实现，但对人类文明和社会发展都有所贡献。历史上人类共同价值思想各不相同，但其中也包含着不少共同因素，这些共同因素为当代人类共同价值体系构建提供了思想资源和宝贵启示。

一　追求人的幸福生活

中西古今人类共同价值思想中首要的共同因素就是追求人的幸福生活。虽然不同时代、不同国度的思想家对什么是幸福、如何获得幸福，以及是重个人幸福还是重整体幸福、重现世幸福还是重来世幸福、重欲望满足还是重自我实现等方面存在着分歧，但他们都把比现实的、已有的生活更好的生活作为人类的普遍适用的价值目标。幸福作为终极价值目标实质上是个人性的，因为个人是人类及其社会的终极主体，社会整体的幸福最终要落实到个人身上。虽然有的思想家更重视整体的幸福，但强调整体的幸福实质上是强调整体（共同体）内部的所有个人的共同幸福。历史上人类共同价值思想这方面的一致性实际上是告诉我们，无论是构建人类命运共同体还是构建人类共同价值体系，出发点和落脚点是人类个体生活得越来越好。

在西方，早在古希腊，个人幸福就被作为个人和社会的终极价值目标，人们普遍关心"什么是幸福"和"如何获得幸福"的问题，几乎所有重要的思想家都对这两个问题进行过深入的探讨。尽管人们对"什么是幸福"有不同的理解，但他们都将获得幸福作为人生的终极目的，作为至善。古希腊的这种传统为古罗马人所继承，古罗马哲学家特别关注研究如何在艰难的现世生活中通过顺从本性（理性）、克制情欲求得内心安宁，从而获得个人幸福。中世纪基督教神学家认为个人不可能在尘世获得真正的幸福，将来世幸福作为人生的追求，但仍将幸福看作是至善、终极价值目标。他们认为，幸福存在于天国，只有当人们死后进入天国才能获得真正的幸福即至福，其深层的指向则是人们普遍在来世获得永恒幸福，表达了对美好生活的追求。近现代思想家继承了西方古典幸福观，把个人幸福作为西方近现代价值体系的终极目标，个人的幸福主要靠个人去追求和实现，社会为个人幸福提供平等、自由和法治等方面的保障。

中华民族是一个崇尚幸福的民族。中国传统社会以"五福"（寿、富、康宁、攸好德、考终命）为核心内容，追求个人生活完善的幸福观，认为福祸由善恶所致，是福是祸主要取决于个人，主张求福以避祸。中国远古的"福"的观念在中国民间得到了一代代传承，老百姓历来把获得"五福"看作人生的圆满境界。进入当代，幸福论的形成和完善成了改革开放取得的最重要成果之一。中国当代幸福论有四种基本形态，即集体幸福论、和谐幸福论、德行幸福论和人民幸福论，其中人民幸福论已经成为中国当代幸福论的主流形态，并正在从理论转变为实践，其追求实现全体人民幸福的理想亦正在变为现实。进入新时代，中国把国家富强、民族振兴、人民幸福作为奋斗目标，其中人民幸福具有终极的意义，可以说，中国社会的终极价值目标简单地说是人民幸福，或者说普遍幸福。习近平总书记提出了以人民为中心的幸福观，"习近平幸福观是以中国人民过上美好生活为奋斗目标并追求其实现的人民幸福观"①。

二　追求人与人之间的兄弟情谊

中西古今人类共同价值思想中包含仁爱、友爱、关爱或者关怀的价值观念，追求人与人之间的兄弟情谊。仁爱、友爱、关爱或者关怀其核心是爱，只是爱的程度和范围不同，它们本质上是相通的。这些观念有助于改善人际关系，有助于国家间的和平、和谐，从而有助于实现人类整体的幸福和人类共同价值体系的构建。相反，缺乏爱的社会、世界会使人感觉到孤独、压抑甚至出现敌对现象，不利于人类共同价值倡导的和平、和谐、幸福的理念实现。

西方不同思想家对爱、友爱、关爱、关怀进行过深入探讨。古希腊苏格拉底、柏拉图非常推崇爱，尤其是柏拉图提出了著名的"柏拉图之爱"，它指的是两个人之间那种纯洁、深刻、强烈的爱，而非两性之爱。古希腊柏拉图在其著作《会饮篇》《斐德罗篇》《法篇》等中通过聚会对话中系统阐述了他的关于爱的思想，认为爱是对智慧的爱，"因为智慧是事物中最美的，而爱以美的东西为他爱的对象"②。爱的目的是使美的事

---

① 江畅：《论习近平幸福观》，《思想理论教育》2018 年第 1 期。

② ［古希腊］柏拉图：《柏拉图全集》第 2 卷，王晓朝译，人民出版社 2003 年版，第 246 页。

物成为自己,"除了求善,爱决不会企盼任何事物的另一半或全部"①,"爱就是对不朽的企盼"②。爱的结果主要体现在智慧和德行两个方面,"爱的行为就是孕育美,既在身体中,又在灵魂中"③。爱的最高境界就是达到美本身和德行本性。

亚里士多德对友爱作过系统阐述,主要探讨了友爱的意义、分类以及友爱的实质,在西方思想史上具有重要意义。亚里士多德对友爱的论述主要体现在其著作《尼各马可伦理学》《优台谟伦理学》中,尤其是在《尼各马可伦理学》中用两卷进行阐述。把友爱放在重要的位置,体现了亚里士多德对友爱的高度重视。亚里士多德认为友爱是人生活中不可缺少的,任何人都需要朋友,友爱是生活之必需,也是实现幸福之必需,也有助于实现城邦和谐。亚里士多德认为友爱产生的原因不同,有的是为了对自己有用,有的是为了使自己快乐,有的是出于对对方品质的爱,而只有双方都有德行品质的友爱才最持久。"只有这样的友谊才称得上永恒的,因为友谊所应有的东西都寓于此中了。"④ 对于友爱的实质,亚里士多德认为,友爱是人的一种品质,体现为人人希望他所爱的人好。友爱的主体是善良的人,只有善良的人,总考虑帮助朋友,为国家(城邦)付出,甚至是自己的生命。善良的人基于对对方德行品质的爱而结交友谊,共同希望对方好,基于德行品质建立的爱,友谊长远持久,这样的友爱稳固、高尚。友爱是基于双方的平等,双方有着共同的需求,也有着共同的愿望,希望对方好,给对方以回报和快乐。"友爱都是平等的,双方都有着共同的要求,相互间有着同样的愿望。"⑤ 在友爱的爱与被爱中,亚里士多德认为友爱更多体现为爱。

---

① [古希腊] 柏拉图:《柏拉图全集》第 2 卷,王晓朝译,人民出版社 2003 年版,第 248 页。

② [古希腊] 柏拉图:《柏拉图全集》第 2 卷,王晓朝译,人民出版社 2003 年版,第 249 页。

③ [古希腊] 柏拉图:《柏拉图全集》第 2 卷,王晓朝译,人民出版社 2003 年版,第 246 页。

④ [古希腊] 亚里士多德:《亚里士多德全集》第八卷,苗力田主编,中国人民大学出版社 1992 年版,第 169 页。

⑤ [古希腊] 亚里士多德:《亚里士多德全集》第八卷,苗力田主编,中国人民大学出版社 1992 年版,第 174 页。

伊壁鸠鲁十分推崇友谊，并对友谊给予高度赞赏："在智慧所提供的保证终生幸福的各种手段中，最为重要的是获得友谊。"① 伊壁鸠鲁认为友谊很重要，其原因是友谊可以带来安全。"在我们有限制的生活条件中，没有什么像友谊那样增进我们的安全。"② 给予友谊很高评价的还有西塞罗，他在其著作《论友谊》中详细论述了友谊的价值和意义，"友谊是人生中唯一被所有的人一致称赞为有益的东西"③。西塞罗认为，那些真正的友谊有很多好处，人类应该为之追求。同时，他指出在各种人与人的关系中，友谊是最亲近的关系，正因为如此，友谊不仅对于个人具有重要意义，是实现人生幸福的重要价值，还对稳固家庭关系、维护国家安危也有重要意义。对于友谊产生的原因，西塞罗认为主要是爱和德行，爱是友谊的基础，友谊还需要德行，德行使友谊得以维持和不断深化。

在西方中世纪，基督教道德的核心是爱，体现为爱上帝，爱邻人，彼此相爱。基督教宣扬的"邻人之爱"包含了大量爱的思想，认为爱是一种普遍的爱，既爱上帝，也爱自己、爱所有的人，它是人类精神的终极的完善。基督教神学家把爱作为三种神学德行之一。奥古斯丁对这三种神学德行（信、望、爱）进行了系统论述，在这三种神学德行中，奥古斯丁尤其推崇爱，对爱给予了满腔热忱的歌颂。奥古斯丁推崇爱的理由有：一是认为爱是比信、望更大的恩赐。"比信与望更大的恩赐是爱，是圣灵将爱浇灌在我们心里。"④ 二是人只有靠爱，才能够遵循律法。处在律法之下的人是由于害怕刑罚而勉强禁戒犯罪行为，但是无法消除犯罪的念头，而"你们若被圣灵引导，就不在律法以下"（《圣经·罗马书》）。"爱浇灌在我们心里"就是自由的律法，是爱的律法，不再是使人畏惧的律法。三是爱是一切诫命的宗旨，上帝每一条诫命都是围绕着爱的。四是人身后还需要爱。"信、望、爱"三者总是为健康和凝视所必需，它此生必需这

① ［古希腊］第欧根尼·拉尔修：《名哲言行录》下，马永翔、赵玉兰、祝和军等译，吉林人民出版社 2011 年版，第 582 页。

② ［古希腊］第欧根尼·拉尔修：《名哲言行录》下，马永翔、赵玉兰、祝和军等译，吉林人民出版社 2011 年版，第 582 页。

③ ［古希腊］西塞罗：《西塞罗文集》政治学卷，王焕生译，中央编译出版社 2010 年版，第 3123 页。

④ ［古罗马］奥古斯丁：《论信望爱》，许一新译，生活·读书·新知三联书店 2009 年版，第 112 页。

三者，而身后唯独需要爱。① 在讨论爱的对象时，奥古斯丁认为，爱的对象应该是那些认为是永恒的、不变的东西，上帝才是真正的爱的对象。托马斯对仁爱进行了深入阐述，认为仁爱与友谊关系密切，仁爱是人对上帝的友谊。他认为，仁爱就是最大的德行，作为一种德行，仁爱是爱而不是被爱。仁爱的对象是从爱上帝扩展到爱邻人。托马斯推崇仁爱，是因为仁爱的行为会带来一系列好的效果。从内在效果看有欢乐、和平、仁慈，从外在效果看有慈善、施舍和兄弟般的纠正。②

中国传统价值观中的"仁爱"是中华民族最核心的价值理念，体现为从对亲人扩展到对他人以至万物的爱。孔子的仁爱的含义从外到内体现为"克己复礼""忠恕之道""修己以敬"，其核心是人要充满爱心。儒家"仁爱"的范围很广，从爱自己的亲人，即"亲亲"，到亲人之外的人，即"出门如见大宾"，最后泛爱到众人、陌生人，即"四海之内皆兄弟"（《论语·颜渊》）。这是把天下所有的人都看成兄弟一样，对所有人的爱都是亲人之爱，不能彼此伤害。

孟子将儒家的"仁爱"进一步扩展到宇宙万物，主张"亲亲而仁民，仁民而爱物"（《孟子·尽心上》）。从这里可以看出，儒家的"仁爱"与基督教的"博爱"都具有爱天下人的观点，"仁爱"甚至超出基督教的"博爱"，因为儒家的爱是没有前提条件的，而基督教的"博爱"有条件——爱上帝。

北宋张载进一步发挥孟子的思想，提出"民胞物与"的价值要求。"民胞物与"是儒家根据"厚德载物"精神提出的，强调"厚养德行""容载万物"，把天下的老百姓看作是自己的同胞进行关心和关爱，把天下的人看成都有兄弟情谊，把天下的所有事物都看作自己的同类进行爱护和保护。这种仁爱精神是人类所能追求的最高精神境界。

三　追求自由、平等、民主、法治的理想社会

历史上思想家关于理想社会规定性或德行方面存在着较大差异。比如，平等是中国最古老的价值观念，而在古希腊则并不认为人是生而平等

① ［古罗马］奥古斯丁：《论自由意志》，成官泯译，上海人民出版社 2010 年版，第 15—16 页。

② 江畅：《西方德性思想史·古代卷》（修订版），人民出版社 2018 年版，第 609 页。

的。但是，古今中外的思想家们在这方面也有一些共识，尤其重要的是，随着社会的发展，思想家这方面的共识不断增加。到今天，自由、平等、民主、法治被认为是"好社会"必须具备的基本规定性。这些社会德行是任何一个基本共同体应该具备的，无论基本共同体是大还是小。今天人类的基本共同体是国家，国家必须具备这些德行，将来世界成为基本共同体，世界同样也必须具备这些德行。这就是从历史上人类共同价值思想引申出的第二个共同结论。

西方进入近代以后，随着市场经济的发展，西方思想家吸取了古代自由、平等、民主、法治、公正的价值元素，并对其进行了转换与创新，赋予了新的意义。西方近代自由主义的奠基人和主要代表洛克，提出了人是生而自由的，自由是人不可剥夺的自然权利。"每个人生来就有双重的权利：第一，他的人身自由的权利，别人没有权力加以支配，只能由他自己自由处理……"① 西方近代思想家认为平等与自由关系密切，主张人格平等、机会平等、权力平等、规则平等。在他们看来，民主是社会成员自由的保障，能够使社会具有凝聚力和活力，法律可以保障个人自由和民主。尽管西方构建这样的理想社会是为西方资产阶级服务的，有其阶级的局限性，但是这一社会理念是按照人性的要求设计的，它顺应了人的本性，极大地促进了社会发展、人类文明进步。

中国在传统社会提倡"天下为公"的"大同社会"，到了近代康有为《大同书》对传统的"大同社会"进一步进行了阐述，提出追求人权平等、自由、天下为公、幸福、博爱的理想社会。新中国成立以后，中国共产党一直致力于建设自由、平等、民主、法治社会，党的十六届六中全会第一次提出建设社会主义核心价值体系，强调构建社会主义和谐社会。社会主义制度的自由、平等、民主、法治突破了资本主义的私有制，超越了个人主义的狭隘。社会主义把人的自由全面发展作为社会发展的主要标志，通过法律制度保障每个劳动者在生产和分配中的平等，以及人民当家作主的权利、每个公民享有的权利和义务。

纵观中西方追求自由、平等、民主、法治社会的历史，其最终目的是实现人类的幸福，达到人与社会的和谐。

----

① ［英］洛克：《政府论》下篇，叶启芳、瞿菊农译，商务印书馆1964年版，第141页。

四　追求公平正义、持久和平和普遍幸福的美好世界

历史上的思想家都积极追求公平正义、持久和平、普遍幸福的美好世界。尽管他们对公正的理解各不一样，对和平的实现方式各有不同，所提出的实现幸福的途径也不一样，但在构建理想世界上都有一些共识。那就是，世界需要建立正义的秩序、和平的环境，从而实现世界的幸福与和谐。

中西方思想家都追求公正，追求公平正义。在中国古代，皇帝被认为是天子，奉天行事，是公平公正的象征。先秦思想家用善恶导致福祸的观念，向人们表达了社会应当建立一种"以德配福"的公正制度和良性运行机制。儒家把公正作为仁义道德的内涵，法家提出以公正为法的内在价值。进入当代，公平和正义被作为社会主义核心价值理念。习近平总书记指出："公平正义是世界各国人民在国际关系领域追求的崇高目标。"[1]

中国价值观中自古以来崇尚和平，讲求睦邻友好，形成了"天人合一"以及相应的"四海之内皆兄弟""民胞物与"观念，倡导协和万邦、美美与共的精神，追求建立"大同天下"理想，提出实现人类美好社会图景的中国方案。所有这一切都表明中华民族对世界和平、人类幸福安宁的期望。在这种精神影响下，中华民族几千年来一直恪守和平的理念，不断维护和构建和谐天下（世界）。进入近代，中华民族饱受外敌入侵和战争的痛苦，期盼和平安定。今天，中华民族十分珍惜来之不易的和平，一直倡导维护世界和平，反对战争。"中国始终是世界和平的建设者、全球发展的贡献者、国际秩序的维护者……推动形成人类命运共同体和利益共同体。"[2]随着全球化不断深入，中国顺时应势地提出推动构建人类命运共同体和人类共同价值体系等倡议，这都是中国传统"协和万邦"和平价值理念在当代的创新性发展。

西方思想史上一直重视公正，古希腊把公正作为灵魂和国家的德行，并作为"四主德"之一，中世纪基督教神学家坚持古希腊把公正作为"四主德"的做法，公正问题成为当代西方普遍关注的问题。尽管西方历

---

[1] 《习近平在巴西国会发表重要演讲 弘扬传统友好 共谱合作新篇》，《人民日报》2014 年 7 月 18 日第 2 版。

[2] 习近平：《习近平谈治国理政》第二卷，外文出版社 2017 年版，第 42 页。

史上战争不断，处于争斗的状态，但是西方思想家一直构建和平、和谐、幸福的理想社会。柏拉图在其《国家篇》等著作中描绘了他构建的理想国家，指出理想国家所追求的是城邦的最大幸福。中世纪基督教神学家奥古斯丁通过对"尘世之城"与"上帝之城"两个国度的区分，构想了人类永久和平的理想境界。理想社会在天国，天国里永久和平。奥古斯丁认为，教会应该是人们通往道德、幸福与和平的基本保证。进入近代以后，西方基本上已经国家化，思想家们积极探寻和追求人类和平、幸福。康德提出的世界和平思想，体现了他对人类整体未来的关切，《永久和平》还提出要建立世界联盟，这些思想被吸收到联合国和《国际法》的重要文书之中。自 20 世纪以来，爱因斯坦、马里旦主张建立世界政府，哈贝马斯提出了建立世界共同体。思想家们所提出来的这些理念已经运用于国家关系的维持和世界和平的维护之中。在他们的影响下，"二战"之后国家之间建立了长期战略伙伴关系，区域之间建立了各种经济、贸易、政治、军事、文化等多方面的合作组织，建立各种世界性的组织（如联合国、世界贸易组织、联合国维和部队），举行了各种世界性会议和世界性赛事，建立各国对话和协商机制，促进了各国的合作，从而加速推进了世界和平的进程，为实现人类普遍幸福奠定了基础。

　　总之，中西历史上蕴含着人类共同价值方面的丰富的理论资源与实践经验，这些成了今天构建人类共同价值体系的重要思想滋养，本章试图通过对中西方人类共同价值思想的整理和归纳，提出在构建人类共同价值体系过程中，要充分利用和挖掘中西方的思想资源，通过梳理历史上各具特色的人类共同价值思想，归纳出其中的合理因素，并将这些合理因素融入到当代人类共同价值体系的构建中。

第二章

构建人类共同价值体系的
必要性、可能性、现实性

在全球化背景下，世界已经成为事关每一个人人生是否幸福、每一个国家是否和谐的基础、环境和条件。人类已经越来越成为利益相关和命运与共的共同体。"人类已经成为你中有我、我中有你的命运共同体，利益高度融合，彼此相互依存。"① 我国提出的构建"人类命运共同体"倡议不断得到国际认可，和平、发展、合作、共赢成为当今世界的主旋律，开放包容、多元互鉴成为当今世界的主基调。我们应该看到全球化给人类带来了机遇，人类向着幸福生活不断向前迈进的同时，也面临着许多前所未有的灾难性难题和全球性挑战。"我们面临前所未有的发展机遇。同时，霸权主义、恐怖主义、金融动荡、环境危机等问题愈加突出，给我们带来前所未有的挑战。"② 习近平总书记在党的十九大报告中指出："没有哪个国家能够独自应对人类面临的各种挑战，也没有哪个国家能够退回到自我封闭的孤岛。"③ 面对诸多全球性的问题，为了生存下去，人类越来越意识到建立全人类普遍认同的共同价值体系的必要性，构建具有约束力的人类共同价值体系已经成为当代人类面临的重大而紧迫的任务。人类的全球化、现代化、科技化、信息化时代条件，世界经济一体化，国际组织、国际会议、国际赛事、国际科技合作攻关与日俱增，人类整体意识和休戚与共意识普遍增强，世界各国的文化、价值观念互学互鉴，以及人类已经形成的一些基本价值共识（如自由、平等、民主、法治、科学等），所有这

---

① 习近平：《共担时代责任 共促全球发展》，《人民日报》2017 年 1 月 18 日第 3 版。

② 习近平：《开启中非合作共赢、共同发展的新时代》，《人民日报》2015 年 12 月 5 日第 2 版。

③ 习近平：《决胜全面建成小康社会 夺取新时代中国特色社会主义伟大胜利》，《人民日报》2017 年 10 月 28 日第 1 版。

一切不仅使构建人类命运共同体和人类共同价值体系势在必行，也为这种史无前例的历史性构建提供了现实的可能性。今天，构建人类共同价值体系不再是人类历史上的美好愿望，而是摆在人类和世界各国面前的头等重要的使命担当。

第一节　构建人类共同价值体系的时代背景

"人是类存在物"[①]，需要生活在一定的基本共同体中。人类在进化的过程中，先后形成了不同的基本共同体，氏族、部落、民族、国家、地区等。自人类进入文明社会以来就一直在追求构建理想的共同体以及与之相适应的价值体系，但历史上由于地理上的阻隔、各自文化上的差异等因素，人类没有真正形成同一个共同体。进入21世纪，随着经济全球化深入，世界正在走向一体化，国家与国家之间交往密切，整个世界正在"变小"，变成一个相互关联、休戚与共的"地球村"，人类已经越来越成为利益相关、命运与共的命运共同体。人类命运共同体的意识得到越来越多的国家的认同，同在一个命运共同体里，和平、发展、合作、共赢成为共识，开放包容、多元互鉴成为当今世界的主基调。人类命运共同体构建需要有共同的价值基础，构建人类共同价值体系是适应当今世界时代发展的客观要求，也是人类走向一体化的要求。

一　人类命运共同体意识不断得到国际认同

目前世界各国普遍实行市场经济体制，市场经济极其有效地进行世界资源的配置，促进了全球经济市场化。经济全球化推进现代世界文明不断发展，使得政治制度、文化观念、生活方式等也走向全球化，也在趋同，走向一致。人类从来没有像今天这样在价值追求、利益关切上有如此深广的共同点和一致性。同时，世界性金融危机、全球环境恶化，世界性疾病传染、文明和政治上的冲突引起的世界性和局部性战争危机、全球性恐怖主义等，这些重大全球性问题也是人类以前没有遇到过或者没有今天这么严重，这些将人类的命运紧紧地联系在一起。正是基于这样的国际形势，习近平总书记在国内外很多重要场合阐述了构建人类命运共同体的主张和

---

① 《马克思恩格斯选集》第1卷，中共中央编译局编译，人民出版社1995年版，第45页。

一系列设想，党的十八大报告中也明确提出了"要倡导人类命运共同体意识"。构建人类命运共同体的主张一经提出，就引起国内外政治家和专家学者的广泛关注和认可，普遍认为树立人类命运共同体和利益共同体意识对当代人类具有重大现实意义，这有助于促进各国同舟共济、共同发展，可以逐步消解以西方为中心的国际旧秩序，促进世界多极化向纵深发展。巴西中国与亚太地区研究所所长塞维利诺·卡布拉尔认为人类命运共同体是中国将本国传统的和谐理念运用到国际问题中的一种体现，以通过互信打造一个利益共同体，这个共同体的基础就是无论大小国家都愿积极合作，最终形成和平、安全和发展的国际体系。

构建人类命运共同体已经成为许多国家的共识，但还需要在各国共识的前提下寻求共同的价值基础和利益基础，有了这样的基础，人类命运共同体才能真正形成并长久稳固。人类共同价值体系就成了构建人类命运共同体的价值基础，如果没有了这个基础，构建人类命运共同体就缺乏基本的价值共识，各国就不可能真正坐在一起共商构建大计，即使人类命运共同体勉强构建起来，也会由于内部的价值多元和分歧而四分五裂，不可能成为紧密结合的有机整体，很难经受住风吹雨打。今天，人类之所以会遭遇到全球性问题的严峻挑战，国家之间利益之所以不断发生矛盾和冲突，正是因为人类缺乏真正有约束力的共同价值准则和价值基础。

二　和平、发展、合作、共赢成为世界的主旋律

习近平在博鳌亚洲论坛 2015 年年会上的主旨演讲指出："和平、发展、合作、共赢的时代潮流滚滚向前，国际力量对比朝着有利于维护世界和平的方向发展，保持国际形势总体稳定、促进各国共同发展具备更多有利条件。"[①] 习近平的讲话深刻阐明了和平、发展、合作、共赢已经成为全球一体化背景下的今日世界的时代潮流，是响彻地球上空的人类社会的主旋律。

和平是人类生存发展的基础，也是人类命运共同体的基石。饱受两次世界大战灾难，此后持续不断发生局部战争，人类开始深刻反思，建立一个和平、和谐的世界秩序是人类生存发展的首要条件。第二次世界大战以后建立了共同的协商机构——联合国，制定了和平共处的原则——《联合

---

① 习近平：《迈向命运共同体 开创亚洲新未来》，《人民日报》2015 年 3 月 29 日第 1 版。

国宪章》，以避免国家、民族内部以及国家、民族之间的战争发生。发展是促进世界各国经济和文化持续发展，也是改变地区经济不平衡，解决社会各种矛盾、实现人民美好生活需要的基础和途径。"我们应该以此为新起点，共同走出一条公平、开放、全面、创新的发展之路，努力实现各国共同发展。"① 在世界的一体化背景下，世界正在形成一个有机的整体，各国深刻意识到只有相互开放、相互交流、相互合作，从而实现合作共赢、相得益彰。② 通过合作可以集中人类的智慧和努力来解决人类已经面临和可能面临的诸多难题，如环境问题、资源问题、人口问题、犯罪问题等，合作才能共赢。"合作共赢，就是要倡导人类命运共同体意识，在追求本国利益时兼顾他国合理关切，在谋求本国发展中促进各国共同发展，建立更加平等均衡的新型全球发展伙伴关系，同舟共济，权责共担，增进人类共同利益。"③ 正如习近平主席指出，面对国际形势的深刻变化和世界各国同舟共济的客观要求，各国应该共同推动建立以合作共赢为核心的新型国际关系，各国人民应该一起来维护世界和平、促进共同发展。④

三　开放包容、多元互鉴成为当今世界的主基调

价值总是相对于一定的价值主体而言的，是一定的客体对一定的主体需要的可能的或现实的满足。在当代社会，价值主体在层次上从过去的一元（国家）发展为多元（国家、民族、社会群体、个人），而就世界范围而言，每一个层次上的主体也都是多元并存的：国家是多元的，民族是多元的，社会群体是多元的，个人更是多元的。这些同时态的主体之间，同样也是彼此不可归结和替代的。⑤ 人类进入了一个价值立体多元化的时代。随着全球化过程的不断推进，价值主体之间交流越来越频繁，一方面增进了彼此之间的了解，促进了互学互鉴，但同时由于价值主体多元化，世界各国历史、文化、制度各异，凸显了文化之间的差异和隔阂，引发各

---

① 习近平：《在白宫南草坪欢迎仪式上的致辞》，《人民日报》2015 年 9 月 26 日第 3 版。

② 江畅：《全球一体与世界和谐》，《伦理学研究》2008 年第 3 期。

③ 胡锦涛：《坚定不移沿着中国特色社会主义道路前进　为全面建成小康社会而奋斗》，《人民日报》2012 年 11 月 18 日第 1 版。

④ 习近平：《顺应时代前进潮流 促进世界和平发展》，《人民日报》2013 年 3 月 24 日第 2 版。

⑤ 孙伟平、陈新汉：《价值论研究》，社会科学文献出版社 2018 年版，第 8 页。

种价值观念的矛盾和冲突不可回避。在人类已经成为休戚与共的命运共同体的今天，作为共同体中主要成员的国家只有大家彼此之间充分理解、开放包容、和谐相处、互尊互鉴，各自才能获得共同发展，共享人类文明繁荣的成果。

习近平主席在国际场合多次指出："坚持开放包容，为促进共同发展提供广阔空间。'海纳百川，有容乃大。'我们应该尊重各国自主选择社会制度和发展道路的权利，消除疑虑和隔阂，把世界多样性和各国差异性转化为发展活力和动力。"① 坚持求同存异、开放包容，在交流互鉴中取长补短，在求同存异中共同前进，已经成为当代人类发展不可改变的大趋势。唯有如此，才能让各个文明都绽放出自己的光彩。

第二节　构建人类共同价值体系的必要性

当今世界，全球化成为不可抗拒的时代潮流，全球化的发展已经深刻影响各国经济、政治、社会、文化各个方面。世界在空间和时间上被压缩，人与人之间交流的时空距离缩短，地球成了"地球村"。卡斯特指出："在全球经济里，全球能够变成一个单位而以即时或是在选定的时间里运作。"② 人类从过去的彼此分散、封闭走向了一体，各价值主体（国家、民族、群体、个人）之间交往越来越频繁、相互依存度越来越高，人类正走向一体化，成了命运与共的共同体。然而，目前人类还是以国家为基本共同体，各国把本国利益看作至高无上的，而忽视甚至损害别国利益和人类整体利益，世界缺乏强有力的管理机构（目前联合国等机构还不能履行世界管理机构的作用），也没有建立起作为共同体的世界应有的共同价值体系。现代化及其核心价值理念存在着弊端和缺陷，导致人类面临着严重的环境污染、生态失衡等生存危机。西方发达国家从价值普遍主义出发走向霸权主义、"中心主义"，强行推广"全球伦理""普世价值"，给世界安全和国际秩序带来挑战。在反对西方霸权主义奉行的价值普遍主义的同时，一些民族国家坚持价值相对主义，否认和漠视人类目前公认的基

---

① 习近平：《共同创造亚洲和世界的美好未来》，《人民日报》2013 年 4 月 8 日第 3 版。

② ［美］曼纽尔·卡斯特：《网络社会的崛起》，夏铸九、王志弘等译，社会科学文献出版社 2003 年版，第 119 页。

本价值，使其价值观走向封闭、孤立、保守。当代人类面临的日益严重的生存危机和挑战告诉我们，人类必须构建人类各价值主体（国家、民族、个人）普遍认同、共同遵循的价值体系。只有构建起这种人类的共同价值体系，人类才可能完成人类命运共同体构建，才可能走出目前面临的严重生存危机，也才可能实现人类和谐发展和普遍幸福。

一　人类尚未建立起应有的价值体系

虽然人类命运共同体正得到越来越多的国家的公认，但是人类并没有真正建立起命运共同体，或者说，人类并没有成为基本共同体，也没有建立起相应的共同价值体系。价值体系是一个共同体的深层结构或血脉，缺乏这种结构，共同体就只是一个松散的群体，而不是真正意义的共同体。由于人类共同价值体系没有构建起来，人类命运共同体也就不可能建立起来，世界各国就是各行其是的分散实体。因此，要推动人类命运共同体构建，就必须构建人类共同价值体系。当然，构建人类共同价值体系又是以构建人类命运共同体为基本前提和根本动力。两者实际上是相互生成、相互依赖、相互支持的，不可或缺。

人是具有社会性的动物，人的本质是"一切社会关系的总和"①。任何人都生活在一定的社会中，社会共同体是人类存在和活动的基本形式，在相互依存关系的共同体中，人才能生存得好、生存得更好，实现自我的价值，并为他人价值的实现创造条件。人类最初分散生活在地理上阻隔、交流上隔绝的地球各地，后来逐渐形成不同的生活共同体，如氏族、部落、民族、国家，直到近代以来随着市场经济和现代科技的发展，人类之间才逐渐联系成为一个整体。

人类最初的社会是以血缘关系为纽带建立起来的氏族，氏族随着人类的生存改善而范围不断扩大，后来形成了部落，部落之间的战争使得社会范围进一步扩大，形成了不同的民族和国家。今天人类社会的范围正在进一步超出国家边界，人类生活的很多方面都在国际化，尤其是人类面临的许多重大问题都是国际性的、世界性的，市场化、科技化、信息化等更是把人类联系成了一个整体。

人类基本共同体从氏族、部落到民族、国家，范围不断扩大，究其原

---

① 《马克思恩格斯选集》第 1 卷，中共中央编译局编译，人民出版社 1995 年版，第 56 页。

因是人们为了满足对利益的追求，满足人的生存、发展、享受的需要。氏族的形成除了原始社会的血缘关系外，共同的生存需要是最基本要求，部落、民族、国家的形成更是为了更多获取利益、更好地获得和平发展的保障条件。这些条件的获取不能单靠个人，这些共同体为成员提供了安全的保卫者。现在，国家就成了今天人类的最基本社会形式和保护者。在未来，世界一体化完成后，世界将会成为人类的最基本社会形式的保护者。

人类国家化完成后，国家成了独立自主的社会实体，具有完全的独立自主的主权。人类从"熟人社会"走进"生人社会"，可以在更大共同体的群体里生活，比以前的氏族、部落更有利于自身的生存和发展。国家是享有主权的实体性政治社会，使人类在更大范围内乃至在全球范围内的交往成为可能。国家作为具体的价值主体可以在全世界的现实交往和实践活动中，通过相互学习和沟通，求同存异（或者说"求大同存小异"），通过相互协商、协调、自觉、逐步地走向一致。① 国家一体化是人类真正一体化的起点，为世界的一体化做了准备。世界一体化和国家一体化在本质上也是相同的，在一定意义上可以说，作为人类基本共同体的人类命运共同体只不过是国家范围的扩大。

个人是价值的主体，群体（包括各种组织、国家、民族，包括整个人类）也是价值的主体。因此，不仅不同的人有不同的价值观，不同的群体也有不同的价值观。在各种不同类型的群体的价值观中，人类生活基本共同体的价值观具有特别重要的地位和作用。基本共同体的成员由于长期生活在一起，有共同的语言和生活习惯，有共同的理想、追求，有共同的利益和价值诉求，因而就会形成共同的价值观。② 人类历史上的共同体都有其价值观，都会形成其价值体系，只有这样，共同体才能够凝聚人心、长期稳定发展，否则共同体就无法存在下去。这个价值体系应该得到公众的广泛认同，应该代表和维护社会公众的共同利益，也应该顺应时代发展趋势。

基本共同体都形成了自己的文明，有其独特的文化，不同的基本共同

---

① 孙伟平：《价值差异与社会和谐——全球化与东亚价值观》，湖南师范大学出版社 2008 年版，第 60 页。

② 江畅：《世界共同体与文明多样性》，《江苏海洋大学学报》（人文社会科学版）2020 年第 3 期。

体之间呈现出文化的多样性。"文化是一个在特定时空发展起来的历史范畴。世界上不存在超越时空的文化。"① 每一基本共同体的独特文化不只是与域外文化不同，而且也区别于基本共同体特定阶段以前的文化。如中国的价值观与西方价值观不同，中国现代价值观与中国传统价值观不同。"不同民族在不同的生活环境中逐渐形成各具风格的生产方式与生活方式，养育了各种文化类型；同一民族又因生活环境的变迁和文化自身的运动规律，在不同历史阶段其文化呈现各异的形态，所谓'文变染乎世情，兴废系于时序'。前者是文化的民族性（或曰地域性），后者是文化的时代性（或曰阶段性）。"②

进入 21 世纪以来，随着经济全球化的持续纵深发展，世界一体化正在形成。人类从国家化走向世界一体化具有不可避免性，经济全球化使得世界的政治、文化、价值观念和生活方式也走向全球化，这大大加快了世界一体化进程。

人类同处于一个"地球村"，人类需要共同生存、发展、享受和完善，共同应对粮食安全、能源危机、气候变化、网络安全、战争威胁、环境污染、疾病流行、跨国犯罪等全球性问题，没有哪个国家能够成为局外人，这些都是涉及每个国家、每个人的共同的根本利益。人类的利益紧密相连在一起，成了命运的共同体，但是人类没有形成像国家一样的整体，没有真正一体化，真正的世界管理机构还没有建立起来。国内外的一些学者认为很有必要，如江畅教授对建立世界政府的必要性进行了论证③，也有一些人不赞同这种形式，但是赞同建立人类共同体，如当代德国著名学者哈贝马斯赞同根据欧盟的范本提出可以建立一种具有广泛公民基础的"世界共同体"，称为"没有世界政府的世界内政"④。

人类已经在事实上成了一个命运共同体，然而人类并没有成为一个真正的利益共同体。人类没有建立起作为一个共同体的世界应有的价值体系。⑤ 要使人类真正成为一个利益共同体，必须在人类范围普遍形成价值共识，构建对人类具有普遍约束力和引领作用的人类共同价值体系。人类

---

① 冯天瑜、何晓明、周积民：《中华文化史》上篇，上海人民出版社 1990 年版，第 2 页。
② 冯天瑜、何晓明、周积民：《中华文化史》上篇，上海人民出版社 1990 年版，第 2 页。
③ 江畅：《幸福与和谐》第二版，科学出版社 2016 年版，第 275—279 页。
④ ［德］哈贝马斯：《后民族结构》，曹卫东译，上海人民出版社 2002 年版，第 120 页。
⑤ 江畅：《论全人类共同价值体系的构建》，《文化发展论丛》2016 年第 3 期。

共同价值体系反映和体现了人类的、根本的总体利益，同时兼顾国家和个人的利益，为人类和谐和平提供支持。今天人类不再是过去相互隔绝、不相往来，而是联系越来越紧密，走在了一起。由于人类国家化的现实和不同共同体价值体系存在差异性，同时世界上还存在价值霸权主义和价值相对主义等因素，人类目前还未建立起人类共同价值体系。如果没有建立起普遍公认的和普遍遵循的共同价值体系，不同的国家、群体甚至个人之间就可能产生彼此的不信任，互相妨碍甚至是互相对立和伤害，如此不仅国家与国家之间，人与人之间、人与自然之间都会产生不和谐和冲突。如果人类没有形成普遍公认的价值目标、价值标准、价值理念和价值原则，人类不可能达成思想上的共识，形成共同的价值追求，也不会有平等、自由、公平与正义，一些国家就会做出突破人类伦理底线的事情，给人类带来灾难。因此，构建人类共同价值体系势在必行。

二　现代价值的弊端给人类生存发展带来严重生存危机

近代以后，人类从分散走向一起，人类通过国家的初步形成、殖民扩张和殖民地国家独立阶段实现完成人类国家化。人类国家化是人类世界化的开始，而人类世界化为人类公认的价值理念形成创造了条件。在以人的解放和自由为目的的现代化运动中，逐渐形成了以人的自由为轴心的现代价值理念，以及以这些价值理念为轴心的现代价值体系。其中核心价值理念是自由、平等、民主、法制、市场、科技这六大理念。这些价值理念是现代化的内核，构成了现代价值体系的核心内容和现代文明的深层结构。人们关于当代人类核心价值理念的理解并不一致，但当代人类的核心价值理念具有个体性、世俗性、实利性、竞争性和多元性等基本特征，也许可以得到普遍认同。[①]

近代以来，以理性主义为核心的现代化运动深刻改变了整个人类社会，极大地推动了经济、社会、政治、文化发展，促进和形成了现代文明。现代化显示出极大的优越性，社会生产力大大提高，人类拥有不断改造自然的能力，人类的需要不断得到满足，人类能够遨游天空，深入海底，极地科考，等等。在自由平等、民主法制的社会里，人获得独立自主、自由，世界也成了自由、民主的世界。我们应该看到，现代化所取得

---

① 江畅：《论人类公认的价值理念》，《天津社会科学》2001 年第 1 期。

的巨大成就反映了现代价值理念的合理性。

但是，我们也应该看到，以西方近现代文明为源头的现代化及其价值观存在着不可克服的弊端和缺陷。当代世界流行的核心价值观是个体主义的，上升到民族、国家层面就是民族主义、国家主义。以逐利为导向的市场经济过分鼓励对利益的追求，使人们被利益所主宰，造成心理压力、人际关系紧张。人类由于极端利己动机的驱动必定会不顾自然的承受力而向自然索取，造成了严重的环境污染、生态失衡、能源危机等消极后果。各个国家和民族不断基于强化自己的国家、民族意识，奉行国家利益至上，为争夺自然资源，各个国家之间不择手段竞争、争斗甚至不惜发动战争。相比过去分散的个体，现在国家有组织的强大力量对自然的破坏要严重得多。现代文明不仅导致了人与自然的矛盾，也导致了人与人之间、国家与国家之间的矛盾，造成当代人类的生存和发展面临严重的危机。

在 20 世纪以前，人类基本上是各自为政的分散人群，没有形成统一整体。人类对自然的认识是有限的，也不可能有计划地合理使用自然，在利用、改造自然使自己不断满足增长的需要的同时也对自然造成了一些破坏，但是总体上没有导致严重的后果。近代以来，以市场经济、科学理性为标志的西方现代性给人类带来了巨大的进步，是人类社会珍视的现代文明成果，但是无法免于生态伦理的批判。这是因为西方社会现代化的成功在很大程度上是依靠殖民扩张来实现的，在进行这种血腥的殖民化扩张的过程中，对自然资源也进行了无节制开发、利用和掠夺。直到现在，西方世界仍然是地球上最大的资源消耗区。发达国家的人口仅占全球人口的25%却消耗着占全球80%的资源。① 西方现代化的过程是以牺牲人类生态环境为代价的。现代化的进步可以是西方的，但生态环境和自然资源却不属于任何一个单一的国家或地区。"我们只有一个地球！"进入 20 世纪晚期后，现代工业的超常规发展，人类面临的生态环境急剧恶化，人与自然界的关系空前紧张起来。

自英国工业革命以来，人类在不断利用和改造自然，满足人类自身不断发展的同时导致了环境的污染和生态的破坏，地球承受不起人类过多的获取、超载的排放。主要体现在：一是空气污染。现代工业、交通和生活每天向大气中排放数千种化学物质，严重污染了大气，从而导致

---

① 唐凯麟、龚天平：《管理伦理学纲要》，湖南人民出版社 2004 年版，第 115 页。

了一些对自然系统十分有害的现象。如，由二氧化硫和氮氧化物等产生的酸雨影响森林和植被生长，由氯、氟、烃等气体向大气中排放，破坏了大气中对地球生命具有"保护伞"作用的臭氧层，尤其是受到大众关注由空气污染造成的雾霾天气。比较典型的是二氧化碳等温室气体的排放产生了温室效应。有数据显示，多数发达国家人均温室气体排放量远远高于世界平均水平。即使在今天，占世界人口约22%的发达国家消耗着全球70%以上的能源，排放50%以上的温室气体。但是，发达国家从人类整体利益上愿意承担、应当承担责任的国家不多。二是水污染。随着人口的急剧增长，世界的淡水资源有限而且日益短缺，目前世界上有100多个国家缺水，其中严重的有40多个。但是人类十分有限的淡水资源约有三分之一受到工业废水和生活污水的污染。海洋污染也日益严重，引发海洋生态危机。三是水土流失。据专家们估计，人类自开始耕作以来，因为砍伐森林、过度放牧和化肥农药的污染，全世界已经损失了3亿多公顷耕地，相当于损失了中国的生产用地的3倍。四是生态破坏。生态系统及其平衡直接关系到人类的持续生存和生活质量。但是，由于人口的过快增长、对资源的过分开采及污染等多方面的影响，自然生态系统的平衡正在遭到日益严重的破坏。近代以来，地球上已有许多物种灭绝，目前这种趋势正在加剧。

数据显示，环境的污染和生态的破坏呈现进一步恶化的趋势。应该看到，生态严重破坏、资源日益滥用、地球环境的恶化所带来的不仅仅是空气质量的下降、能源的枯竭、物种的消失和生态失衡，最终还会导致人类自身生存质量和发展可能性的下降乃至消失，正所谓"地球上最后一滴水就是人类的眼泪"。所有这一切构成了对人类生存的严重威胁，人们对自己的命运和前途充满了忧虑。正如马尔库塞所指出的："在现存的社会中，尽管自然界本身越来越受到有力的控制，但它反过来变成了从另一方面控制人的力量，变成了社会伸出来的手臂和它的抗力。商品化的自然界、被污染了的自然界、军事化了的自然界，不仅在生态学的意义上，而且在存在的意义上，缩小了人的生存环境。"①

源自西方的一些现代价值理念鼓励技术至上、市场优先、个体自由，

---

① ［德］马尔库塞：《自然与革命》，复旦大学哲学系现代西方哲学研究室编译，复旦大学出版社1983年版，第145页。

导致科技的发展对人的控制，人的欲望被过分刺激，对利益的追求成为人们生存的唯一动机。其结果，极大增加了人的心理压力，人际关系日益紧张，导致心理疾病流行，尤其是抑郁症流行。

一是科学技术对人的控制，造成科技对人的压力感。科学技术一方面给人类带来了巨大的贡献，但是，随着科学技术的快速发展，人类控制自然的能力不断提高，科技的进步使人类得到了物质上的满足和享受。但同时，人类也被科技不断向前推动，这其中有主动融入也有不以人的意志被动卷入科技控制自然的巨大洪流之中的问题。个人不能控制它，它反过来控制着人，科技越来越成为一种不可控制的异己力量，导致了个人的无力感、顺从感和依赖感。个人一旦离开了科学技术，在自然面前显得无能为力、无所适从。英国著名哲学家罗素指出："技术给了人一种能力感，感觉到人类远不像在从前的时代那么任凭环境摆布了。但是技术给予的能力是社会性能力，不是个人的能力；一个平常人乘船遇险飘落在荒岛上，假若是在 17 世纪，他会比现在能够多有所作为。"① 造成了人的精神的压抑，技术吞并了一切，个性丧失，心理病蔓延。② 卡尔·维纳说："在人类以技术取得成就引以为荣以后，现代人类正在技术的重压下辗转呻吟。"③

二是市场经济倡导过分刺激对利益的追求，导致人自身的焦虑感。现代价值理念主张个体主义，以个人的利益为轴心，这种理念积极鼓励和刺激个人自由、追求实利，不太顾及共同体或者社群，也不考虑人类。趋利是人的本性，如果无限制地过度追求眼前利益、物质满足，欲望满足的兴奋与空虚交织，欲望没有满足感到紧张、焦虑，这样循环往复，人始终陷入焦躁情绪，导致心理失调乃至变态等。

三是个人欲望的无止境与社会物质资源的有限之间的矛盾导致人际关系紧张。人类已知的社会物质资源是有限的。在个人利益至上驱使下，为了获取更多的资源，人不得不与人进行竞争，人处于各类林立的对手中，这样人需要不断增强戒备，于是人们之间的信任感淡薄，陷入"人对人是

① ［英］罗素：《西方哲学史》下卷，马元德译，商务印书馆 1976 年版，第 6 页。

② 宋瑞芝：《外国文化史》，湖北教育出版社 1994 年版，第 1058 页。

③ 中国社会科学院哲学研究所《哲学译丛》编辑部编译：《关于马克思主义人道主义问题的论争》，生活·读书·新知三联书店 1981 年版，第 59 页。

狼"的困惑。人与人之间由于在天资、作为和条件等方面不平等出现事实上的不平等，不能平等地获得幸福，不公正时有发生，处理不好会使社会陷入混乱甚至使人的生存受到威胁。人际关系日益紧张，人的情感需要得不到应有的满足，人感到孤独、苦闷，容易导致心理疾病，吸毒、性乱、邪教、自杀等反社会、反生理行为流行。①

由于目前没有建立起人类的整体利益意识，在国家利益与人类利益相冲突时，国家往往采取牺牲人类利益而保护国家利益，甚至不惜发动战争，为此各国纷纷将现代最新技术运用到国防和军备中。当今人类依然面临着战争的严重威胁。在世界一体化的情况下，任何战争都已经不只是交战国双方的问题，而是世界问题，都会对整个世界产生消极影响。20 世纪发生过两次世界大战，这两次大战给世界人民带来了深重的灾难，至今人们一想起这两次战争就不寒而栗。两次大战以来，世界上的战争从来就没有停止过，朝鲜战争、越南战争、海湾战争、科索沃战争、阿富汗战争、伊拉克战争、利比亚战争，等等。随着科学技术的发展，大规模的杀伤性武器，尤其是核武器被运用到战争中，对人类生存、地球上的生物甚至整个地球会带来毁灭性打击，而且未来战争的突发性、影响面都具有不可控性，人人都难以幸免。这不是科幻片电影中虚拟的地球大爆炸，而是摆在我们面前的现实问题，也是人类最担忧和最悲观的问题。

事实已经表明，人类如果不努力克服现代文明及其价值理念的问题，人的心理受不了，人生存的环境受不了，地球受不了，人类将会在自己的辉煌中走向灭亡。在这种严重的生存危机和生存压力面前，人类必须反思和批判现代文明及其价值理念，必须反思和批判人类所走过的现代化道路。面对现代文明的种种问题，我们可以从中国传统的道家文化中汲取智慧。中国古代道家提出以"自然无为"为价值取向，认为"道法自然"（《老子·二十五章》）、"道常无为"（《老子·三十七章》），主张人、地、天、道都要效法"自然"。这种顺应自然、敬畏自然、保护自然的伦理价值观为我们指明了走出人类未来困境之路。

事实表明，今天的人类如果不在共同建立一种真正意义上的人与自然平等友好的生态价值观，保持自然界的和谐、维护自然系统的平衡以及人与人的和谐，不仅会危及人类已经取得的主体地位，而且会危及人类的生

---

① 江畅：《论人类公认的价值理念》，《天津社会科学》2001 年第 1 期。

存，导致整个人类的灭亡。因此，当前人类必须树立人类整体利益意识，构建人类公认和遵循的共同价值理念，实现人类与自然、人与人和谐共存，实现人类普遍幸福。

三　西方推行霸权主义给世界安全和国际秩序带来挑战

随着经济的全球化，全球的政治、文化也在走向全球化。从人类整体的角度看，文化价值观的个性化、多元化已经成为事实，多元价值之间存在差异与冲突，需要沟通、对话、协商、合作，需要寻求得到普遍认同的价值理想、价值标准。这是构建人类共同价值体系的理性选择。但是，当前西方发达国家利用自己的综合优势，从价值普遍主义出发，大搞霸权主义、单边主义，顺我者昌，逆我者亡，将自己的价值观强加给其他国家，强行推广"全球伦理""普世价值"，甚至不惜动用经济、军事等外力手段达到目的。显然，这种强权性的价值观不可能获得世界各国自觉的普遍认同，反而给世界安全和国际秩序带来挑战。因此，价值普遍主义构建的"普世价值"与通过沟通、对话、协商的方式构建人类公认的共同价值背道而驰，它对人类共同价值体系构建提出了挑战，也是构建人类共同价值体系的障碍之一。在全球化时代，人类必须基于价值个性化、多元化的现实，通过沟通和合作，从丰富的个性、多样性、特殊性中寻找具有普遍意义的内涵，将个性和共性、特殊性和普遍性辩证地统一起来，构建起人类公认的共同价值体系具有必要性。

从历史的经验和世界未来发展的趋势来看，人类在基本的、共同的利益的前提下，在充分表达个性的基础上，通过相互交流、协商、合作，不同主体之间有可能找到一致认同的价值理想、价值标准。这是因为，尽管价值在不同主体之间可能是多样的、相对的，但人类有相同的本性，生活在任何一个社会中的人，乃至有史以来的人类都有着共同的基本需要，这就是不同价值主体可以在价值上达成共识、确立共同价值标准和价值理想的基础。人类的共同价值观从氏族扩展到部落，从部落扩展到国家，就是整个人类形成价值共识的强有力证明。但是，西方普遍主义价值观并不是基于人的本性和人类的共同需要确立的价值观，而是以通过牺牲其他国家利益来实现西方国家利益的强权主义价值观。

普遍主义既是一种世界观、方法论，也是一种价值观。作为世界观，普遍主义就是相信万物背后有普遍的本原或本体，运动变化背后有某种永恒不变的东西。作为方法论，普遍主义主张抽象的、超时空的看问题，从某种抽象的前提推出放之四海而皆准的普遍结论，并且把一般看成脱离个别而存在的东西，认为抽象的或普遍的才是真实的。在价值领域里，普遍主义认为存在超越时空的、普遍而永恒的价值体系或制度规范。普遍主义坚持在文化价值问题上持本质主义、基础主义、一元论和决定论的观点，认为人类生活中存在着"终极"的、绝对合理的、普遍适用的价值及其标准，只要通过恰当的方式发现并坚决推广普遍适用的一元价值，就能够解决世界上的一切价值矛盾、差异和冲突，最终达到消灭个性和多样化的"大一统"。[①] 从理论上看，把普遍主义移植到价值领域里，它就会制造出许多荒谬的结论。普遍主义价值观认为自己的价值体系是放之四海而皆准的普世价值体系的观念，这是与价值的多元性这一事实根本对立的，也是与世界的多元文化现实相冲突的。[②] 问题更在于，普遍主义价值观是西方人主张的价值观，这种价值观并不是真正源自于人类整体利益的价值观，而实际上就是西方近现代价值观，所反映和代表的是西方国家的利益，并且常常以牺牲其他国家的利益、人类整体利益为代价。美国等西方发达国家在全世界推行它们"普世价值"的热情，就是由这种普遍主义文化传统背后的利益动机的火种点燃的。

在全球化时代的价值文化领域，西方一些国家在国家至上主义和民族利己主义驱使下，凭借自己近代以来在经济、政治、文化的强势地位，认为西方文明是世界文明的代表，是人类先进文明的方向。哈佛大学著名政治学家塞缪尔·亨廷顿明确宣称："普世文明的概念是西方文明独特的产物。"[③] 西方国家认为，文明、文化的优越性，意味着价值观的先进性。因此，它们把西方近代以来形成自由、平等、民主、人权的价值观看作是最先进、最合理、最优秀的，认为它所包含的价值观念、行为方式和思维方式也是最优秀的，理所当然应该推广到全世界所有国家，应该作为人类必须遵循的最高的价值准则。这种价值观也就是西方国家认为的普遍适合

---

① 孙伟平：《价值差异与社会和谐——全球化与东亚价值观》，湖南师范大学出版社 2008 年版，第 62 页。

② 马德普等：《普遍主义与多元文化：霸权主义与恐怖主义的文化根源及其关系研究》，人民出版社 2010 年版，第 5 页。

③ ［美］塞缪尔·亨廷顿：《文明冲突与世界秩序的重建》，周琪等译，新华出版社 1998 年版，第 55 页。

于任何时空、任何群体的永恒的、唯一的"普世价值"。推广"普世价值"实质上就是推行西方话语霸权，它是西方国家在世界上推行文化霸权、经济霸权、军事霸权以实现世界霸权的有力工具，推广它是为了达到征服、控制别国的目的，以确保西方对全球的领导和控制。西方的这种"西方中心主义"、霸权主义、强权政治给别国带来了深重的灾难，使世界安全和秩序面临极大的挑战。

西方国家的霸权主义正是通过经济霸权、政治霸权、文化霸权等形式，来插手别国内政、干预世界事务，扩大西方发达国家的势力范围，谋求本国家利益的。"这个世界……霸权主义、强权政治和新干涉主义有所上升，军备竞争、恐怖主义、网络安全等传统安全威胁和非传统安全威胁相互交织，维护世界和平、促进共同发展依然任重道远。"①

西方国家的霸权主义以经济实力为基础，通过利用全球化教育和文化交流拓展其文化影响，借助大众媒介和信息技术进行文化扩张，推行西方价值观。西方国家将西方文化中的基本价值观念简化成一套意识形态教条，主要是民主、平等、自由、人权等方面的内容，并将其作为一种"国际标准"的行为准则加以推行。它们利用这个"国际标准"对不符合西方霸权主义国家意愿和利益的国家、地区的自由、民主、人权状况以及政治制度指手画脚、说三道四并粗暴干涉，将自己的价值观和意识形态强行渗透到其他国家。在这些被渗透的国家里，西方霸权主义国家把"持不同政见者"组织起来，通过扶持反政府力量培植自己的追随者、宣扬者和践行者，依靠这些本土力量对其进行颠覆，甚至不惜自己出动军事力量。在政权颠覆之后，扶持亲西方霸权主义国家人士上台，建立的新政权实际上由西方霸权主义国家完全操控，从而对被渗透的国家、地区的各种资源、经济利益进行肆意攫取，达到服务西方霸权主义国家的目的。21世纪以来，格鲁吉亚、乌克兰等一系列国家发生的"颜色革命"，以及伊拉克、利比亚、叙利亚战争便是经典的案例，其后果是使一些国家政局动荡、社会混乱不堪、人民无家可归。霸权主义（或帝国主义）也是导致当代伊斯兰原教旨主义极端组织恐怖主义日益泛滥的主要原因。正是美国称霸世界的野心，制造或加剧了当今世界的诸多矛盾冲突，并因此激发了恐怖主

---

① 习近平：《顺应时代前进潮流 促进世界和平发展》，《人民日报》2013年3月24日第2版。

义的狂潮。① 西方国家霸权主义严重扰乱了世界安全和国际秩序。

面对西方的霸权主义、强权政治给世界安全和国际秩序带来挑战，关键是要建立一种超越民族中心主义的"世界尺度"。这种尺度使得度量一些用民族/国家尺度无法度量的大规模问题成为可能。② 中国哲学在3000年前提出了"天下"理念就思考这样一个世界尺度。中国传统哲学中的"天下情怀"可以为解决当前人类的这些问题提供借鉴。《尚书》中就提出了"天子作民父母，以为天下王"（《尚书·周书·洪范》），"其惟王位在德元，小民乃惟刑用于天下，越王显"（《尚书·周书·召诰》）等看法。老子明确谈到如何察知天下变化的问题："故以身观身，以家观家，以乡观乡，以邦观邦，以天下观天下。吾何以知天下之然哉？"（《道德经》五十四章）。传统的"天下情怀"更被儒家传承并发扬光大。孔子所称的"四海之内皆兄弟"，孟子主张的"仁民而爱物"，《大学》所强调的"修身齐家治国平天下"，张载倡导的"民胞物与"，都体现了中国文化博大的"天下情怀"。

四　价值相对主义对人类共同价值体系构建带来障碍

在全球化的当今世界，价值多元化、个性化、多样化、相对化有其存在的理由和意义，不同价值观之间存在差异、隔阂甚至冲突也在所难免。但是，这并非绝对排斥价值观的统一性、普遍性，也并不是意味着不可能实现价值观之间的对话和合作。在反对西方霸权主义奉行的价值普遍主义的同时，也有一些民族/国家坚持价值相对主义，认为一切价值和价值原则都是相对于不同社会文化的，不具有绝对性、客观性和统一性，价值之间也不能评价，因而反对用自身的善恶标准去评判另一种价值文化。它们坚持民族价值文化的特殊性和不通约性，反对构建人类共同价值体系。

的确，在人类文明发展史上，不同民族的文明都展现了魅力和意义，为世界提供了个性化的多样文明形态。随着全球化的推进，西方强势文明对本土文明的冲击，一些国家尤其是不发达国家感到十分担忧，害怕全球化带来的文明趋同会使本民族的区域文明消失，因此它们都努力证明自己

---

① 马德普等：《普遍主义与多元文化：霸权主义与恐怖主义的文化根源及其关系研究》，人民出版社2010年版，第3页。

② 赵汀阳：《天下体系——世界制度哲学导论》，中国人民大学出版社2011年版，第31页。

的民族文化，尤其是价值理念和价值原则的独特性，强调有其存在的必要性和不可替代性，力图通过保护本民族的文明来抵制外来文明。但是，它们只强调本民族文明的传统而拒绝随着时代进步，强调本民族文明的优越而否认其缺点，拒绝进行文明之间的交流、碰撞，其结果是阻止了本国与人类其他文明一起进步的步伐。

价值相对主义是文化相对主义的核心内容。文化相对主义是 20 世纪以来普遍流行的一种观点。文化相对主义认为文化是多元并存的，反对用一种文化体系的价值观念去评判另一种文化体系，认为一切文化有其特殊性，这也是其存在的价值和合理性所在。在文化相对主义看来，文化差异是现阶段普遍存在的事实，正是这些差异赋予了人类文化以多样性。而因有差异的存在，各种文化体系才有可能互相吸收、借鉴，并在相互比照中进一步发现自己、发展自己。第二次世界大战以后，各殖民地国家纷纷独立，走上民主独立的发展道路，各独立的新兴民族国家都在致力于文化寻根和发展，找到自己民族的独特文化，文化相对主义获得了空前的发展。

从文化相对主义派生出来的价值相对主义认为，价值都是相对的，没有绝对的价值，没有普遍有效的价值评价标准，每种价值观念都是同等有效的[1]，价值观之间没有严格的正确和错误的界限。这种否认价值观具有普遍性、一致性的价值观不仅存在明显的理论缺陷，而且给人类共同价值体系构建带来很多弊端，主要体现在：

一是价值相对主义否认人类共同的价值标准，漠视人类目前公认的基本价值。价值相对主义承认并保护不同价值文化的存在，反对用一种善恶的标准（自身的标准或者他人的标准）去评价另外一种价值观，容易导致保守主义。其封闭和排他性会使本民族的价值观走向孤立、趋于保守，甚至隔绝、落后、倒退，如此一来，也就不能与时俱进，不能与世界共同发展。世界上存在着各种文明形态和价值观，它们有其独特性，这是不争的事实。但是，这不能成为一些封闭、保守、落后的价值观甚至不人道的、反人类的风俗习惯寻求保护的借口。在全球化背景下，人类文明形态和价值观正在趋同，其种类在变少，但更加文明了。亨廷顿在《文明的冲突与世界秩序的重建》中提出人类存在着中华文

---

① 陶德麟、汪信砚、何萍主编：《马克思主义哲学研究》，湖北人民出版社 2015 年版，第 205 页。

明、日本文明、印度文明、伊斯兰文明、拉丁美洲文明和西方文明等六大文明。① 这表明世界的现代文明已经减少了很多。文明趋同的过程其实是具有比较优势的强势文明战胜保守的、落后的弱势文明的过程。从人类文明历程来看，只有成为强势文明时，这种文明才更有可能更好地存在下去，因为这种文明更有利于人的生存。价值观并不是不能比较和辨别其优劣的。在各种价值观中，核心价值理念起着关键作用，而核心价值理念是可以比较的。我们站在历史的纬度来看，人类历史上每一次文明进步的背后，都是其价值文化的进步，是其核心价值理念的进步，这种进步的价值理念更适合人类实现人的自由发展和更好生存。因此，在全球化时代，我们应当承认价值的个性化、多元化，承认不同国家民族存在的不同传统文化形态，但也应该承认能够形成某种超越区域文化形态的人类文化形态。事实上，今天人类正在形成某种与传统文化不同的现代文化，这种文化在很大程度上是超越区域文化的。这就是今天人们所说的全球化或全球一体化现象。如果我们承认正在形成一种全球文化，那么根据文化相对主义的观点，也应该有一种全球价值体系或人类共同价值体系与之相适应。

二是价值相对主义对本民族的价值文化过度的保护，拒绝人类文化价值间的交流和融合，容易与其他价值观产生隔阂，阻碍价值共识的达成。价值相对主义无视各民族价值文化相互交流、相互影响的历史传统，反对文化交往和沟通，要求返回没有受到任何外来影响的本土价值，实际上这种"原生态"的价值观很难找到，几乎不存在。由于对价值观过度的保护，使得本国价值观与其他国家间的价值观之间缺少沟通交流，容易引起不同价值观之间的不和谐和矛盾甚至引起冲突、战争。在人类共同价值体系构建过程中，各个国家、民族价值观的平等交流、沟通为达成价值共识提供了条件，而价值相对主义反对交流融合，不利于人类共同价值体系的构建。"文明因交流而多彩，文明因互鉴而丰富。"② 实际上，不同的价值观通过交流和碰撞可以互相吸收、借鉴各自长处，弥补自身不足，从而不断丰富发展自身的价值体系，也有利于提升

---

① ［美］塞缪尔·亨廷顿：《文明冲突与世界秩序的重建》，周琪、刘绯、张立平译，新华出版社 1998 年版，第 23—24 页。

② 习近平：《在联合国教科文组织总部的演讲》，《人民日报》2014 年 3 月 28 日第 1 版。

国家、民族价值的生命力。

三是极端的价值相对主义由于盲目的自信，排斥其他价值，容易走向极端主义，给世界人民带来灾难。极端的价值相对主义往往认为自己的价值观"绝对正确和合理"，表现出偏执的"优越感"，正是出于这种优越感它们排斥其他国家的价值观，拒绝任何他者的批评和建议，这样也就失去了革新的机会。历史上日本军国主义和德国纳粹的价值观就对自身过度盲目自信，在这种价值观的推动下，进而发动第二次世界大战。价值相对主义走向极端时就会与价值中心论、价值霸权主义殊途同归。

从人类价值体系构建的角度看，价值相对主义从根本上否认了建立人类共同价值体系的可能性和必要性，不支持甚至以各种借口反对、阻碍人类共同价值体系的构建。

第三节　构建人类共同价值体系的可能性

人类历史上中西方思想家和政治家一直在努力追求幸福的生活，无论是中国古代提出"大同世界"还是西方古希腊的"好生活"、中世纪的"天国"以及近代"大同社会"，尽管由于种种原因这些理想没能实现，但它们为人类实现普遍幸福留下了宝贵的经验和启示。现代文明极大地促进了人类社会的发展，经济全球化使得世界的政治、文化、价值观念走向全球化，人类正走向世界一体化的今天，人类命运共同体和利益共同体正在形成，人类面临着相似的追求美好生活的机遇，同时面临着共同的挑战，如世界性的经济危机、全球性环境破坏问题、能源危机问题、世界性的局部战争和国际恐怖威胁问题等。同时，基于人类共同的处境、共同的基本利益以及人类的根本需要，人类已经逐渐形成了一些得到普遍公认的价值理念，它们成了人类共同价值体系的基础。今天，构建人类公认和普遍遵循的人类共同价值体系并不是一种理想，更不是一种空想，而是完全能够变为现实的可能性。人类共同价值体系构建之所以在当代被提出，而不可能在古代被提出甚至也没有在近代被提出，就是因为人类共同价值构建需要具备的条件在当代已经具备，只要人类和世界各国着眼人类的前途和命运共同努力，人类共同价值体系和人类命运共同体的建成就指日可待。

一　人类具有谋求生活得更好的共同本性

价值观的意义从根本上说就在于使人在价值观的指导下使自己的价值得到实现，而从个人的角度看，人的价值就在于使其人性尽可能充分地得到实现。马克思在《资本论》中所说的每个人自由而全面发展，实际上讲的就是人性的充分开发和发挥。关于人的本性是什么，学者有不同的看法，通常认为，人性包含自然性和社会性两个基本方面，不过，"从总体上看，人性是一个综合体，是一种立体结构"①。它是人的潜在特性，主要由能量的潜能、能力的潜能和品质的潜能构成。只要具备必要的主客观条件，这些潜能就可以实现出来。②

纵观人类历史上公认的中西方价值观，都是以人性论作为基础的，其价值观的价值目标、主要思想、主导观念和基本精神都可以从人性论的角度来引申并得到解释和辩护。是否顺应人性成了一种价值是否能够得到公认的前提。对于人的本性是什么，自古以来思想家有不同的看法，但中西方公认的中西方价值观都顺应了人性，人类共同价值体系也只有在价值目标、价值理念和价值原则方面能顺应和高扬人的本性，并促进其实现，才能得到普遍认同和遵循。

在中国传统社会，自孔子开始，人性就一直是思想家关注的问题，有性善论、性无善无恶论、性恶论、性有善有恶论、性三品论、性二元论等六种哲学意义上的人性论。中国传统社会思想家提出的价值观都有其人性论基础，但从得到普遍认同的价值观来看，其人性论基础是性善论，而性善论也由于它是被普遍认同的价值观基础而得到普遍认同。孔子、孟子主张人性本善的性善论，孔子说"性相近也，习相远也"（《论语·阳货》），孟子认为"恻隐之心，仁之端也；羞恶之心，义之端也；辞让之心，礼之端也；是非之心，智之端也"（《孟子·公孙卫上》）。在程朱理学中，程颐和朱熹为性善论提供了本体论的论证。

传统价值观以人性本善作为其根基，其主要思想、主导观念和基本精神每一个方面的具体内容都体现了人性本善。从主要思想看，传统价值观所追求的社会理想是"大同"，人格理想是"君子"。从主导观念上看，

---

① 江畅：《德性论》，人民出版社 2011 年版，第 37 页。

② 江畅：《核心价值观的合理性与道义性社会认同》，《中国社会科学》2018 年第 4 期。

"修身为本"是传统价值观的一个根本性观念。

从哲学的角度看，一般来说，人性就是人的潜在的规定性，也就是人生长的各种可能性的集合，而这种可能性的现实化就是人格和人生。显然，只有在人性基本上是善的或向善的前提下，大多数人才可能成为健康的、有道德的人；相反，假若人性本恶，我们无法说明恶苗怎么可能成长为善树，结出善果。①

西方近现代所构建的主流价值得到西方世界的广泛认同，也成了当今世界的强势价值。从其内容上看，是因为这种价值文化顺应了人的本性。它是根据人的本性的要求并致力于满足人本性的要求设计和构建起来的。

近现代西方思想家首先论证人的利己的自然倾向是天然合理的，因而是道德的。西方近现代主流价值体系完全是以肯定人的利己本性为出发点，顺应这种本性，并诉诸人的理性而设计和构建的。这种基于人的利己本性有利于更好地实现自己的利益。但我们应该看到，现代西方这种从人的利己本性出发构建的个体主义、自由主义价值观，虽然出发点和目的是个人解放、自由和幸福，其终极价值目标是实现个人幸福，但它定位于利益，以利益为终极价值目标最终异化为以资本为终极价值目标，使得整个价值体系的结构和功能资本化，人成了资本占有和资本增殖的手段，这样就发生了异化。

中国当代价值观之所以得到全中国人民的普遍认同，就是因为它把人的全面发展和社会进步作为根本的价值诉求，不仅顺应了人的本性的根本要求，而且把社会成员本性的充分实现作为社会发展的终极指向。中国价值观把国家富强、民族振兴、人民幸福作为价值目标，这三个方面是相互联系、相互制约的。其中国家富强是最重要的前提。只有国家富强了，民族才能振兴，而只有国家富强、民族振兴了，人民才会幸福。国家富强是民族振兴和人民幸福的基础和前提条件，国家贫弱则民族衰微，当然也不可能有人民的幸福。同时，国家富强、民族振兴又归根到底是为了全国人民过上幸福生活，人民幸福又更具有根本性、终极性。"在这三个奋斗目标中，人民幸福又具有更终极的意义，因为民族解放和振兴也好，国家富

———————

① 江畅：《中国传统价值观及其现代转换》上卷，社会科学文献出版社 2020 年版，第 41 页。

强也好，最终都是为了作为国家主人的人民普遍过上幸福生活。"①

人性是人之为人的规定性。人天生是社会动物，人的本质，最根本的是人的社会性，是人所处的社会关系决定了人的本质。马克思说："人的本质并不是单个人固有的抽象物。在其现实性上，它是一切社会关系的总和。"② 按照科学的观点，人是从动物进化而来的，动物是从生物进化而来的，生物是从无生物进化而来的。人性统摄而又超越了动物性、生物性和无生物性。人作为存在物，要谋求存在；人作为生物，要谋求生存；人作为动物，要谋求生存得好；作为人，则要谋求生存得更好。如果把人性看作是由人之所以为人的潜在规定性构成的整体，那这个整体就是由人谋求存在、生存、生存得好、生存得更好的各种潜在的特性构成的统一整体。这个整体就是一个人的人性，而谋求存在、生存、生存得好、生存得更好则是人性的根本特性，是人性的一般内涵（或者说一般人性），也是人之所以为人的根本规定性。③

人性的本质或人的本性在于谋求生存得更好。人在很多方面不同于世界上的其他事物，但从总体上看，谋求生存得更好是人区别于世界上所有其他事物的本性。人的本性就在于谋求生存得更好。这一点无论从整个人类历史来看，还是就不同人群（氏族、部落、种族、民族、国家）而言，或是就个人而言，都是不证自明的。在正常情况下，人类整体、群体、个体都是谋求生存得更好的，只有在某些极端情况下才会发生例外。

人类谋求生存得更好的本性主要体现在以下五个方面，即"它们具有自主性，不仅主动地适应环境，而且自主地改变环境，重构环境，使环境适应自身的生存和发展；它们具有创造性，不仅从环境中获取生存资料，而且生产和创造环境所不现成提供的生存资料，以使自己生存得更好；它们具有协调性，不仅适应和改变自然环境，而且不断营造和改善社会环境；它们具有更新性，不仅追求现实的生存和生存得好，而且谋求未来的发展和生存得越来越好；它们具有互利性，不仅要求自己生存得好，而且要求他人也生存得好，谋求通过他人生活得好来实现自己生活得好，谋求

---

① 江畅：《中国梦与中国社会的终极价值目标》，《道德与文明》2013 年第 7 期。

② 《马克思恩格斯选集》第 1 卷，中共中央编译局编译，人民出版社 1972 年版，第 18 页。

③ 江畅：《论人性与人格》，《江汉论坛》2012 年第 7 期。

自己与他人或社会的生存、发展和享受的共进"①。人的本性的这五种特性不是一成不变的，而是逐渐获得并不断加强的，在今天的人类身上已体现得十分明显和突出，而且为当代人类所公认、所强化。人的本性有助于人更好生存的潜在特性发挥，决定着人的终极目的，决定着人的全部活动，决定着人的生命过程。可以说，人的本性在价值论的意义上对于人而言是好的，是最有利于人更好生存的。因此，人的本性越全面、越充分地实现，人就会生存得越好。

在全球化的今天，人与人之间的互利性、协调性愈来愈强，人类更清楚地意识到自己的真正本性，并不断创造条件努力使这种真正本性得到普遍实现，这就为构建旨在促进人类普遍幸福的人类共同价值体系提供了最根本的基础。

二　人类的整体意识不断增强

人具有社会性，生活在一定的共同体中，从最初的血缘关系的氏族到部落、民族、最终形成国家，尽管这个过程在全人类的范围内不是同步完成的，但共同体始终存在。"人类社会是一个文明不断发展进步的社会。如果从人类学上看，人类从动物界脱离出来，由野蛮时代进入类文明时代的最终标志，并不是因为有了经济生活和文化生活，而是因为有了政治共同体和政治生活。而正是由于有了政治共同体、政治生活等社会制度体系，人类才需要去协调不同的利益关系，建立一定的权威和秩序，制定一定的规范和制度，进而形成一定的社会文明和政治文明。……人类文明本质上就是一个融合发展的过程。融合是因为能够从融合过程中增进共识，从价值碰撞中找到共同价值。"②

滕尼斯认为"共同体"的一个重要维度，即除了"共同的生活地域"③，还需要一些更加深刻而持久的共同性，以至于人们不但相互认识（cognize），而且相互承认（recognize）。这种态度和观念上的共同性，被当代共同体主义称为"共同的价值取向和善观念"。因此，"共同体"特

① 江畅：《理论伦理学》，湖北人民出版社 2000 年版，第 35 页。

② 卢德之：《论共享文明——兼论人类文明协同发展的新形态》，东方出版社 2017 年版，第 28 页。

③ ［德］滕尼斯：《共同体与社会》，林荣远译，商务印书馆 1999 年版，第 54 页。

指"一个拥有某种共同的价值观、规范和目标的实体，其中每个成员都把共同的目标当作自己的目标。……共同体不仅仅是指一群人，它是一个整体"①。

无论是古希腊亚里士多德城邦政治共同体，还是马克思提出的共同体——自由人联合体，或者是今天提出的人类命运共同体，只要是共同体，它必定存在共同利益诉求。而所谓共同体的共同利益，指的是个体与个体之间、个体与群体之间存在利益关系的共损共荣。

从氏族到部落、民族、国家，人类社会范围在不断扩大，共同体结构不断复杂化，究其原因在于人生存、发展享受的需要或者是利益的需要。人们对利益的追求，使社会的范围不断扩大、结构不断复杂。氏族形成的直接原因是自然血缘关系，但深层的原因则是共同的安全需要和生存需要迫使人们不得不生活在一起。部落、民族、国家形成的原因更复杂得多，在很大程度上是不以个人或某些社会群体的意志为转移的，但同样可以肯定的是，人们为了更多地获得利益而进行和平交往促使了这些共同体的形成。人们之所以在不同时期认同于各种不同的共同体，也正在于不同的共同体总能不同程度地实现单靠个人所不能实现的利益，至少在安全和最低限度的生活保障方面是如此。尽管人类社会演进的历史是血与火的历史，但从总体上看，人类社会范围和共同体不断扩大和结构不断复杂是有利于人类更好地生存、发展和享受的。② 近代以来，世界上绝大部分国家纷纷独立，走上民主国家，获得了主权，实现了国家化，一些地区建立的洲际范围内的共同体，如欧共体、非盟等，共同体范围不断扩大的根本原因仍然是其成员的共同利益诉求。

随着经济全球化和社会信息化深入发展，人类已经进入一个高度相互依存的社会中，"这个世界，各国相互联系、相互依存的程度空前加深，人类生活在同一个地球村里，生活在历史和现实交汇的同一个时空里，越来越成为你中有我、我中有你的命运共同体"③。在人类日益一体化的今天，人类已在一定程度上成了命运共同体。"当今世界，各国相互依存、

① 刘军宁、王焱：《自由与社群》，生活·读书·新知三联书店1998年版，第75页。

② 周鸿雁、江畅：《论社会的国家化及其目的和使命》，《理论月刊》2005年第4期。

③ 习近平：《顺应时代前进潮流 促进世界和平发展》，《人民日报》2013年3月24日第2版。

休戚与共。"① 人类命运共同体事实上的存在意味着人类的基本共同体进一步扩大，其共同体利益也进一步扩大，这就需要有一种共同价值体系与之相适应。因此，人类共同体从国家扩大到全人类，整个人类的根本利益和主体利益紧密相连，使构建人类共同价值体系成为必要和具有可能。

自从人类进入文明社会以后，不同的人群之间、后来的不同国家之间，虽然有过交流和合作，但总体上看是处于敌对的甚至战争的状态。这种敌对和战争状态不仅给人类带来了巨大的灾难、痛苦和牺牲，而且造成了人类人力、物力和资源的巨大浪费。尤其是近代以来，西方发展是从血与火中走过来的，特别是 20 世纪的两次世界大战更是给人类带来了深刻的教训和灾难。今天的人类已经开始意识到人类和平和各国共同发展要比各国敌对更有利于人类的生存和发展，更有利于实现各国的利益。尽管今天不少国家都还处于敌对状态，把他国设想为自己的敌人，还将巨大的费用用于军队和国防，但人们已经普遍意识到和平比对抗好，并努力寻求持久和平和全面合作的途径，试图用和平取代战争、用合作取代敌对、用对话取代对抗。人类共同生存和发展的需要已经使人类更为理智、更加理性化。

人类正在寻找实现世界和谐的道路，寻找构建出世界和平的框架。随着经济全球化的发展，人类事实上形成了命运共同体。中国国家领导人习近平主席在出席博鳌亚洲论坛 2015 年年会时顺时应势地提出了"通过迈向亚洲命运共同体，推动建设人类命运共同体"的倡议。这一倡议提出后，得到国际社会的强烈反响，"建设人类命运共同体"被写入了联合国决议。人类命运共同体理念正在凝聚起世界人民的广泛共识。

构建人类命运共同体，实现世界和谐，世界各国需要达成基本价值认同或者价值共识，如果没有底线的价值共识，人与人会走向极端利己甚至敌对状态，如霍布斯所说的那种"人与人之间像狼一样"。人类已经意识到，在多元文化价值中建立一种"人类主导价值"或人类共同价值体系的重要性。人类共同价值体系凸显主权平等、对话协商、合作共赢、共享共建、可持续发展价值取向，是"人类命运共同体"的价值基础，为思考人类未来提供了全新的视角。

---

① 习近平：《携手构建合作共赢新伙伴 同心打造人类命运共同体》，《人民日报》2015 年 9 月 29 日第2 版。

今天的世界正成为一个统一的整体，成为"地球村"，经济全球化和世界逐步走向一体化已经改变了整个人类的生存条件，个人、国家不再处于孤立和隔绝，人与人之间、国家之间相互联系、相互依存，世界的状态越来越影响着世界上的每个人和国家。自第二次世界大战结束后，尽管局部地区政局动荡、战争频发，世界总体处于相对和平，但随着全球一体化和世界国家化趋势不断增强，每个国家的独立和主权大多都得到尊重和认同，彼此能够共同平等协商，人类对建立和谐的世界意识不断增强。在世界范围内建立了一些国际性的组织，世界正逐步朝着和谐之路迈进，在一个积极倡导和谐的世界里和平、发展、公平、正义、民主、自由的价值理念不断得到认同。这一切为人类共同价值体系构建奠定了基础。

人类共同价值之所以在当代被提出，而不可能在古代被提出，甚至也没有在近代被提出，是因为人类共同价值构建必须具备一些前提条件，这些前提条件在古代和近代都不具备，而在当代已经具备。全球的一体化和世界的国家化正在不断强化人类的整体意识。

全球一体化是构建人类共同价值体系的基本前提，如果仍然像几百年前一样，人类分散在全球各地，彼此孤立或者很少交往，就不存在或者需要有共同价值的认同，人类共同价值是在人类已经联系成为一个整体的情况下提出的。在当前人类已经联系成为一个整体的情况下，怎样处理全人类的关系，特别是人类不同人群生活的民族、国家之间的关系，如何达成利益共同共识，通过沟通交流、相互尊重和彼此共同认可形成多元一体、和谐共生的共同价值共识，就关系到整个人类的生存和发展。基于有共同价值认同的人群生活在一起大家就会和谐共处，有利于整个人类的生存发展，相反缺乏价值底线思维的人群生活在一起就会彼此伤害，从而危及整个人类的生存。

自第二次世界大战以后，一些国家从殖民地中纷纷独立建立起独立自主的国家，人类都已经国家化，每一个国家的独立和主权几乎都得到尊重和认同。[①] 尽管国家有大有小、势力有强有弱，但每一个国家在国际事务中具有主权平等和独立自主，正如《联合国宪章》指出"联合国会员国间之关系，应基于尊重主权平等之原则"。世界的国家化，也就是世界主体多元化、世界的多极化，世界主体多元化是世界民主的基础，世界的多

---

① 江畅：《理论伦理学》，湖北人民出版社 2000 年版，第 374 页。

极化意味着自由化，自由化要求更开放、开明和宽容，多极化必然伴随多样化，多样化的世界会更美好。世界的国家化后，具有主权平等国家之间能够建立一种相互尊重、相互合作、相互服务、相互促进的国际关系，各价值主体基于共同利益形成人类共同价值成为可能。我们可以试想，如果各国没有独立和主权、平等对话的话，世界就有可能陷入人群争霸，彼此争斗的无休止的敌对战争状态，人类共同价值体系构建只是水中月、镜中花。

从目前世界发展趋势来看，世界走向和谐的可能性不断增大。在主观上，人类已经意识到世界和谐的重要性。经历了 20 世纪的两次世界大战的深刻教训，今天的人类已经开始意识到人类通过平等对待、共建共享、包容互惠实现人类和平、和谐对人类发展尤为重要。我们相信，有了这种意识，人类终究会找到实现世界和谐的道路，构建起真正和谐的世界。在实践中，人类已经对构建和谐世界进行了许多有益的探索和尝试。例如，国家之间建立长期战略伙伴关系，建立各种世界性的组织，举行各种世界性会议和世界赛事，等等。

在世界走向一体化和国家化的背景下，世界的环境状况影响到每一个成员的幸福。一个和平、公正、合作的和谐世界，对构建人类共同价值体系具有积极意义。首先，和谐的世界是一个和平的世界，可以使人类彻底告别战乱和消灭贫困。如果世界真正成为和平的和谐世界，那么国家与国家之间的战争就会减少到最低限度甚至可以彻底消灭战争这一人间最大的罪恶。其次，和谐的世界不仅是和平安全的而且是公正合作的。在这种环境下生活，人们不仅不会有安全的压力，而且会感到民主、自由、宽松、愉快。在和谐的世界中，扩大了人们活动的空间范围，可以进行自由的沟通交流。最后，和谐的世界可以促进个人和国家的发展，国家的生产力水平不断提升，为人的生存和发展提供更好的环境、创造更多的就业、发展、享受的机会，各种需要包括安全需求、社交需求、尊重需求和自我实现需求能够得到较好满足，可以使个人得到更多更好的享受，而且极大地开发人们享受的需要。

三　人类已经形成了一些重要的价值共识

人类的全球化始于西方近代海外探险和殖民，前后经历 400 多年后，到 20 世纪速度大大加快。当今世界，全球化快速发展深刻改变了人类社会的面貌和整个世界的格局，已经并正在影响整个人类的生活方式，包括思维方式、行为方式、交往方式等。全球化使人类的文化、价值观念和生活方式不断走向趋同，为建立人类共同的价值体系提供了可能。弗里德曼将这种改变和影响称为"从垂直的价值创造模式（命令和控制）向日益水平的价值创造模式（联合和合作）转变"①，这种改变是人类的一次"大整顿"，将对人类社会产生重大影响。

从理论上看，价值观的共通性和普遍性是存在学理根据的。② 人在劳动中与动物相区别开来，是"劳动创造了人"。也正因为劳动使人成了独立的"类"——人类。无论人来自哪个民族、国家、地区、宗教还是拥有何种思想观念、信仰、文化，他们都是具有相同的名称和物种——"人"，拥有基本相同的生存和实践方式和历史演进方向，人类自有史以来，在大自然面前谋求生存，在保持人类尊严、制定规则规范、寻找适宜生存环境、提升自身精神文化等方面对所有人具有共性，存在共同的价值尺度。价值相对于主体来说具有具体和相对性，这是不容否认的，但人类整体的价值是存在的，不能过分强调主体的个性和特殊性，只见树木不见森林，也不能夸大主体之间的分歧和冲突，而忽略其基本的价值观念共识、法律和道德规范。

"人是类存在物"③，就是说人具有类属性，这种类属性也体现了人的本性的社会性。只有在一定的社会依存关系中，人才能生存、生活、发展。随着全球化的不断推进，价值主体之间的关系越来越紧密，人类越来越成为了命运与共的共同体，人的本质是"一切社会关系的总和"，人只有生活在一定的共同体中，才能生活得好，才能实现自我的价值，并为他人价值的实现创造条件。"只有在共同体中，个人才能获得全面发展其才能的手段，也就是说，只有在共同体中才可能有个人自由。"④ 人类生活在共同的地球上，经历了长期的共同社会历史实践，面临着相类似的追求美好生活的发展机遇，如"二战"结束后各殖民地国家纷纷独立，世界

---

① ［美］托马斯·弗里德曼：《世界是平的：21 世纪简史》，湖南科学技术出版社 2006 年版，第 180 页。

② 孙伟平：《"人类共同价值"与"人类命运共同体"》，《湖北大学学报》（哲学社会科学版）2017 年第 6 期。

③ 《马克思恩格斯选集》第 1 卷，中共中央编译局编译，人民出版社 1995 年版，第 45 页。

④ 《马克思恩格斯选集》第 1 卷，中共中央编译局编译，人民出版社 1995 年版，第 119 页。

各国经济社会快速发展，政治社会稳定、经济文化繁荣、科技进步，出现欣欣向荣的景象。发展机遇是世界各国共同努力的结果，不是某个单一国家能为之。同时，人类也面临着共同的发展难题，如生态环境问题、能源危机问题、核威胁问题、疾病流行问题、恐怖主义问题等，这些难题也没有哪个国家可以幸免，也绝不是哪一个国家、地区可以解决。这些机遇与难题凸显了各价值主体之间的相互依存关系，体现了共同的利益、需要，共同的价值追求，要求各国从世界全局、整体的视角来看待问题，注意相互之间的关系、利益的协调一致，以共同来应对。基于此，各价值主体构建并认同人类共同价值具有可能性。

在全球化时代，基于现代通信技术和交通运输的发展，过去因为地理的阻隔和通信不发达使得人类交往的阻隔被打破，"世界在空间和时间上被压缩"，新的时空观念形成。从经济的角度看，全球能够变成一个单位而以即时或是在选定的时间里运作。① 世界日益变成为一个"地球村"，人类社会成为一个即时互动、利益攸关的社会。通过通信卫星或网络，地球上任何地方的人都可以在任何时间与其他的人互相联系，也可以即时了解世界，通过便捷的交通运输工具，不同民族、地区的人们之间可以方便地与其他人进行面对面交流与沟通，为达到相互理解、沟通，进行对话与合作，相互之间消解隔阂、增进共识。

在人类能够普遍交往以前，各民族独居在地球的一隅，形成的是一种地域性的民族文化和文明。各个民族是孤立的、互不交往或很少交往，彼此不了解，形成了一套自己应对环境、进行生活的方式。本民族的区域就是所谓"天下"或"世界"，本民族就是人类自身，本民族的价值就是人类的价值。人类文化的多样性就是由各个民族的独具特色的文化组成的，各种文化价值各有自己存在的合理性和必要性，它们之间并不存在先进与落后、优劣问题。进入全球化时代，世界各民族、国家在人类普遍交往中各价值主体之间的联系不断增强。各种文明模式、各种文化价值观也在进行充分的交流、沟通、比较，互相借鉴和利用，又由于相互之间的隔阂和差异，也会产生碰撞甚至冲突。因此，各民族和国家之间文化和价值观都与之相联系，并受到其他民族、国家文化和价值观的制约和影响，各民族

---

① ［美］曼纽尔·卡斯特：《网络社会的崛起》，夏铸九、王志弘等译，社会科学文献出版社 2003 年版，第 119 页。

和国家在考察、比较和审视其他价值主体（民族、国家）的价值观后，对自身的价值观进行全面客观的反省、批判并有可能进行必要调整。同时，基于人类整体发展的程度和各民族国家的工业化、城市化发展水平以及与现代文明的关系，各民族国家形成的所谓"先进"或"落后"，各民族和国家文化价值观也受到人类整体的价值观制约和规定，相对于不同价值主体之间价值观的多样性和相对性，人类整体的价值观就是对于统一的最高主体（人类）来说具有某种绝对性、确定性，不同主体之间完全可能认同统一、一致的价值理想、价值标准。这种价值理想、标准代表人类社会光明前途的价值理想、价值标准和价值取向，这一理想的实现必将是坚信先进必将战胜落后，进步必将战胜腐朽。

全球化使得世界历史进入一个新的阶段，各民族主体在"他者"价值观和这一新的历史时代的基本价值影响和制约下，自觉整合各自分散的、孤立的甚至互相冲突的文化价值观。人们通过相互尊重、相互理解、相互合作，建立沟通交流的机制，达成价值共识、解决各种价值冲突和对抗，逐步达到所谓"多样化的统一""多样化的和谐"，使不同文化价值观走向一种整体的相关性和一致性。通过全球化时代的普遍交往，构建符合人类共同的根本目的、利益的先进社会价值标准和价值取向的价值体系具有可能性。

人不论属于哪个种族、民族、国家、地区、阶级，都是人类大家庭的一员，因为人类在生产实践方式、历史演进上基本相同。随着全球化的不断推进，价值主体之间的关系越来越紧密，人类越来越成为命运与共的共同体。人的本质是"一切社会关系的总和"，人只有生活在一定的共同体中，才能生活得好，才能实现自我的价值，并为他人价值的实现创造条件。"只有在共同体中，个人才能获得全面发展其才能的手段，也就是说，只有在共同体中才可能有个人自由。"①

人类在长期的共同社会历史实践中，总体上面临着相似的追求美好的生活、理想的社会，面临着许多共同的问题，提出了一些人类都应该遵循的价值标准、价值理念。但是在近代以前，由于人类总体上是分散的，没有走在一起，这个时期人类的不同部落、民族、国家、宗教等价值主体各自有不同的价值理念，有些价值理念得到了较大范围内的认同，中国儒家所倡导的"己所不欲，勿施于人"（或者以积极方式表达的"己欲立而立

① 《马克思恩格斯选集》第 3 卷，中共中央编译局编译，人民出版社 1995 年版，第 119 页。

人，己欲达而达人"）的恕道，国际上将其作为人类伦理道德的金规则。也就是说，这一金规则不但对人以及人的人格、个性、爱好、选择等适用，而且对家庭与家庭、社团与社团、民族与民族、国家与国家等也适用。[1] 还有儒家"仁者爱人"的道德观、"和而不同"的处世准则以及西方古代提出的"幸福"、中世纪基督教的"博爱"等价值理念得到较大共识，但那个时候整个人类尚未形成公认的价值理念。直到 18 世纪欧洲资产阶级在反对宗教神学和封建贵族的专制统治中，高举自由、平等的大旗反对封建贵族特权，建立资产阶级的政权。到 19 世纪中叶，自由、平等、民主、法治、市场、科技等价值理念已经生成，并得到西方国家的普遍认同。当代人类普遍认同的价值理念源于西方。可以肯定的是，现代西方构建的核心价值理念极大地激发了人的积极性，人类从贫穷落后的社会走向繁荣富裕、文明的世界，为人类做出了积极的历史贡献，我们应该承认这种价值理念有相当影响力和基本合理性。但是，我们也应该清醒地看到，当代人类核心价值理念是建立在适应市场经济的需要基础上，其核心实际上是个人主义，具有逐利性，如果一味刺激和鼓励个人自由追求私利，对自然资源的无止境的占有，就会对人类整体和自然界造成伤害。个人主义上升到国家层面就是国家至上主义，国家至上主义的最大的问题在于，为了自己国家的利益而损害别国利益，甚至损害人类的利益，势必造成国家间的敌对和战乱。

今天，全球一体化已经成为当代人类最基本的生存状态，而这种最基本的生存状态关系到整个人类的生存和发展。与全球一体化进程相伴随，人类已经形成了一些公认的价值理念，幸福、和平、发展、自由、平等、环保、责任、民主、法治、公正、道德、和谐等价值理念。这些理念体现了当代人类社会的价值追求，是人类处理生存和发展的基本原则，也为人类共同价值体系构建奠定了重要的观念基础。

第四节　构建人类共同价值体系的现实性

人类共同价值体系的构建是在今天全球化的背景下被提出的，全球化首先是由于经济全球化引起的，经济全球化使得世界的政治、文化和价值

---

[1]　韩星：《忠恕之道与人类共同价值的构建》，《山东省社会主义学院学报》2017 年第 4 期。

观念以及生活方式也正在走向全球化，正在趋同，这是不由人的意志转移的。经济全球化带动社会信息化、文化交往密切，为多元化的价值主体交流、碰撞，达成共识提供了条件，全球化使得价值主体（国家、民族、组织、个人等）之间的国际交往密切起来。为了避免冲突造成伤害，尤其是避免第二次世界大战那样给人类带来严重性生存危机，第二次世界大战以后，各国家不断寻找促进国家交流与合作的途径和手段，国际组织如雨后春笋般不断建立，如联合国、世界贸易组织等，同时还形成了一些区域性的共同体如欧盟、非盟、上海合作组织，等等。这些日益增多的世界性组织在维护世界和平、促进国际政治、文化合作交流、繁荣经济发展、推动社会进步方面越来越发挥重要作用。这些组织制定的规则不断在世界各国中形成共识，正在成为全世界各国公认的国际关系准则，有助于各国达成共同的价值共识，对人类共同价值体系的构建具有现实性。

一 现代科技信息化和文化交流的推动

第二次世界大战结束以后，各殖民地国家纷纷独立，世界很多国家先后走上市场经济之路。在现代科技推动下，科学技术成了第一生产力，世界经济实现快速增长，各国之间交流加快，尤其是经济领域，经济市场覆盖世界各地，世界经济走向全球化。经济全球化带动了社会信息化，文化交流往来密切，而文化的核心背后是价值理念，为人类各价值主体达成价值共识提供了现实基础。

第一，经济全球化推动人类共同价值体系的构建。进入21世纪以后，经济全球化得到持续纵深发展，为人类的政治、经济、社会、文化和生态带来了前所未有的影响。一方面，经济全球化有利于资源和生产要素在全球的合理配置，有利于资本和产品在全球流动，有利于促进国际分工、科技在全球扩张，促进国际利益融合、推进人类文明进步。人类进入了需要大规模地联结为一个整体的历史进程。人类利益整体地交织在一起。"空间和时间对人类相互关系的限制已经彻底被压缩，形成一张相互关联、相互依赖的网，这张网以前所未有的有效方式将世界整合在一起。"① 经济全球化使得世界走向一体化，全球的经济、政治、文化、价值观念和生活方式都在趋同，

---

① ［奥］吉米·福尔克等：《主权的终结：日趋"缩小"和"碎片化"的世界政治》，李东燕译，浙江人民出版社2001年版，第299页。

走向全球化，一些世界性的合作使得人类得到前所未有的发展。和平、发展、合作、共赢成为当今世界的主旋律，开放包容、多元互鉴成为当今世界的主基调。在新的历史条件下，各国思想家和政治家在人类历史经验基础上积极追求建立自由、平等、民主、法治的理想社会，实现人类普遍幸福和世界和谐的可能性。另一方面，全球化使得世界一体化，世界走向一体，但是世界管理机构没有建立，而且相应的国际法规、规则和保障机制也没有有效建立起来，国家主体之间各自为政、各行其是。人类相互之间联系越是紧密，全球性问题越是复杂，相互妨碍伤害的可能性就更大。全球化加剧了各国之间的竞争，世界各国的这种竞争实际上是一种不平等的竞争，西方文明处于强势地位。"我们面临前所未有的发展机遇。同时，霸权主义、恐怖主义、金融动荡、环境危机等问题愈加突出，给我们带来前所未有的挑战。"[1] 环境保护、人口控制、减灾救灾、禁绝毒品、预防犯罪、防止核扩散和防治艾滋病等诸多威胁着人类安全的全球性问题凸显。这些全球性问题超越国界，对人类安全的威胁是共同的，单凭一国力量是难以应对的，要求集各国之合力来共同解决。[2] 解决全球性问题需要有全球意识，人类的全球意识就是人类在全球化时代发展和维护人类共同利益的思维方式，要求各价值主体（国家、民族）超越社会制度和意识形态，以人类的共同利益为价值取向来处理人与自然、人与世界的关系。全球意识显然是人类适应全球化时代需要的一种新的认识人类自身、认识世界的思维方式，也就是在承认人类共同利益基础上的超越社会制度和意识形态分歧、克服国家和利益集团限制、以全球视野来考察、认识人类社会生活的一种思维方式。要确立人类的全球意识首先需要建立底线伦理的共识，确保各价值主体（国家、民族）要坚持"己所不欲，勿施于人"的全球共同伦理。因此，全球共同伦理需要各国共同形成普遍价值共识，建立共同遵循的价值标准，解决全球化带来的挑战和构建全球治理新秩序，对构建人类共同价值体系具有现实性。

第二，现代科技为价值主体国际沟通交流提供便捷。科技革命带来了

---

① 习近平：《开启中非合作共赢、共同发展的新时代》，《人民日报》2015年12月5日第2版。

② 刘传春：《马克思主义国际合作思想：演进与逻辑》，人民出版社2013年版，第125—129页。

发达的现代科学，推动了现代交通、信息技术发展。现代信息化是以计算机信息处理技术和传输手段的广泛应用为基础和标志的新技术革命，它深刻影响和改变了社会生活方式与管理方式。现代网络信息传递迅速及时，不受时空限制，为人与人之间的交流提供了方便。在今天的信息时代，信息变为了社会最重要的资源之一，网络信息孕育了具有信息时代的价值文化生态。网络为多元价值观的交流提供了平台，网上的价值观交锋此起彼伏，这就为全球范围内通过交流和讨论达成价值共识提供了条件和现实可能。现代交通为人与人之间面对面交流提供了便捷，地球上的人都能在数小时内见面，世界成了"地球村"，人类不再是独住在世界一隅，因高山、大海阻隔，老死不相往来。现代科技为价值主体进行国际沟通交流提供便捷，不同民族、不同肤色、不同国家、不同地区的人都能便利地利用现代科技进行思想交流，达成价值共识。

第三，文化密切交流为形成人类共同价值认同提供了现实性。经济全球化使人类走向一体，人类需要有全球意识，解决全球的问题，需要构建底线伦理和共同价值，经济全球化也带来了现代科技发展，为人类价值文化的交流共同提供了便捷的平台和工具，这些都为人类的价值共识达成奠定了基础。全球化使人类文化交流更加频繁，进程加快，交流平台增多，有国家政府层面的文化交流，也有民间组织的文化交流，为形成人类共同价值认同提供了现实性。

一种价值观的形成需要漫长的过程，具有自己的独特性，在价值目标、理念或者原则上等与其他价值观有不同之处。人类历史上的不同社会形态形成了不同的价值观。从纵向来看有古代价值观、近现代价值观；从横向来看有西方的价值观、非西方的价值观（亚洲价值观、伊斯兰世界价值观、非洲价值观等），不同的价值观之间区别较大。过去由于高山、大海阻隔以及交通、通信的不发达，不同的价值体系之间基本都处于独立状态，各自沿着自己的发展进程，即使不同价值观之间有交流也会受到各种条件限制，交流比较少或者认同过程漫长，如印度佛教文化传入中国再到融合历经了上千年的历史。全球化带来文化交流前所未有的变化，交流的强度、深度和速度加快。文化的核心是价值观，当不同的文化相互进行交流碰撞时，相互独立的文化局面被打破，首先体现出不同价值观在价值目标、理念或者原则上的差异性。不同文化面对面地进行竞争，引起了一系列的价值问题，其中包括价值认同的问题。有时候强势的一方要求介入另一个价值观中，另一方又要阻止，导致价值观之间的冲突，并造成价值认同的危机。"价值观念和文化冲突，当一个国家试图推行自己的价值观或将其强加给另一文明的国家时展开的冲突。"① 这种价值冲突具有广泛性、复杂性、深刻性和持续性。

当今，在全球化过程中，西方文化与非西方文化产生了冲突，不同文化的价值观念纷纷展示自己存在的合理性，不同文明之间的价值冲突看似不可调和。有西方学者提出未来世界的冲突是不同文明之间的冲突。美国学者亨廷顿认为："冷和平、冷战、贸易战、准战争、不稳定的和平、困难的关系、紧张的对抗、竞争共存、军备竞赛所有这些说法，或许最恰当地描述了不同文明实体之间的关系。信任和友谊将是罕见的。"② "文明间的冲突有两种形式。在地区或微观层面上，断层线冲突发生在属于不同文明的邻近国家之间、一个国家中属于不同文明的集团之间，或者想在残骸之上建立起新国家的集团之间……在全球或宏观层面上，核心国家的冲突发生在不同文明的主要国家之间。"③ 他的思想观点受到许多学者的批判，德国政治家哈拉尔德·米勒认为，"文明的冲突现象并非自然之力的结果，而是人为引起的，因此人类完全可以依靠自身的力量逾越这个障碍"④。

不同文化之间的交流实际上也是不同价值观碰撞的过程。不同的价值观出现在同一个时空中，由于不同价值观在价值目标、理念或者原则上有所不同，价值观之间出现对立和冲突是很难避免的。任何价值观的存在都有其合理性，在价值多元化的今天，不同的价值观有不同选择和追求，应当允许价值观的差异性，这构成了人类文明的多彩多姿。"人类在漫长的历史长河中，创造和发展了多姿多彩的文明。"⑤

在全球化过程中，文明交流互鉴，是推动人类文明进步和世界和平发

① 兰久富：《全球化过程中的价值多样化》，北京师范大学出版社 2010 年版，第 162 页。

② ［美］塞缪尔·亨廷顿：《文明冲突与世界秩序的重建（修订版）》，周琪、刘绯、张立平等译，新华出版社 2010 年版，第 184 页。

③ ［美］塞缪尔·亨廷顿：《文明冲突与世界秩序的重建（修订版）》，周琪、刘绯、张立平等译，新华出版社 2010 年版，第 184—185 页。

④ ［德］哈拉尔德·米勒：《文明的共存——对亨廷顿"文明冲突论"的批判》，郦红、那滨译，新华出版社 2002 年版，第 2 页。

⑤ 习近平：《文明交流互鉴是推动人类文明进步和世界和平发展的重要动力》，《人民日报》2019 年 5 月 2 日第 1 版。

展的重要动力。① 当今的全球化一方面造成了文化之间的相互冲突,在另一个方面,价值碰撞、冲突的过程正是相互理解的过程,还会出现相互的了解,需要寻求共同点,寻求对话、沟通和合作。各种价值观能够在某个领域或者某种层次上进行对话,互相借鉴、学习,通过确认共同点或者相异点,进行沟通、对话甚至相互妥协,从而缓和或化解冲突,达成一定程度的价值认同。而这种寻求共同点,寻求对话、交流、沟通、合作的意识和行动,就是对共同价值的追求。价值之间的认同并不是要消除价值体系的差异,各种价值体系都是在自我认同的前提下寻求其他价值观在价值相同或者相异方面的认同,不是以普遍性代替个性和差异性,而是达到多样化的统一、多样化的和谐。事实上,人类进入近代以来,通过文化价值的交流,世界各国先后从农业文化走向工业文化、后工业文化,形成了一些人类普遍公认的价值理念,如和平、自由、平等、民主、法治、环保等。今天,人类进入了全球化时代,文化交往将不断拓展,价值认同的层次和范围将进一步扩大,价值对立和冲突会逐步减少。这为构建人类共同价值体系提供了条件。

二　国际组织、会议、赛事的推动作用

在人类逐步走向全球一体化的过程中,鉴于两次世界大战的沉痛教训,人类越来越感到战争,尤其是世界性战争对人类生存的严重威胁,世界各国意识到世界和平的重要性,于是开始积极寻求防止世界战争、维护世界和平、促进国际交流和合作的途径。尽管还没有构建出世界和谐的框架,但是随着国际交往的不断扩大,国家之间建立了长期战略伙伴关系,建立了各种经济、贸易、政治、军事、文化等多方面的合作组织,建立了各种世界性的组织如联合国、举行各种世界性会议和世界性赛事,等等。这些国际组织、会议、赛事建立了一些具有约束力的原则和准则,如《联合国宪章》等,这些原则和准则可能成为全世界公认的国际关系准则,对人类的行为起规范和导向作用,能够有力地推动人类共同价值体系的构建。

国际组织也称国际团体或国际机构,现行国际组织有广义与狭义之分。狭义的国际组织仅指数国为达到特定目的,依条约建立,并有专门机

---

① 《习近平谈治国理政》第一卷,外文出版社 2014 年版,第 258 页。

关履行其职能的团体，如联合国等。广义的国际组织还包括由若干国家的民间团体或个人组成的团体，如国际红十字会等。目前国际组织数以千计，可以按照不同的标准划分为不同的种类。例如，可以按其职能划分为政治性和非政治性组织；按其是否向其他国家开放划分为开放式或封闭式组织；按其地域特点划分为世界性与区域性组织，等等。

国际组织在当今国际政治中发挥着日益重要的作用，已成为主权国家实现国家利益的工具、国际合作的纽带、全球治理的主体以及国际法制定的平台，甚至有学者称 21 世纪是"国际组织的世纪"①。进入 19 世纪后期，尤其是第二次世界大战结束后，为了适应国际交往的需要，一些国际组织纷纷开始成立，从政府间的国际会议、非政府组织和行政组织以及现代国际组织几个阶段发展而来。随着社会分工的细化，今天国际组织涉及国际社会各个领域，包罗万象、不胜枚举，并且国际组织之间的联系不断增强。从整体来看，国际组织在维护世界和平安全、促进国际公正和国际合作与交流、保护组织成员的利益等方面发挥着积极作用，国际组织提出的规则、条约、准则对组织成员起到约束作用，有利于维护国际秩序，其中的一些理念正在成为全世界公认的国际关系准则，不断得到人类普遍的认同。国际组织在国际关系中发挥着越来越重要的作用，也为构建人类共同价值体系提供了组织基础和现实依据。

国际组织的目的宗旨、组织结构、活动程序各不相同，但由于它们共同受现代国际关系的影响以及它们彼此之间的影响，因而它们之间也存在着大量相同的方面，形成了一些有关国际组织的法规制度。国际组织的成员主要是国家，也有一些是政府的某个部门。国际组织的成员在国际组织中一般都具有代表权、发言权和表决权以及章程赋予的权利。根据组织活动的需要，国际组织一般都设立最高机关、执行机关和行政机关，它们享有不同的权力，行使不同的职能。国际组织一般都通过全体一致或多数表决的方式，或者通过不投票表决的协调方式，采取决定、命令、建议、宣言、规则、标准等不同的形式对有关事项作出决议或决定。因此，现代国际组织一般都是民主性的，其成员平等地享有较充分的自由和民主权利。

现代国际组织，特别是世界性的国际组织，在维护世界和平和安全、促进国际公正和国际合作，保护其成员的利益方面发挥着巨大作用。由于

---

① 国际组织编写组：《国际组织》，高等教育出版社 2017 年版，第 12 页。

现代国际组织在世界舞台上发挥着以上重要作用，因此它们已经成为今天世界和平、公正和合作的重要保障。

世界卫生组织、国际科学机构联盟、勃兰特发展问题委员会、帕尔梅安全问题委员会、布伦特兰环境与发展委员会、尼雷尔南部问题委员会，还有世界贸易组织和许多区域性的组织以及不少国际性论坛等，都广泛宣传全球相互依存原则、宣传全球协调和建立共同价值体系的必要性和迫切性，并对界定和贯彻所谓的国际经济新秩序作出了重要贡献①，有力推动了人类共同价值体系的构建，其中联合国发挥了重要作用。

1945 年 10 月 24 日《联合国宪章》签订生效，标志着联合国（United Nations）的正式成立。联合国是在第二次世界大战的废墟上重建的"世界政府"，它的建立是世界反法西斯战争胜利取得的硕果，是世界人民追求和平与发展所做出的努力。第二次世界大战带给世界人民的创伤是惨痛的、持久的、无法磨灭的，这也就决定着"二战"后建立起来的联合国具有更加强烈的维护世界和平、追求共同发展的愿望。联合国宪章序言指出："我联合国人民同兹决心，欲免后世再遭今代人类两度身历惨不堪言之战祸，重申基本人权、人格尊严与价值……以维持国际和平及安全，接受原则，确立方法，以保证非为公共利益，不得使用武力，运用国际机构，以促成全球人民经济及社会之进展。"② 由此我们可以看到联合国致力于维护世界的和平与安全，协调各方，促进国际合作，实现共同发展的决心。这充分体现了联合国宪章中规定的联合国之宗旨，即："一、维持国际和平及安全；并为此目的……二、发展国际间以尊重人民平等权利及自决原则为根据之友好关系……三、促成国际合作，以解决国际间属于经济、社会、文化及人类福利性质之国际问题……四、构成一协调各国行动之中心，以达成上述共同目的。"③ 联合国的这四个宗旨以及为实现其宗旨做出的现实努力都是在践行着追求和平、平等、发展、自由等共同价值，也是这些人类共同价值在世界范围内的践行，对人类共同价值体系的构建具有极其重要的意义。

与国际组织相应运而生的是国际会议，各国共同定期召开国际性的会

---

① 韦定广：《全球化与世界政治发展》，中央编译出版社 2004 年版，第 396 页。

② 联合国官网：http：//www.un.org/zh/about-us/un-charter/preamble。

③ 联合国官网：http：//www.un.org/zh/about-us/un-charter/chapter-1。

议。国家间或者民间通过展览会等形式交流科技文化成果；通过召开专题性会议，就当前的共同关心的、涉及各国共同利益的共同讨论和协商寻找解决问题的方案，和平问题、发展问题、生态问题、气候问题等世界性问题是国际会议高频词汇；学术机构或者学者通过召开国际学术会议，探讨人类未来发展的前沿理论问题，等等。通过国际交流、沟通，达成共识，体现人类对共同发展的关心，推动了人类共同价值体系的构建。

世博会成为国际重要展会。世界博览会（World Exposition），简称世博会，是由一个国家的政府主办，多个国家或国际组织参加，以展现人类在社会、经济、文化和科技领域取得成就的国际性大型展示会。[①] 自1851年首届世博会在英国伦敦举办，一座神奇的"水晶宫"震撼世人之后，各国争相申办，各显神通，至今世博会已成功举办了43届。在这100多年时间里，世博会给世人带来了太多的震撼、太多的便利，可以说世博会改变了整个世界，也改变了人类。从第一届博览会开始，世博会上展出的产品从早期的打字机、火车、汽车到电视机、电脑、机器人……都极大地推动了生产力的发展，方便了人类的生活，这也让世博会成为社会经济、科技文化发展的时代标志。同时，世博会突破自然障碍和人为樊篱，打破了民族和宗教的局限，成为人类和平友好的发展性盛会。"时至今日，世博会已经变成了一个展示人类文明的大型盛会或者说是平台……世博会正日益成为各国人民总结历史经验、交流聪明才智、体现合作精神、展望未来发展的重要舞台。"[②] 世博会的发展也在让人类共同价值通过科技、文化传遍世界，从而为构建人类共同价值体系奠定了坚实的基础。

2010年5月1日，第41届世界博览会在中国上海拉开帷幕，上海世博会的会徽表达着"理解、沟通、欢聚、合作"的理念，吉祥物海宝显示着包容和热情，各国展馆也展示出了开放、共享和发展，中国正在用实际行动为人类共同价值的传递、人类命运共同体的构建助力。

近几十年来，世界性的赛事也越来越多，奥运会、世界杯、世锦赛、世乒赛……渐渐进入人们的视野，同时区域性的赛事也日益增多。这些世界性和区域性的赛事在丰富人们体育生活、弘扬体育精神的同时，也让各个参与主体之间有了更多、更深入的交流。世界性的赛事成了多元文化的

① 焦贵平：《收藏世博会》，上海大学出版社2008年版，第3页。

② 焦贵平：《收藏世博会》，上海大学出版社2008年版，第7—8页。

交流，不同的文化特色彼此兼容，取长补短，汇聚发展成为五彩缤纷的多元文化。多元文化不仅符合时代的发展潮流，而且也增进了不同民族之间的了解，是人类文明进步的标志。[①]

在世界性的赛事中，奥运会是世界影响最大的体育赛事。奥林匹克运动会简称"奥运会"，是当今世界上规模最大的、为人们所熟知的综合性运动会。它为不同文化、肤色、种族、国家的人提供了一个友谊、团结和公平竞争的平台。奥运会中，各个国家用运动交流各国文化，以及切磋体育技能，其目的是鼓励人们通过体育运动进行文化交流，增进团结与互信，传播友谊，追求世界和平。

奥运会参与人数多，在世界上的影响深，其原因之一是奥林匹克精神得到世界各国人民的认可。奥运会是集体育精神、民族精神和国际主义精神于一体的世界性运动盛会，象征着世界的和平、友谊和团结。它就是奥林匹克精神的直接体现。从古代到现代的奥林匹克文化，历经了 2000 多年的考验，成为最广泛的人群所能普遍接受的文化。它体现了人类对未来社会的美好憧憬和世间难得的真、善、美和公平正义。奥林匹克文化通过体育竞赛活动表达了人类共同追求的奥林匹克主义和人文价值。它的核心内容是主张人类和谐发展、友好相处，进而建立一个和平而美好的世界。奥林匹克文化包含了深刻的人文价值，它把人类追求的杰出品质，如友谊、进步、创新等均聚集在了一起。奥林匹克文化是人类宝贵的精神财富，具有极强的生命力。奥林匹克文化在促进人的发展、维护人的尊严和国家民族平等等方面发挥着重要的作用。奥林匹克文化是文化、教育与体育的完美结合，其手段是体育运动，功能是教育，追求是人类的人文价值，亦是世界文化的杰出代表。奥林匹克文化实质是激励人们拼搏向上，维护人的尊严，推动社会和平进步的文化。[②] 它是世界先进文化的一部分，符合人类未来发展方向，表达人类的共同价值追求，指导人类不断前进的文化。

---

① 石龙、王桂荣、刘海英：《奥林匹克文化概论》，上海交通大学出版社 2018 年版，第 56 页。

② 石龙、王桂荣、刘海英：《奥林匹克文化概论》，上海交通大学出版社 2018 年版，第 56—57 页。

三　联合国文书和国际法提供的共识

为了维护世界和平和安全、促进国际公正和合作、调整国家之间的关系、保护成员国的利益，联合国在运行过程中制定了一系列文书，主权国家之间或者主权国家和其他国际法主体之间在平等的基础上以协议的方式制定了国际法。这些文书和国际法体现的国际规范、规则成了人类共识，对人类行为起到规范和导向作用，体现了人类共同价值的原则，为人类共同价值体系构建打下了基础。

联合国在运行过程中制定了一系列文书，包括《联合国宪章》《世界人权宣言》，以及联合国大会决议、安理会决议、公约、宣言和其他文书。这些文书是各国共同制定的国际规范和规则，涉及和平与安全、气候变化、可持续发展、人权、裁军、恐怖主义、人道主义和卫生突发事件、性别平等、施政及粮食生产等。它们旨在保障人类的基本利益，体现了人类基本伦理价值理念。

《联合国宪章》由序言和正文 19 章 111 条构成，于 1945 年 10 月 24 日生效。《联合国宪章》被认为是联合国的基本大法，它既确立了联合国的宗旨、原则和组织机构设置，又规定了成员国的责任、权利和义务，以及处理国际关系、维护世界和平与安全的基本原则和方法。遵守联合国宪章、维护联合国威信是每个成员国不可推脱的责任。联合国宗旨是维持世界各地和平，发展国家之间的友好关系，帮助各国共同努力改善贫困人民的生活，战胜饥饿、疾病和扫除文盲，并鼓励尊重彼此的权利和自由。它已成为协调各国行动，实现上述目标的中心。[①]

迄今为止，联合国制定了上百个人权的国际文书，其中《世界人权宣言》是其中的核心文书之一。1945 年联合国成立之时就在《联合国宪章》中提出要以尊重人权来反对法西斯主义，后在宪章第一章（第 1 条第 3 款）、第四章（第 13 条第 5 款）、第九章（第 55、56、59 条）、第十章（第 62 条第 2 款、第 68 条）和第十二章（第 76 条）等多项条文中对人权问题做出明文规定。[②] 1948 年，联合国大会审议通过了《世界人权宣言》，《宣言》从"人类个人的自由和精神的完整，公民权利和政治权力，

---

① 郭璇：《全球治理中国方案的话语建构与国际认知》，上海外国语大学，2018 年。

② 李铁城、邓秀杰：《联合国简明教程》，北京大学出版社 2018 年版，第 124 页。

经济权利和社会、文化权利"三个方面对人权问题进行了阐述，呼吁各国政府、世界人民保护人权。此后，联合国又在《联合国宪章》和《世界人权宣言》所载原则的基础上，为制定国际人权文书做了大量工作，先后制定了《经济、社会和文化权利公约》《公民权利和政治权利公约》《任择议定书》，进一步充实了《世界人权宣言》关于人权问题的内容。《世界人权宣言》也与1976年生效的以上三项文书一起构成了"国际人权宪章"。① 在专门性的人权保护领域，联合国大会先后通过了诸多文书：在种族问题上，通过《消除一切形式种族歧视宣言》《消除一切形式种族歧视国际公约》《禁止并惩治种族隔离罪行国际公约》；在妇女问题上，通过《墨西哥宣言》和《世界行动计划》，1979年联大通过了《关于消除对妇女一切形式歧视公约》，1995年在北京举行的联合国第四次世界妇女大会又制定并通过《北京宣言》和《行动纲领》；在儿童问题上，联大先后通过《儿童权利宣言》《儿童权利公约》；在老年人问题上，1982年在维也纳举行的第一届老龄问题世界大会通过《维也纳老龄问题国际行动计划》；在残疾人问题上，通过《关于残疾人的世界行动纲领》《残疾人权利公约》等文件；关于难民问题通过了《难民地位公约》。这些文书的颁布，进一步丰富发展了联合国关于人权问题的理论资源，逐渐建立起一套完善的国际人权保护体系。

除基本的人权问题外，联合国大会还通过诸多关于和平问题的文书，"维和行动"也早已成为以联合国为代表的国际组织维护世界和平和稳定的最具特色、最有影响力的创新行动。最早的维和思想体现在《联合国宪章》中的关于调解冲突的条例。联合国维和行动是"二战"后出现的新生事物，1992年时任联合国第六任秘书长的加利发表《和平纲领》，这成为第二代维和行动的基本思想基础，其内容从传统的预防性外交和维持和平进步为包含"缔造和平"和"建设和平"在内的综合性的"和平行动"。② 就国际社会和平问题，联合国还颁布了《不扩散核武器条约》《禁止化学武器公约》《禁止生物武器公约》《全面禁止核武器条约》。这些条约为维护世界和平，保护世界人民的基本生命和财产安全提供了制度保障。

---

① 李铁城、邓秀杰：《联合国简明教程》，北京大学出版社2018年版，第131页。
② 国际组织编写组：《国际组织》，高等教育出版社2017年版，第137页。

现行国际法是当代国际关系的主要制约机制。现行国际法主要是指国家之间的法律。它的主体是国家，所调整的关系是国家之间的关系，其效力为整个国际社会，对一切国际法主体均具有法律效力。

国际法是随着国际关系的形成和发展而产生和发展的。国际关系在古代就开始形成和发展，因而在古代就已经有了国际法萌芽。但是，现代国际法则是根源于近代西方，与独立主权国家兴起直接相关。一般认为，威斯特伐亚公会（1643—1648 年）是现代国际法产生的标志，而此前荷兰法学家格劳秀斯（Hugo Grotius，1583—1645 年）于 1625 年出版的《战争与和平法》则为现代国际法的建立奠定了理论基础。第二次世界大战后，随着独立国家的兴起和国际组织的大量涌现，为适应国家对经济社会生活干预作用的加强、新独立国家要求改变旧的国际秩序和建立新的国际秩序，以及现代科学技术迅速发展的新形势和新要求，国际法获得了巨大发展。

现行国际法，特别是其中的基本原则是各个国家和各个国际组织从事国际活动的准则，是调整日益复杂的国际关系的根据。尽管它们不一定具有完全的法律效力和充分的强制力量，但它们对国际社会生活具有规范、调节、控制、指导、评价、仲裁等多种重要作用。它规范各国和国际活动，使之秩序化。它调节各种国际争端和冲突，维护世界和平。它控制国际局势，防止国际社会突发严重事态，特别是战争。它对各国的国际活动并由此对各国的国内活动具有指引和导向作用，这有助于各国把自己的活动纳入国际秩序和现代世界文明轨道。它还是评价和仲裁各国国际活动正当与否的根据和标准。

所有这些作用表明，国际法是当今世界秩序的基础，是世界和平、公正和合作的最重要保障机制，在一定意义上可以说，国际组织也是根据和通过国际法对国际社会发生作用和影响的。国际法和国际组织一起构成了保证当今世界秩序的基本保障。尽管今天的国际局势并不太平，世界秩序并不和谐，但是可以设想，如果没有大量的国际组织活跃在国际舞台，没有国际法作为现代世界的控制机制，不用说今天的全球一体化，恐怕世界早已成为人间战场。①

---

① 江畅：《幸福与和谐》第二版，科学出版社 2016 年版，第 266—268 页。

四　区域共同体和合作组织提供的经验

在全球化的影响下，一定地区的独立国家以经济、文化、历史和区域上的同质性为基础，在保留国家地位的条件下，通过经济、社会和政治方面的联合，形成相互联系的实体——区域共同体。它们凭借扩大的经济能力和防卫能力，脱离超级大国的影响，在国际社会形成具有自己势力范围的特殊法律共同体。[①] 区域共同体内部实行经济和社会的一体化、政治的一体化，同时保留国家的地位。世界上形成了不同类型的共同体，如欧洲共同体和欧洲联盟、葡语国家共同体、东非共同体、拉美和加勒比共同体、东盟共同体等。美国也先后提出构建"大西洋共同体"和"太平洋共同体"，东亚国家的"东亚共同体"构想，澳大利亚也提出"亚太共同体"。还有亚太经合组织、上海经济合作组织等合作组织。尽管非洲联盟和阿拉伯国家联盟等在经济、政治方面的发展还未达到区域共同体的水平，但是区域影响较大。已经诞生的各共同体发展程度不一、形式各异，各共同体在内涵和侧重点上也各有差异。有的强调共同追求的目标、共同的利益基础和制度化的机制保障，而有的则强调主观方面的因素，重视"分享""沟通""参与""认同"。但是，共同体意识和实践反映了世界人民寻求合作发展的需要。[②]

从区域共同体的现状来看，国际社会中欧共体已发展成具有典型意义上的区域性共同体。欧共体成员国由最初的 6 个国家扩大为现在的 28 个成员国家，其特点体现在以下几个方面：一是内部实行统一市场。商品、劳动力服务和资本自由流动的市场，组成真正意义上的内部市场。基于欧洲共同体的内部市场，欧共体制定了欧洲货币制度，创立共同体的欧洲货币单位，以实现货币政策的统一。二是社会政策的统一与经济和社会的均衡发展。为保障欧共体内部市场劳动力的自由流动，实行劳动环境、劳动条件和劳动政策的统一。解决成员国之间经济发展方面的不均衡，支援落后地区的发展，促进共同体全体的协调发展，加强经济社会的联合。为了

---

① ［韩］柳炳华：《国际法》上卷，朴国哲、朴永姬译，中国政法大学出版社 1997 年版，第 361 页。

② 王帆、凌胜利：《人类命运共同体——全球治理的中国方案》，湖南人民出版社 2017 年版，第 18 页。

加强共同体产业的科学技术基础，提高国际竞争能力，提倡共同努力进行技术研究。三是实行协商的共同外交政策。成员国在最终决定自己外交政策的立场前要充分考虑其他成员国的立场，互相进行协商。各国领导人经常会晤，维持"欧洲政治协作"，促进欧洲外交政策的一致性。成员国在协商一致时，应尽可能予以合作，不反对制订共同行动计划。四是共同安全合作。欧共体继续发展和联合的重要方面之一便是成员国之间密切的安全合作。安全方面的联合是欧共体摆脱超级大国的影响、发展独立的欧洲主体性的前提条件。为此，成员国在有关安全的政治经济活动中，调整各自的政策，维持共同立场。[①]

世界上的国际合作组织越来越多，如亚太经合组织、上海经济合作组织等。尽管国际合作组织不像区域共同体在政治、经济、外交和安全上具有共同趋向，但是某一方面具有同质性，将来成员国会继续加强合作，也有可能发展成为区域共同体。

这种区域共同体和国际合作组织的形成和发展，并不意味着国际社会的分裂，而是将条件相似的区域国家之间的联合，有利于加强国际社会的组织性。它们是世界走向多极化的表现，相对于单极或者两极的世界，多极化的世界更有利于世界和谐。这些国家之间建立的共同体或者合作组织为人类走向一体化、反对世界霸权主义、实现世界和平奠定了基础，也推动着人类共同价值体系的生成。

---

① ［韩］柳炳华：《国际法》上卷，朴国哲、朴永姬译，中国政法大学出版社 1997 年版，第 384 页。

第三章

人类共同价值体系的理论架构

人类共同价值体系的构建是一种巨大的人类工程，其理论构建是基础。人类共同价值体系由多层次、多维度构成的子系统和要素构成，其中核心价值体系是其灵魂和核心，对人类命运共同体具有价值支撑和精神支柱作用。从核心价值体系角度来构建人类共同价值体系理论架构，有助于对人类共同价值体系进行整体上的把握。本章从讨论人类共同价值的内涵入手，进而尝试从终极价值目标、核心价值理念和基本价值原则三个方面初步阐述其架构。

第一节 人类共同价值体系的内涵及其架构

人的活动是有指向的，一般而言，所指向的就是价值。事物有无价值或者价值大小是客观的，但却是由价值主体（个体、群体、人类整体等）来判断的。人们的价值判断会积淀成价值观念，价值观念是在价值判断基础上形成的对事物价值的确信。价值主体的价值观念各种各样，其中有一些总体性的、根本性的观念，我们通常所说的价值观就是由价值主体的总体的根本性价值观念构成的。一般而言，价值观不是单一的价值观念，而是成体系的，因而也可以说观念的价值体系。人类共同价值体系从理论上或观念上看就是人类共同价值观，而这种价值观的现实化就是现实的人类共同价值体系。人类共同价值体系作为人类所有价值体系中范围最广的价值体系，是由多层次、多维度构建的子系统及其要素构成，其中的核心价值体系是其灵魂和核心。人类共同价值体系之中的核心价值体系由终极价值目标、核心价值理念和基本价值原则组成。从核心价值体系的角度来研究和构建人类共同价值体系是为了把握人类共同价值体系实质的内涵和本质特征。

一　价值、价值观与人类共同价值

价值不是某种事物，而是事物的有意义的性质，这种性质常常通过其影响其他事物的功能体现出来。价值的主体是人（人类个体、群体、整体），对人有意义的事物被认为是有价值的。事物对人的价值是根据人的需要来判断的，需要是人的价值的根本尺度。人自身的需要不尽相同，因而人们对事物价值的判断及在此基础上形成的价值观也不尽相同，不同群体、不同个人有不同的价值观。当然，人的需要是价值观的终极根据，但人的价值观的形成还是受很多因素的影响，因而一个人的价值观不一定能够准确而充分地反映他根本的总体的需要，具有很强的主观性。

人类自从有了意识和自我意识之后，就在对事物所作的评价的基础上逐渐形成了诸如好坏（善恶）、得失、利害、美丑之类的价值观念。价值存在于人（主体）与客体（事物）的关系之中，是主体与客体之间的需要与满足关系。马克思主义价值观承认价值来源于客体或外部世界。外部世界（包括人本身）作为人的生存和发展的客观条件，具有满足人的物质、文化需要的属性。[1] 价值取决于主体，是在客体属性同主体需要发生需要与满足关系时产生的。价值是通过主体（人）的创造活动去实现的。价值产生于实践，价值既不单纯来源于客体，也不单纯取决于主体，而是产生于主体与客体的关系之中，产生于主体与客体的实践关系中。从本体论或存在论的意义上看，价值就是一事物对另一事物的有用性。从伦理学的意义上看，价值一般地说是事物对于人的意义或"有用性"。

由于人具有自主性和自我意识，能够自主地意识到需要，并把需要转变为对象的欲望，因而只有那种能满足欲望的对象才被看作是有价值的。[2] 一般来讲，能够满足欲望的事物对于人来说是具有有用性的，但是对于人具有有用性的事物不一定都能成为欲望的对象，比如海洋对人来说是有用的，但是在早期人类并没有意识到需要对海洋进行利用和开发。这就是说，一个事物能成为欲望的对象，并能满足欲望，它才具有价值。一个事物是否有价值及其价值大小就看该事物能否满足欲望及满足欲望的程度。因此，伦理学认为，价值是人的欲望所指向的、能满足人的欲望的事

---

[1]　李连科：《价值哲学引论》，商务印书馆 1999 年版，第 94 页。
[2]　江畅：《论价值的基础、内涵和结构》，《江汉论坛》2000 年第 7 期。

物的有用性。

在日常生活中，人们会对各种事物形成不同的观点或看法，其中一些观点或看法会逐渐转化为人们的价值观念，价值观念是"人们在关于各种事物所具有各种价值的观点或看法基础上所形成的对这些事物所具有的这些价值的信念"。① 在人们进行价值判断和形成价值观念的过程中也会逐渐形成用以判断事物是否有价值及其价值大小的总体性的、根本性的观念，这就是我们通常所说的价值观。价值观不是通常所理解的价值观点或看法，实际上是一种价值观念，是那种根本的总体的价值观念。与各种具体的价值观念不同，价值观是人们在进行价值判断和选择过程中自发起作用的根本标准和终极尺度。② 它自发地从根本上规定着人们的价值取向和价值选择。因此，价值观是人生存发展之根本，对于人具有指南针和方向盘的决定性意义。

价值观可以以感觉、直觉、判断、评价等形式表现出来。它可以是感觉，如价值感。休谟说："我们并非因为一个品格令人愉快，才推断那个品格是善良的；而是在感觉到它在某种特殊方式下令人愉快时，我们实际上就感到它是善良的。"③ 价值感可以称之为"适意"。"适意"是对事实的价值感受。价值观也可以是直觉，比如一个人可以直觉某人对自己有价值，而不一定感觉那个人带给自己快乐，更无充分的理由说明他对自己有价值。④ 价值观还可以是理性的判断，价值规范和价值标准都是价值判断，价值评价就是运用理性作价值判断。在评价的过程中，可以对正价值之物、负价值之物、中性价值之物、无价值之物作出理性的区分。⑤

在全球化时代，人类成为了命运共同体，存在越来越多的共同利益以及在价值领域出现价值冲突的现实，多元价值主体（组织、国家、民族甚至人类整体等）之间在沟通交流、尊重价值多样性和差异性的基础上会形成符合人的内在本性、人类根本利益的那些得到普遍认同和遵守的价值。这种价值可以是零散的，也可以是成体系的；可以是自发形成的，也可以

① 江畅：《理论伦理学》，湖北人民出版社 2000 年版，第 51 页。
② 岳兰：《当代大学生价值观教育研究》，硕士学位论文，山西农业大学，2015 年。
③ ［英］休谟：《人性论》下，关文运译，商务印书馆 1997 年版，第 511 页。
④ 周海春：《〈国语〉德福平衡的价值观》，《文化发展论丛》2014 年第 1 期。
⑤ 王玉樑：《中日价值哲学新探》，陕西人民出版社 2004 年版，第 76 页。

是人为构建的。今天，人类为解决当代社会价值冲突，破解全球性治理难题，实现人类普遍幸福，促进世界和谐所致力于构建的由多种理念构成的价值体系，就是人类共同价值体系或人类共同价值观。

人类共同价值是人类的价值观念。人类共同价值并不是指实际存在的价值，不是通常理解的价值观点或者看法，而实际上是一种价值观念，这种价值观念是得到人类普遍认同的共同价值观念，是基于人类生存和发展需要形成的根本性总体性的价值观念。人类共同价值涉及人的生存发展的方方面面，包括经济、政治、文化价值、社会、生态等方面，但并不是无所不包的。它所代表和体现的是人类不同价值主体的个别、特殊价值中得到共识的一些最基本的价值准则（如和平、发展，消除贫困、饥饿、敌对、战争，敬畏、尊重与保护生命）、一些具有可公度性的价值理念（公平、正义、民主、自由）和一些比较高级的价值追求（和谐、幸福、真善美等）。

人类共同价值是需要世界各国、各民族、国际组织以及个人普遍认同和遵守的价值。地球上的人类由于属于共同的物种而具有共同的尺度，如存在基础和生命特性相同，生存和实践的基本方式相同、历史演进基本一致，尤其是共同具有谋求存在、生存、生存得好、生存得更好的共同规定性或本性。这些共同点或相通点正是人类共同价值存在的基础，也是人类能够形成价值共识的基础。人类共同价值的认同不是强行推行或者强加于人的，而是各国家、各民族以及个人通过相互学习和沟通，通过求同存异（或者说"求大同存小异"），通过相互协商、协调，逐步达成的价值共识。

习近平总书记提出"人类共同价值"概念以后，国内学者围绕人类共同价值进行了大量的阐述，其中关于人类共同价值概念的论述有以下几种主要观点：

一是认为人类共同价值是人类的价值共识。一些学者认为人类共同价值是不同国家基于共同利益、共同需要的价值共识。在他们看来，人类在一定范围内、一定问题上可以存在某种价值共识，这种价值共识的凝结就表现为人类共同价值。[①] 共同价值是不同国家和民族的民众共同参与、共同享有的价值观念，并为不同国家和民族的民众普遍认同、共同追求并用

---

① 陈先达：《马克思主义十五讲》，人民出版社 2016 年版，第 213 页。

来指导他们实践活动的价值观念。① 有学者认为作为观念的价值体系，人类价值共识具有不同层次。有些是基于利益或解决面临的共同问题层次的人类价值共识，这些问题包括环境问题、战争问题、全球疾病问题、金融危机问题，等等。由于凭借一国无法独立解决这些问题，而需要世界各国共同来解决，于是就需要达成价值共识。这种价值共识大多体现在底线价值或底线伦理，一般都把儒家提出的"己所不欲，勿施于人"作为人类共同价值的底线价值。也有理想信念层面的人类价值共识，如实现人类普遍幸福。它们体现了人类对终极价值、至上目标的求索与渴望。② 从价值共识的角度出发，一些学者认为人类共同价值不应该限于某些国家和地区，而是适合于所有国家。

二是把人类共同价值看成是具体的价值观念、理念。一些学者把和平、发展、公平、正义、民主、自由等具体价值理念看成是人类共同价值，还有学者认为人权价值是具有普遍性的人类共同价值。③ "忠恕之道"可以成为人类共同价值观之一。④ 人类共同价值包括这些价值理念、观念，但人类共同价值作为人类价值观念体系，不是单一或多个的价值观念，而是由其内核的价值目标、价值理念和价值原则的观念体系共同组成，是成体系的、系统化的。

三是认为人类共同价值的主体是"类"主体理解。价值取决于主体，是在客体属性同主体需要发生一定关系（肯定或否定）时产生的。没有主体的需要，或者说不同主体需要联系起来，就不会有价值。人类共同价值是人类命运共同体的价值基础，人类共同价值的主体与人类命运共同体相一致。"人类命运共同体"是以"类主体"的形态存在的，每一层次上的具体主体都只是一个特殊主体，并非"一般主体"或"主体一般"。人

---

① 易刚、林伯海：《共同价值与社会主义核心价值观的关系探究》，《思想理论教育》2016年第 7 期。

② 王泽应：《关于道德共识的几个问题》，《北京大学学报》（哲学社会科学版）2019 年第 6 期。

③ 任帅军：《"普世价值"还是共同价值：关于人权价值的辨析》，《南昌大学学报》（人文社会科学版）2016 年第 6 期。

④ 韩星：《忠恕之道与全人类共同价值的构建》，《山东省社会主义学院学报》2017 年第 4 期。

类共同价值的"类主体"不是那种特定主体的类，而是全社会、全球的"类"。① 这个"类主体"并非抽象的类主体，不是各种主体形态的总和，而是多样化主体（组织、民族、国家等）形态之中的一个，是目前最高层次的、最具普遍共同性的一个特殊的主体形态。② 人类共同价值主体并非抽象的，是具体、动态和发展的，不是一成不变、永恒的。在价值多元化的今天，尽管不同的主体有各自的利益、范围、目标，存在着矛盾冲突的情况，但同时各主体之间相互关系、密切联系，具有辩证统一关系。"处于较低层次的主体形态，是处于较高层次上的主体形态的特殊存在状态，其中总是包含着高层次的主体形态的性质和联系，即包含着一般的特殊（个别）；而处于较高层次的主体形态则是由处于低层次的不同主体构成的体系，因而自身是体现着特殊的一般。"③

四是人类共同价值的实现需要主客观条件。人类共同价值需要在主观和客观上都具备了价值选择的条件才能够实现，其实现不仅要符合现实需要，还要为人们的经验和条件认同。在客观上，人类具有共生、共存的生存论基础，人的这种共生共存的需要为人类共同价值的形成提供了内在驱动力以及现实基础。人类具有共同的"类"属性，决定了人存在着鲜明的共性和广泛的共同利益，而共同利益直接决定着人类"共同价值"的存在。无论是从人类长久追求的普遍幸福生活来看，还是从人类当前面临的问题，人们已经认识到，只有从整个人类社会的共同利益出发才能解决这些问题。④ 除了现实需要外，人类共同价值还需要与不同主体（组织、民族、国家等）的权利和责任、利益、需要和能力相一致，而且要得到人们的经验和现实客观条件所认同。这就是说，只有为绝大多数人"不仅需要和愿意，而且能够实行"⑤，人类共同价值只有在主客观条件都得到了满足的条件下才能实现。

通过上述分析，我们可以看出，人类共同价值不是实际存在的价值，而是一种价值观念，是关于人类的价值观念，它基于人类的价值共识。作为价值观念，人类共同价值可以是以人类已经公认，也可以是还未达成共

① 贾英健：《风险生存论》，人民出版社 2017 年版，第 141 页。
② 李德顺：《普遍价值及其客观基础》，《中国社会科学》1998 年第 6 期。
③ 高清海：《马克思主义哲学基础》下册，人民出版社 1987 年版，第 172 页。
④ 王伟光：《利益论》，中国社会科学出版社 2010 年版，第 84 页。
⑤ 李德顺：《普遍价值及其客观基础》，《中国社会科学》1998 年第 11 期。

识的单一的理念或多种理念，这些价值理念得到系统化后就成为了一种价值观，这种价值观是成体系的，就是观念的人类价值体系。人类共同价值不是抽象的、虚无缥缈的身外之物，而是人类几千年来在长期的生存发展中从自发形成到主动构建的。人类共同价值只有在主观和客观条件都具备的情况下才能够实现。

二　价值体系与人类共同价值体系

价值观作为价值主体的根本的总体价值观念并不是单一的，而是一个系统，包含不同层次和维度。个人的价值观虽然也有系统性，但不一定是完整的系统，而社会（当代主要是国家）的价值观则一般都是比较完整的系统。正因为如此，价值观实际上就是价值观念体系，只不过构成价值观的价值观念通常是一些根本性的、总体性的价值观念。比如，"食物有营养"是一种价值观念，但它并不属于价值观，而"人的生而自由平等"则是一种根本性的价值观念，它就属于价值观的范畴。在人们的实际生活中，作为价值观的价值观念自觉不自觉地会发挥活动原则的作用，对于人们的价值判断、选择和追求具有规范作用。

一般而言，人从事各种活动都是有目的的——追求价值的，人的这种价值追求非盲目、随意的，而是有原则的。这些原则包括目的原则和手段原则，目的原则是最重要的，是我们的一切追求究竟为了什么，手段原则就是怎样达到目的的原则。这些原则就构成了人的价值体系。价值体系是人的一切活动的深层结构。价值体系，最简单地说，就是作为追求什么价值和怎样追求价值根据的价值原则系统。这些原则一般都是以观念的形态存在的，尽管有时以一定的形式表达出来，使之明确化、成文化，但并不总是如此，而且明确化、成文化的原则仍然是以观念为基础的。从这种意义上说，价值原则实质上就是价值观念，价值体系实质上就是价值观念体系。另一方面，价值原则又是人们活动的根据，人们总是以一定的价值原则为根据，并在一定的价值原则的指导下进行活动的根据，因而价值原则客观上对人的活动具有一定的规范性、约束性。从这种意义上说，价值原则又不只是价值观念，同时又是活动规范，价值体系又是活动规范体系。①

---

① 江畅：《幸福：当代社会价值体系的核心理念》，《湖北大学学报》（哲学社会科学版）2011年第3期。

人生活在社会中，社会是人群生活的共同体，在共同体中各成员具有利害关系，存在着共同的利益，社会反映的是共同体的公共生活。无论从横向看，还是纵向看，人类所处的社会众多，有不同的范围、维度和层次，小到村庄、班组，大到社区、城镇、单位、组织、县市省、国家和民族，以至整个人类，均属于社会。不同的社会相互重叠，形成了复杂的社会现象，比如一个人可能同时属于企业和社区。社会是不断演化和拓展的，从最初的氏族社会到部落，最后形成了不同的民族、国家，实现了国家化。随着全球化的发展，人类社会范围将进一步扩大，形成了比国家、民族更大的地区性的社会，如欧盟、非盟，国际组织不断增多，国际社会正在形成。人类社会范围从小到大不断扩大，其根本动力是在于人的生存、发展和享受的需求，利益的需要。正是由于人不断有更多的需求和利益的追求，人类社会的范围因而不断扩大、结构不断复杂；反过来，社会范围的扩大和复杂也促进了人类更好地存在、发展和享受。尽管社会是多层次、复杂的，但是在不同时期人类有最基本的社会形式，如氏族、部落和国家就是最基本的形式，这些最基本的社会是其成员的保护者和保障者。今天人类实现国家化，国家成为了基本的社会形式，成为了目前地球上唯一拥有主权的实体性的政治社会，成为了人类生存的基本共同体，成为了最典型的社会。我们可以推断，人类社会的基本形式是不断扩大发展，因为扩大发展意味着人有可能更好地实现完善。现在的国家、国际组织不断发展，终有一天世界将成为人类的保护者和保障者，世界将会成为人类的最基本社会形式。

今天人所处的社会和基本单位（国家）是人类主动构建的，其构建是为了更好地满足人的生存、发展、享受和利益追求。构建起来的国家内部结构复杂，而社会的结构也更为复杂，复杂的背后说明了人的需要和追求的复杂而多样化，人的这种需要和追求活动体现的就是追求价值。透过复杂的社会现象的背后，实际上存在着如何规定追求什么价值和怎样追求价值的内在原则系统，这种内在原则系统就是国家和社会的价值体系。这就是说，国家和社会的复杂现象其实就是社会价值体系的体现。国家和社会的价值体系体现了国家和社会价值追求什么和怎样追求的问题，体现了国家和社会的目的、使命和结构、职能和作用，也决定了国家和社会成员的生存、发展和享受程度。我们可以认为，选择什么样的价值体系，对于共同体（国家、民族和世界等）构建和完善具有根本性意义，而且事关共同体成员个人的人生幸福。

随着全球化的发展，人类在客观上已经成为了命运的共同体，但并没有真正成为共同体。人类命运共同体是在国家、国际组织等基础上的进一步扩大，构建人类命运共同体的目的是更好地满足人类生存、发展和享受的价值追求和人类共同的利益需要。为了实现人类这一价值追求，需要为人类命运共同体制定追求什么样的价值和怎样去追求价值的内在价值原则，由这一价值原则构成的系统就是人类共同价值体系，人类命运共同体的价值体系必须体现人类的共同价值追求和怎样追求人类共同价值。从理论上和实际上构建合理的人类共同价值体系，不仅有助于人类和世界各国形成人类命运共同体的共识，而且为人类实现持久和平和普遍幸福奠定坚实基础。

价值体系作为人们活动目的的根据，从根本上规定着人们的价值判断和选择、价值取向和追求，对于个人将成为什么样的人、社会将成为什么样的社会以及世界将成为什么样的世界具有举足轻重的作用。无论个人还是基本共同体的国家都有价值体系，构建人类命运共同体也需要建立起价值体系。基本共同体包括了人类生活的各个方面，如果没有一种较为完整系统的观念价值体系，就不可能有较为完整系统的现实价值体系，基本共同体就无法存续下去。人类命运相连的命运共同体已经形成，如新冠肺炎疫情席卷全球，全世界 200 多个国家的人受到感染，给人类的生命安全和世界经济带来了严重影响。抗击疫情任何一个国家都不能独善其身，唯有人类团结一致、众志成城，形成共同抗击疫情的强大合力才是务实之举，也是符合人类的根本利益，然而直到今天人类整体尚未形成观念价值体系，没有形成共同的价值体系，没有在人类根本利益上达成共识并采取一致行动，国家之间奉行国家主义至上、各自为政，以强欺弱甚至相互为敌时有发生。

人类历史上，不同的社会和国家都有不同的价值体系，形成了社会、国家的不同的文化，价值体系又对社会、国家的发展具有重要意义。这就是说，好的价值体系有助于推进社会和国家进步发展，不好的价值体系会延缓甚至阻碍社会和国家的发展，那么如何判断或者辨别一种价值体系的孰优孰劣、先进或者落后呢？历史上，有过中国古代以道德为核心、古代西方以美德为核心、中世纪以上帝为核心、近现代西方以个人主义为核心的价值体系，这些价值体系在当时有历史合理性、积极意义和比较优势。

存在是有其合理性的，但这并不能说明，价值体系没有可以比较的标准，我们从历史发展的纵向角度来看，应该存在着价值体系的优劣的最终标准或者依据。否则，我们如何客观评价社会历史是进步还是倒退呢？那么，这个标准应该是什么呢？还是应该回到价值的主体性来看，这个标准就是价值体系是否能满足价值主体（个人、社会、国家甚至是人类整体）生存发展的根本的、总体的生存、发展、享受的需要。根本的、总体的需要与局部、派生的需要相比，前者能够更好地从根本、总体上满足人的需要，这种价值观念才是好的和先进的。

价值体系不是自发形成的，而是价值主体通过理性的比较选择而构建起来的，同时在对自身的根本的、总体需要的不断认识过程中对价值体系进行适当调整和更新。但是，人类在对更好地满足自身的根本的、总体需要认识上存在着局限和偏差，没有真正反映，更不能真正适应人类生存发展的根本和总体的需要。[①]

在今天全球化时代，在人类共同利益基础上形成了人类命运共同体，人类需要对这一共同体的需要进行重新认识，改变过去仅追求个人完善、个人幸福和来世幸福的局限和偏差，构建更适合于人类生存、发展、享受的需要的价值体系，需要构建以实现人类普遍幸福和永久幸福为价值目标的价值观念的人类现代的价值体系——人类共同价值体系。由于当今以国家利益至上建立起来的国家价值体系有长期的历史惯性，人类实际上已经形成了命运共同体，但是人类还未达成共同利益共同体共识。构建起基于人类共同利益，满足人类根本和总体需求的人类共同价值体系需要一个漫长的过程，在这个过程中，需要我们对人类共同价值体系进行理性的判断和选择，自觉地调整和更新，构建出人类迄今为止最先进的价值体系。

三　人类共同价值体系的总体框架

不同的个人和不同的共同体（社群、国家、社会）有不同的价值体系，人类命运共同体应该也必须有其价值体系——人类共同价值体系。人类共同价值体系对人类的生存、发展和享受有重要作用，人类是否能够实现普遍幸福和永久幸福具有重要意义。人类共同价值体系要成为人类构建的人类最先进的价值观的体系，它首先必须是需要经过理论构建、论证的

---

① 江畅：《论价值观念》，《人文杂志》1998 年第 1 期。

完整、系统、内在一致的价值体系。

人类共同价值体系涉及人类生活的方方面面，涵摄人类的政治、经济、文化、社会以及生态发展等，包括人类共同的经济价值体系、政治价值体系、文化价值体系、社会价值体系、生态价值体系等子体系。经济价值体系是体现国家、社会经济活动的价值观点的体系，包括经济制度、分配制度、经济价值观等；政治价值体系是关于政治上层建筑的价值意识；文化价值体系是国家的灵魂，是经济、政治价值体系的反映，同时又对经济、政治价值体系起支持和推动作用；社会价值体系包括物质生活的社会公德、行为规范等具体价值观；生态价值体系包括人与自然和谐发展，共存共荣的生态意识、价值取向。

从人的活动的逻辑结构来考察和分析，人类共同价值体系包含了不同层次子系统，包括目的价值体系、手段价值体系、规则价值体系、制约机制价值体系等子体系。

人类共同价值体系目的系统是关于价值目的的观念和原则，其目标是要确定人类总体上和根本的生活目的，目的观念和原则的相同就会导致确立的生活目的的不同，人类的目的系统规定了人类对价值判断的终极标准和终极价值追求目标。人类历史上，由于在不同的时代、不同的国家、不同的人的需要是不完全相同的，同时对根本和总体的需要理解上也是有很大差异性的，使得价值目标也是不同的，如中国传统价值体系中追求"君子""圣人"的人格理想作为其终极价值目标，古希腊思想家把实现个人幸福作为终极价值目标，而到了中世纪追求永生的幸福，把至福作为人的终极价值目标。人类共同价值从终极目标来看是实现人类普遍持久幸福。目的系统规定着人类共同价值体系价值原则的基本取向。

人类共同价值体系手段系统是关于实现价值目的的手段的原则系统。随着人类文明的发展，实现价值目的手段是多样的并且不断增加的，手段是相对的，这是由于所有的手段同时又是另一种手段的目的。比如，幸福是人类追求的终极目的，身体健康是人们生存发展实现幸福这种目的的手段之一（实现幸福的手段有许多，如社会的自由、平等、民主、法制，人的素质等），医药、卫生、身体锻炼、合理饮食是实现身体健康目的的手段，饮食又是饮食产业的目的，医药是制药企业的目的。人的需要是多样化、多维度的，目的的原则也日益多层次、多维度。实现人类普遍持久幸福目的，需要和平的环境，实现和平需要运用世界民主、世界法制手段，人类共同价值的手段系统就是一套实现目的多层次、多维度的复杂系统。

人类共同价值体系的规则系统是在实现价值目的和选择、使用手段过程中应该遵循的规则的原则构成的体系。规则原则主要是基于维持社会秩序要求的需要而提出各种规则、制定各种制度，涵盖生活的方方面面，包括公共生活规则和私人生活遵守的规则，各种规则在不同领域、不同层次之间纵横交织、相互联系，也存在互相叠加，呈现出网状的复杂现象。但是在这复杂的规定体系中，有一般性的原则，如西方近现代的"个人主义"原则，现代中国的"集体主义"原则。一般性的规则原则是价值规则原则之根本，规定着其他各种具体规则的方向。确定人类共同价值体系的一般性规则的原则显得尤为重要，它保障人类共同价值体系能否实现。

人类共同价值体系的制约系统是确保规则原则有效遵循的制约体系，是价值体系得以实现有效运转的现实保障。历史上不同的社会形成了不同的价值制约机制，如中国传统的"尊道贵德"的主要观念，依靠道德、民间习俗和家族宗法，西方中世纪依靠宗教规约等，在现代文明社会，无论是中国还是西方都选择把法律、舆论制约作为主导的观念。人类共同价值体系的制约系统就是通过世界民主、道德、法律和舆论构成。

人类共同价值体系是由不同层次、不同维度构建起来的综合的、复杂的价值体系。在所有这些不同层次、不同维度的价值体系之中，还有一个作为其中心或核心的体系，即我们现在常说的核心价值体系。一个国家、一个民族、一个社会在长期共同的认识和实践活动中，必然要形成一定的价值观念体系，核心价值体系是这个体系中居核心地位，起主导和统领作用，涵盖社会发展的指导思想和价值取向，决定着社会意识的性质和方向，影响着人们的思想观念、思维方式、行为规范，引领着社会思潮，是推动社会前进的精神旗帜。任何社会都有自己的核心价值体系，这是一定的社会系统得以运转的、社会秩序得以维持的基本精神依托。核心价值体系不仅作用于经济、政治、文化和社会生活的各个方面，而且对每个社会成员的世界观、人生观、价值观都有着深刻的影响。

核心价值体系包括三个基本层次，即终极价值目标、核心价值理念和基本价值原则。人类共同价值体系也有其终极价值目标、核心价值理念和基本价值原则。

终极价值目标是旗帜，是航标，具有形成共识、鼓舞人心、凝聚力量的重要作用。人是有意识的，其体现在人的价值活动都是有目的的，不断满足人的生存、发展和享受需要，当一个人把目的作为对象追求时，其目的就成为了他的活动指向或目标。由于人的需求层次多样化，在现实生活中，人们生存生活的目的各种各样，追求的目标也各种各样，同时一种价值目的可能成为实现价值目的的手段。但在所有目的和目标背后，总有某种终极的东西发生作用，从根本上、总体上规定着所有目的或目标的选择和确定，同时又是所有目的或目标的最后指向和最高追求，这就是我们所说的终极目标。人类发展历史上，不同社会的价值体系的终极目标是不同的。中国传统社会价值体系中追求"君子""圣人"的人格理想作为其终极价值目标，古希腊思想家把实现个人幸福作为终极价值目标，而到了中世纪追求永生的幸福，把至福作为人的终极价值目标，人类共同价值从终极目标来看是实现人类普遍持久幸福。

核心价值理念是终极价值目标的具体化，也是社会共同理想的体现或简明精练的表达，它是信念、是动力，具有引领、激励和规范的重要作用。在核心价值观的三个层次中，核心价值理念具有核心的地位，起着关键的作用。因此，核心价值理念是人类共同价值体系的基本内容，也是现代人类在实现普遍持久幸福这一终极目标所必须的条件，也是人类所致力于追求的主要价值目标。通常认为，中国传统社会的核心价值理念是"仁义礼智信"，西方近现代社会形成了利益、市场、科技、环保、责任、自由、平等、公正、民主、法治等核心价值理念。中国现代形成了社会主义核心价值观，提出了富强、民主、文明、和谐、自由、平等、公正、法治、爱国、敬业、诚信、友善十二个核心价值理念。习近平总书记提出了"和平、发展、公平、正义、民主、自由，是全人类的共同价值"，和平、发展、公平、正义、民主、自由应该成为人类共同价值体系的核心价值理念。

基本价值原则是实现共同理想及其核心价值理念所必须遵守、不可违背的基本要求，是社会管理各项工作必须遵循的准则，也是检验各项管理工作是否正确有效的尺度。基本价值原则决定着社会价值观和价值体系的性质，是一种价值体系不同于其他价值体系的最显著标志。在整个价值观体系之中，核心价值观的核心、灵魂，是一种价值体系区别于另一种价值体系的根本规定性。正如习近平总书记指出的："对一个民族、一个国家来说，最持久、最深层的力量是全社会共同认可的核心价值观。核心价值观，承载着一个民族、一个国家的精神追求，体现着一个社会评判是非曲直的价值标准。"① 通常认为，中国传统社会，其基本价值原则是"三纲五常"之中的"三纲"，即"君为臣纲，父为子纲，夫为妻纲"，西方近现代社会形成了个体原则、利己原则、人权原则、私产原则、民主原则、法治原则、分权原则、干预原则等基本价值原则。这些基本原则是当代西方价值体系的本质的规定性，它们决定着当代西方价值体系的资本主义性质。② 当代中国提出了社会主义核心价值体系，党的十八大报告明确提出了八项基本要求："必须坚持人民主体地位，必须坚持解放和发展社会生产力……必须坚持和平发展，必须坚持中国共产党的领导。"③ 这八条基本要求就是中国特色社会主义基本价值原则。人类共同价值体系的基本价值原则就是人类共同价值所必须遵守、不可违背的基本要求，应该坚持人类利益至上、尊重国家主权和维护人权、坚持和平等原则。

人类共同价值体系是由不同维度、不同层次的价值观念体系和核心价值观念体系构成的庞大的复杂价值体系，涉及人类的方方面面，体现了满足人类生存、发展和享受的各种需要。要构建这样一个体系是一个长期的过程，而且必须通过实践才能逐渐构建起来，我们可能首先从理论上构建其核心价值体系或核心价值观，然后将理论的价值体系进行现实化，成为现实的价值体系。人类共同价值理论体系的核心价值体系由体现人类共同价值体系根本性、总体性的价值观念构成，它引领和规定所有其他价值理念；它是根本原则和最高原则，引领和规定所有其他价值原则；它也是人们所有价值判断的最后标准和所有价值追求的最终目的，规定人们的所有意识行为。它绝不是一个价值观念或若干价值观念，而是一个观念体系，包括终极目标、核心理念、价值原则三个基本层次。这种观念体系就是人类核心价值观。从理论上构建人类核心价值观对于人类共同价值体系乃至人类命运共同体构建都具有十分重要的意义。

首先，构建人类核心价值观是构建人类共同价值体系的基本前提。人类共同价值体系涉及人类方方面面，是不同国家、民族以及个人的价值体系的共同体现，由不同层次、维度的复杂的体系构成，这其中必须要体现

①　习近平：《青年要自觉践行社会主义核心价值观 与祖国和人民同行努力创造精彩人生》，《人民日报》2014年5月5日第1版。

②　江畅、张媛媛：《中国梦与中国价值》，武汉出版社2016年版，第203页。

③　胡锦涛：《坚定不移沿着中国特色社会主义道路前进 为全面建成小康社会而奋斗——在中国共产党第十八次全国代表大会上的报告》，《人民日报》2012年11月18日第1版。

核心或者中心的人类核心价值观。人类核心价值观规定人类共同价值体系目标、理念和原则，具有航标和指引作用，是人类共同价值体系的灵魂。就一个国家而言，核心价值观具有重要的作用。"人类社会发展的历史表明，对一个民族、一个国家来说，最持久、最深层的力量是全社会共同认可的核心价值观。"① 同样，对于人类共同价值体系来说，人类核心价值观的作用是至关重要的。如果没有构建起人类核心价值观就无法为人类生存发展、终极目标实现提供指引和保障，也就无法构建人类共同价值体系。没有了人类核心价值观作依据，构建起来人类共同价值体系有可能不适合、不适应整个人类，也就得不到世界各国、各民族广泛性的认同。人类共同价值体系是人类核心价值观的具体体现，是人类核心价值观的价值追求和要求在现实社会生活中的体现。

其次，构建人类核心价值观可以将人类共同价值体系与其他任何价值体系加以区别开来。人类历史上形成了很多具有影响力的价值体系，在历史上对促进人类发展发挥了重要作用。但是，历史上没有构建起人类共同价值体系，其中没有构建起人类核心价值观是其重要原因之一。没有构建起人类核心价值观也是在历史上价值体系存在局限性、缺陷和问题的重要原因。人类核心价值观体现的是人类整体利益而非个人利益，实现的是人类普遍幸福而非个人幸福。以人类核心价值观构建的人类共同价值体系才能体现当今人类的共同价值追求，成为人类最先进的价值体系、最具竞争力的价值体系，与历史上的价值体系有根本区别。人类核心价值观决定了人类共同价值体系体现的是人类根本的总体追求的价值观念，不对各个国家价值体系和个人价值体系作详细规定，它只能作为国家价值体系和个人价值体系的最基础部分。国家价值体系、个人价值体系以之为基础，才能使实现不同价值体系之间具有共同基础和一致性。

最后，构建人类核心价值观才能给人类共同价值体系和人类命运共同体构建指明方向和提供实践遵循。人类核心价值观是人类共同价值观的核心内容，而人类共同价值观是理论形态的人类共同价值体系，现实的人类共同价值体系应该是这种理论形态的价值体系现实化。这种现实化的根本要求要把人类核心价值的终极价值目标、核心价值理念和基本原则贯穿到人类的现实生活，使之成为制度和文化。当这种现实化的根本要求得到贯

---

① 习近平：《青年要自觉践行社会主义核心价值观》，《人民日报》2014年5月5日第2版。

彻时，人类命运共同体就有了价值基础和支撑，也就可以获得现实的规定性，成为人类的基本生活共同体。

四　人类共同价值体系应具备的特征

相比中国传统价值体系和西方价值体系来说，人类共同价值体系是适应人类命运共同体构建的，不仅共同体的范围扩大了，而且价值目标、核心理念和基本原则都发生了变化。从理论上看，人类共同价值体系的目标是构建一种反映人类根本利益和总体利益的、为人类更好生存和发展提供指导和遵循的人类最先进的价值体系。与其他价值体系相比较，这一体系应具备完备性、自洽性、原则性、兼容性、可实现性五个基本特征。

完备性是指人类共同价值体系应是一套完整的、丰富的价值系统，价值体系的内部结构要素齐备和整体上各功能协调一致。从内部结构要素来看，人类共同价值体系具有内核、圈层和外延。核心价值体系是核心、内核，是人类共同价值体系的灵魂，具有最稳固、最持久、最有统摄性的特点。它的圈层包括经济价值体系、政治价值体系、文化价值体系、社会价值体系和生态文明价值体系，是核心价值体系在人类生活不同领域的体现，是人类共同价值体系的具体化与现实化。具体价值体系也包含了不同的子体系或要素，如文化价值体系包括伦理、道德、宗教价值体系等，构成了价值体系的外延。核心价值体系与具体价值体系及其要素之间好比是心脏与血脉网络的关系，两者之间相互依存、不可分离，但同时又有区别，各具体的价值体系及其子体系的制定要考虑如何与核心价值体系保持一致。从整体功能来看，人类共同价值体系包含目的价值体系、手段价值体系、规则价值体系和控制价值体系。目的价值体系是人类各价值主体总体以及各领域追求的各种目标集合，手段价值体系是实现目标的不同手段所应具有的价值要求，如政治手段、经济手段、文化手段、社会手段、生态手段等体现的价值要求。规则价值体系是人类在追求价值目标和使用各种手段中需要遵守的各种规范体系和应具有的价值要求的集合，包括总体性、根本性的要求和各个方面、层次的价值要求。控制价值体系是人类共同价值体系确保能够实施应具有的价值要求，如人类共同价值体系道德化、法律化和制度化等。从整体功能来看，核心价值体系始终体现在目标价值体系、手段价值体系、规则价值体系、控制价值体系之中。应该说，人类共同核心价值体系与人类共同价值体系是同构的，核心价值体系是各种具体价值体系中的核心，各种具体价值体系又体现了核心价值体系的价值要求。

自洽性是指人类共同价值体系内部的核心与各要素之间应该是相互观照、相互协调的，形成良性互动，所有要素都必须体现其核心价值体系的要求，并能为实现其要求服务。人类共同价值体系的构成要素不应该是相互矛盾甚至是冲突的，不然，人类共同价值体系得不到更多国家的认可，也就违背了人类共同价值体系的初衷。人类共同价值体系的自洽性体现为理论体系的逻辑一致性。人类共同价值体系是基于考察人类历史上的价值体系的内在逻辑上形成的理论体系，是从价值体系的目标、核心价值理念和价值原则上对当代中西方价值体系理论的继承与超越。例如，在价值目标上，人类共同价值体系的终极价值目标——普遍持久幸福就是从古希腊对"幸福"追求、中世纪对"至福"追求到西方近现代对"个人幸福"追求的继承与超越，也是对中国当代人民幸福的体现；在价值理念上，可以借鉴人类近代以来形成的价值基本理念，提出和平、发展、公平、正义、民主、自由、合作、共赢、和谐的价值理念。

原则性是指人类共同价值体系不同维度、不同层次的价值体系体现为价值原则，而核心价值体系体现为基本价值原则，具体价值体系体现为具体价值原则。人类共同价值体系体现的是人类共同价值原则体系，无论是价值目标的确立、核心价值理念的确定还是价值原则的选择都具有原则性。例如，终极目标的确立要坚持始终有利于人类整体生存发展和享受需要，而不能仅仅是满足个人的需要，既要有底线原则要求也要有高线（终极目标）原则要求。核心价值理念的确定，也要坚持有利于人类终极目标实现的原则，例如确保实现人类和平，促进人类长期稳定发展，倡导合作共赢，维护公平公正、民主、自由、和谐等原则。这就是说，人类共同价值体系既是一种理论的体系，也是一种原则体系，是这种原则体系始终贯彻实施所形成的人类社会的深层结构。人类共同价值体系就是要确立并坚持贯彻这一原则体系。

包容性是指人类共同价值体系不仅要能够给国家价值体系、各种组织的价值体系、个人价值体系存在的空间，而且要为它们发挥作用创造条件，提供宏观指导和基本遵循，使各种不同的价值体系共存共荣。今天的人类世界，开放包容、多元互鉴成为主基调。人类共同价值是基于价值多元化背景，多元价值主体（组织、国家、民族甚至人类整体等）之间通过沟通交流、尊重价值多样性和差异性的基础上，构建符合人的内在本质性、人类根本利益而普遍认同和遵守的价值。多元价值主体要通过公平合理的方式，以实现多元主体之间和谐共存、做到"和而不同"，构建与人类命运共同体相适应的价值体系。人类共同价值体系的显著特征是具有主导性、包容性、开放性。在包容性的前提下倡导达成价值共识。人类共同价值体系尊重各个国家的价值体系，借鉴和吸收历史上的人类文明的有价值成果和近代以来人类普遍认同的原则。比如，积极吸收中国优秀传统文化的"协和万邦""天人合一""忠恕之道"价值思想以及西方价值观和宗教价值体系中的合理部分。近代以来的国际关系的基本原则，如主权原则、和平共处五项原则，《世界人权宣言》中所确立的一些人权原则，被世界上许多国家的价值体系采用，并作为其价值原则，人类共同价值体系也积极吸收和认可其中的一些内容。

可实现性是指人类共同价值体系不仅仅是一个完整的理论构建的体系，还需要进行实践构建，最终的目的是使其现实化，成为现实的价值体系，得到世界各国认同、遵循和实施并作为价值原则贯彻到各国国家价值体系中。一种旨在现实化的社会价值观通常是成体系的，它是一种观念的价值体系。一般来说，只有那种经过理论构建、论证的价值观才可能是完整、系统、内在一致的价值观。但是，即便是这样一种价值观，也不一定就能完全现实化为社会的价值体系。也就是说，观念的价值体系（价值观）与根据这种价值体系构建的现实价值体系并不是一一对应的，这就如同根据蓝图制造机器或建设房屋会出现偏差一样。人类历史上，中外思想家提出并构想过许多价值体系，这其中有些理论构建具有合理性，但是最后并没有成为核心价值观，也就没有现实化为社会制度，得到人们普遍认同和遵循。比如，中国传统社会价值体系中统治者推行的价值观与思想家主张的价值观、老百姓实际信奉的价值观之间存在着差异，其现实化的难度就很大。又如，在西方政治价值体系中，法国启蒙思想家卢梭提出了著名的共和主义民主理论，即"参与式"民主理论。他认为，"唯有当人民集合起来的时候，主权者才能行动"①。近代自由主义思想家提出了"代议制"民主理论。理论上来讲共和主义民主观优于自由主义民主观，这是由于共和主义民主观更能体现"人民主权"的民主原则，但是实际上最

---

① ［法］卢梭：《社会契约论》，何兆武译，商务印书馆1982年版，第118页。

终"代议制"民主这种理论成为了近代西方民主实践的理论依据，被西方国家普遍采用。人类共同价值体系只有吸收人类文明史上的优秀价值成果，确立人类普遍幸福的终极目标，关切和回应人类社会面临的现实挑战和价值冲突，适应人类命运共同体的需要，具有完整性、科学性、先进性、体现人民性、世界性，才能够真正现实化为人类普遍的价值体系。

第二节　人类共同价值体系的终极价值目标

在现实生活中，人们的目的各种各样，但在所有这各种各样的目的和目标背后，总有某种终极的东西发挥着作用。它规定着所有目的或目标的选择和确定，同时又是所有目的或目标的最后指向和最高追求。终极目标是根本的、最高的价值理念，它规定着所有其他价值理念；它也是根本原则和最高原则，规定着所有其他价值原则；它是人们所有价值判断的最后标准和所有价值追求的最终目的。① 人类追求终极价值目标经历了漫长的过程，在这个过程中有一些总体追求的倾向，为今天人类共同价值体系的终极价值目标的确立提供了经验和教训。人类共同价值体系的终极价值目标只能是永久和平和人类普遍幸福。人类共同价值体系的终极价值目标是人类命运共同体的旗帜、航标，对今天人类走出世界生存危机，每一个人获得全面而自由的发展，实现人人向往的普遍幸福生活具有重要的指引作用。人类共同价值体系的终极价值目标只有具有正确性、合理性和现实性，才是可以最终实现的。

一　人类共同价值体系终极价值目标的确立

终极价值目标是人类共同价值体系的核心，也是人类发展的最后指向。人类共同价值体系的终极价值目标体现的是人类到底追求什么以及这一追求能否从根本上满足人类的生存、发展和享受需要的问题。人类的追求目标很多，但都指向终极的目标。在价值体系中，终极价值目标是根本的目标，其他目标都要属于、服从于并服务于终极价值目标。作为人类一切行为和事物追求的终极价值，终极价值目标是根本的、最高的价值理念，它规定着所有其他价值理念，它也是根本原则和最高原则，规定着所

---

① 江畅：《中国梦与中国社会的终极价值目标》，《道德与文明》2013 年第 4 期。

有其他价值手段、原则。

不同社会的终极价值目标是不同的，同一社会的不同时期价值目标也常常不同。但是，从伦理学或价值哲学的角度看，存在着所追求的终极价值目标是否正确的问题。这是决定一个人、一个团队乃至一个国家未来是否成功、是否兴旺发达的问题。终极价值目标是社会价值体系的核心，也是社会发展的最后指向，事关一定社会形态的生死存亡。只有确立了正确的终极价值目标，社会的发展才会走上正确的轨道，否则就有可能走弯路或邪路，导致社会走向深渊。因此，人类终极价值目标事关人类社会稳定、和谐和持续发展，决定人类发展方向。选择和确立了正确的终极价值目标，人类社会的发展才会走上正确的轨道。

人类历史上，思想家和政治家一直在追求社会的终极价值目标，有的从个人层面或者社会层面提出了种种终极价值目标，由于终极价值目标是目的中的目的，目的层次和维度众多，不同国家选择的目的中的目的也不完全相同，给终极价值目标的选择和确立提供了可能。尽管人类历史上不同国家在不同的时期选择终极价值目标有差异，也有根本上就没有提出过终极价值目标，但是从历史的角度来看，人类选择终极价值目标还是有总体上的倾向，体现当时的价值追求。主要从中国与西方国家，传统与现代两个视角来梳理。

中国传统价值观根植于中国 5000 年的文明中，从"三皇五帝"时代开始到辛亥革命结束。但直到春秋战国时期才形成理论的价值形态，儒家价值观成为占统治地位的价值观并进行现实化为社会的价值体系，此后经历了两千多年。中国传统价值观是一种以中国传统农耕文明为现实基础，中国传统农耕文明孕育了内敛式自给自足的生活方式、"家国同构"和"家国一体"的宗法社会结构、大一统的政治体制、以"宗族自治"和"乡绅自治"为特点的乡村管理制度等。这种文明以仁者爱人，即"仁爱"为核心内容，以"自强不息"和"厚德载物"为根本精神，以宗法制和礼制为基本保障。

传统价值观作为一种价值观念体系是以"道"和"德"为观念前提的。"道"和"德"本身也是传统价值观的价值观念，但在传统价值观中具有十分特殊的地位。传统社会把道德作为终极目标，道德可以说是所有其他价值观念的母体或"元观念"，所有其他价值观念都可以从这两种价值观念中派生出来。从道德这一终极目标派生许多内容都具有传统道德的意义。在理想人格上把"君子"和"圣人"作为道德人格，在理想社会上把"大同"社会作为一种人道化、人性化、人情化的社会。从传统价值体系的个人终极目标来看是追求"圣人"，而传统社会的终极目标是"大同"社会，从这个意义来讲，中国传统社会是以"圣人"和"大同"为最高目标的价值观念体系。

传统社会以"大同"作为社会的终极价值目标。大同作为一种社会理论加以系统阐述的是《礼记·礼运》。"大道之行也，天下为公，选贤与能，讲信修睦。故人不独亲其亲，不独子其子，使老有所终，壮有所用，幼有所长，矜、寡、孤、独、废疾者皆有所养。男有分，女有归。货恶其弃于地也，不必藏于己；力恶其不出于身也，不必为己。是故谋闭而不兴，盗窃乱贼而不作，故外户而不闭，是谓大同。""大同"是儒家对理想社会的一种表达，描述了一种人性化、人道化、人情化的理想社会图景。自古至今都令人向往。

中国传统价值体系中把道德作为终极价值目标，德行高尚被确定为终极追求。传统社会之所以选择和确立道德作为终极目标，大致基于以下两种主要考虑：其一，认为道德是人的本质，是人之所以为人的规定性，以道德作为人的终极目标，可以使人更远离动物，更充分地成为人，甚至成为圣贤或天使。① 这即是荀子所谓的"水火有气而无生，草木有生而无知，禽兽有知而无义；人有气、有生、有知亦且有义，故最为天下贵也"（《荀子·王制》）。其二，认为道德是社会秩序和整体利益的根本保证，以道德作为人的终极目标，可以维护社会的安定、和谐，可以维护统治阶级的统治，而人是社会的动物，只有社会稳定和发展，个人才可能生存和发展。②

西方社会一直把幸福作为终极价值目标。早在古希腊，个人幸福就被作为个人和社会的终极价值目标，人们普遍关心"什么是幸福"和"如何获得幸福"的问题，几乎所有重要的思想家都对这两个问题进行过深入的探讨和广泛的讨论。尽管人们对"什么是幸福"有不同的解释，但他们都将获得幸福作为人生的终极目的，作为至善。苏格拉底将善看作人的

---

① 江畅：《关于道德与幸福问题的思考》，《湖北大学学报》（哲学社会科学版）1999 年第4 期。

② 江畅：《幸福与和谐》，科学出版社 2016 年第二版，第63 页。

终极追求，认为"每一个灵魂都追求善，都把它作为自己全部行动的目标"①。人对善的追求，就是要过上"善（好）生活"，这就是苏格拉底和他的学生柏拉图所理解的幸福生活，于是，对善的追求就成为了对幸福的追求。亚里士多德将至善与幸福等同起来作为人的终极目的，认为幸福是善，而且是最高的、终极的、完满的、自足的善，因而是至善。普罗提诺认为至善是人的最高追求，拥有至善的生活才是完善的生活、幸福的生活，追求至善就是追求幸福。伊壁鸠鲁派认为幸福就是至善，是人追求的唯一目的，幸福就是快乐，把快乐与幸福等同起来。斯多亚派认为过幸福生活是人一切活动的终极目的，而幸福仅在于有德行。

中世纪基督教认为个人不可能在尘世获得真正的幸福，将来世幸福作为人生的追求。它仍将幸福看作是至善、终极价值目标，但认为幸福存在于天国，只有当人们死后进入天国才能获得真正的幸福即至福。近现代思想家继承了西方古典幸福观，把个人幸福作为西方近现代价值体系的终极目标，个人的幸福主要靠个人去追求和实现，社会为个人幸福提供了平等、自由和法治保障。在市场经济环境逐利驱使下，幸福的内容变为利益，形成了利己主义幸福观，后来发展为享乐主义幸福观。

西方社会一直把幸福作为终极目标，看作是最大的善和最高的善，有利于人性充分的实现。从整体上来看，西方古代既追求个人幸福，同时也强调整体的幸福（城邦幸福）高于个人的幸福，而西方近现代终极价值目标完全是个人幸福。从总体来讲，西方社会价值体系是肯定个人主义的，它不太考虑国家和民族，个人与国家的关系不是整体与部分的关系，而是整体与个体的关系，它们各自有自己的权利和义务，社会的目的不是为了社会本身，而是为了个人的幸福和安定。

中国现代价值体系构建可以从中国共产党成立以后开始，其构建贯穿于中国共产党领导的新民主主义革命、社会主义革命和建设、改革开放的整个过程，追求的终极价值目标随着历史发展存在一个发展的过程。作为以马克思主义理论指导的政党，在中国共产党成立初期，就把实现共产主义作为奋斗的终极目标，进行了 28 年的新民主主义革命，推翻了三座大山，建立了新中国，使中国人民独立自主；在社会主义革命和建设时期，

---

① ［古希腊］柏拉图：《国家篇 505E. 柏拉图全集》第 2 卷，王晓朝译，人民出版社 2003 年版，第 501 页。

终极价值目标是建立社会主义制度，解放生产力和发展生产力；十一届三中全会以后，提出以经济建设为中心，坚持改革开放，坚持四项基本原则，建设现代化的社会主义强国的目标；党的十六大提出全面建设小康社会，加快实现社会主义现代化；党的十七大将全面建设小康社会作为党和国家到 2020 年的奋斗目标；党的十八大提出社会主义核心价值观的终极价值目标就是"实现中华民族伟大复兴"，也就是"中国梦"。习近平总书记指出："在新的历史时期，中国梦的本质是国家富强、民族振兴、人民幸福。"①

国家富强、民族振兴、人民幸福是中国共产党带领中国人民 100 年来所追求的最终目标。进入新时代，在这三个目标中，人民幸福得到了进一步的强调。这是因为实现国家富强、民族振兴，其最终的目的是人民生活幸福，人民生活幸福也是国家富强、民族振兴的体现。因此，社会主义核心价值体系的终极价值目标是人民幸福。习近平总书记提出了人民幸福的幸福观，"习近平幸福观是以中国人民过上美好生活为奋斗目标并追求其实现的人民幸福观"②。

从以上可以看出，西方现代价值体系的终极目标是个人幸福，认为个人是幸福的主体，个人的幸福要靠个人去追求实现。中国现代价值体系的终极价值目标是人民幸福。从价值目标的指向来看，中西方价值目标都把社会成员普遍幸福的实现作为终极追求。但两者之间存在着区别，主要体现在：一是西方现代价值体系的终极目标的普遍幸福完全是个人主义的，没有国家层面的价值目标，不考虑国家和民族；作为中国当代价值体系的终极价值目标的幸福是整体主义的，它把国家富强、民族振兴作为社会成员普遍幸福的必要条件。二是西方现代价值体系的幸福主要是满足人的物质需要，而中国现代价值体系把幸福理解为不仅包括物质需要的满足，而且还包括精神需要的满足，特别是人的自我实现的满足，这种幸福是指人的全面发展。

二　人类共同价值体系终极价值目标的基本内涵

终极价值目标在价值体系中具有根本的、中心的意义。当代人类共同

---

① 《习近平谈治国理政》第二卷，外文出版社 2014 年版，第 56 页。

② 江畅：《论习近平幸福观》，《思想理论教育》2018 年第 1 期。

价值体系的终极目标包含不同层次，需要分步达到。其中最低层次的目标（第一步）要实现人类永久和平，然后达到最高层次的目标（第二步）要实现人类的普遍持久幸福。终极价值目标不是静止、一成不变的，应该是动态发展的，应该不断有更高的追求。

纵观古今中外价值体系的终极价值目标，人类比较认同的终极目标是幸福，不同的是有时候侧重的是整体幸福或者侧重个人幸福。古希腊哲学家将德行与幸福联系起来，把德行看作是实现幸福的必要条件，中世纪把神学德行看作是获得至福或者永恒幸福的必备条件，到近代形成了利益幸福观。中华民族是一个崇尚幸福的民族。中国传统社会形成了以"五福"（寿、富、康宁、攸好德、考终命）为核心内容，追求个人生活完善的幸福观，它认为福祸由善恶所致，是福是祸主要取决于个人，主张求福以避祸。① 到了先秦儒家，通常把道德作为首选的终极目标，德行高尚被确定为终极追求。中国远古的"福"的观念在中国民间得到了一代代传承，老百姓历来把获得"五福"看作人生的圆满境界。中国当代幸福论的形成和完善是改革开放取得的最重要成果之一，它有四种基本理论形态，即集体幸福论、和谐幸福论、德行幸福论和人民幸福论，其中人民幸福论已经成为中国当代的主流形态，并正在从理论转变为实践，实现全体人民幸福的理想亦正在变为现实。②

纵观历史，人类对终极目标进行了长期的探索，先后把追求个人的德行（道德）、社会的道德和幸福作为终极价值目标。实际上，这些终极目标由于种种原因一直未能实现。究其原因，除了历史的条件限制、思想家和政治家的思想局限等之外，缺乏可行性，尤其是没有考虑终极目标的不同层次。人类确定终极目标无论是道德还是幸福，都要考虑实现终极目标还需要有实现终极目标的底线目标来确保最高目标的实现。

在东西方伦理文明中，关于人与人之间都有关于道德底线或底线伦理的共识。在人类发展历史中，社会、国家也有一些底线原则，如互不侵犯、反对战争。这些底线原则是社会之所以为社会的最一般、最基础的价值观念，是维持社会运转所必需的起码要求。人类共同价值体系的终极价

---

① 江畅、潘从义：《习近平幸福观对中国古典幸福观的弘扬与超越》，《武汉大学学报》（哲学社会科学版）2018 年第 4 期。

② 江畅、潘从义：《中国当代幸福论检视》，《道德与文明》2018 年第 4 期。

值目标的底线目标是要实现人类的永久和平。人类永久和平是实现人类共同价值体系终极价值目标的前提和起码要求。人类共同价值体系既大量地体现为底线价值共识，也体现在幸福作为终极价值追求。因此，人类共同价值体系终极价值目标应该包含着不同层次，有底线层次，即实现世界永久和平；理想层次，即实现人类普遍持久幸福。

人类共同价值体系的底线层次的终极目标是实现世界永久和平。实现人类和平一直是人类的企盼，人类朝代的更迭、社会的变革大多是通过战争实现的，通过和平实现的情况较少，尤其是西方近代以来的历史都是从血与火中走来。

自进入文明社会以来，中国历来崇尚和平，对周边国家和民族以及后来更遥远的国家和地区都是和平而友善的，没有任何侵略掠夺的行为。这一传统源于先祖尧所奠定提出并践行的"协和万邦"原则。"协和万邦"出自《尚书·尧典》："克明俊德，以亲九族。九族既睦，平章百姓。百姓昭明，协和万邦。黎民于变时雍。"因此，用今天的话说，"协和万邦"就是协和世界各国，或协和世界。与此相应，中华民族有着悠久的天下情怀，从西周就有了天下观念，如"天子作民父母，以为天下王"（《周书·洪范》），"其惟王位在德元小民乃惟刑用于天下，越王显"（《周书·召诰》），等等。"天下情怀"一直被传承下来，儒家曾明确提出齐家治国平天下的要求，这里的"天下"并没有限定是周朝的疆域。

古希腊罗马时代的斯多亚派明确主张，根据自然法，原有的各城邦国家应结成"世界城邦"。世界城邦是由天命支配的大城邦，人类的每一个人都是这个世界中的一分子，都要维护全体的共同利益。在基督教神学家奥古斯丁看来，永久和平是人类世俗生活的最终目的和最终的善。这种最终的善，不是最后的善，而是至善。在永久和平的国度是充满和平和确定性的安全处所。"在那里，美德不再是因为对抗各种罪恶才被称作美德。倒不如说，美德将获得胜利的奖赏，亦即没有任何对手能加以干扰的永久和平。"① 西方从古代到近代一直处于战争状态之中，到康德生活的时代西方的民族国家的独立运动已接近尾声，西方世界基本上已国家化。在这种时代背景下，康德对国家之间的关系进行了探索，提出了以国家具有独立自主的主权为基础的世界和平的思想。他的这一思想与他的世界公民、

---

① ［古罗马］奥古斯丁：《上帝之城》下卷，王晓朝译，人民出版社 2006 年版，第 918 页。

世界社会、宪政民主等思想一脉相承，对人类社会的发展产生了重要影响，对今天构建和谐世界仍然具有重要启示意义。他所提出来的一些原则已经运用于康德之后国家关系的维持和世界和平的维护之中，被吸收到了联合国的重要文书。

人类国家化后，国家都把自身的利益作为至高无上的，为了自身的利益，可以不考虑甚至侵略、破坏其他国家利益和人类整体利益。战争是人类和平的最大的敌人。战争威胁是我们时代最尖锐的问题之一。在世界一体化的情况下，任何战争都已经不只是交战国双方的问题，而是世界问题，都会对整个世界产生消极影响。20 世纪发生过的两次世界大战给世界人民带来了深重的灾难，至今人们一想起这两次战争就不寒而栗。两次世界大战以来，世界上的战争从来就没有停止过。近些年来，各国为防止受到他国的侵略，都把对方视为敌对的力量，不断通过扩大国防经费开支以增强国防实力，一些国家只要有可能就会发动战争，通过侵略别国来扩大自己的利益。例如，美国联邦政府 2019 年的国防预算开支为 7000 多亿美元。过高的国防开支给各国带来了严重的经济负担，同时也是人类资源的极大浪费，给人类的和平造成了极大的威胁。

如果世界没有一个和平的环境，就没有和谐安定的发展环境，国家与国家之间就很难达成价值共识，人类幸福也就无法实现。人与人之间、国家与国家之间必须消除敌对，实现和平。当下，实现和平亟须解决世界贫困问题和世界公正问题，还要解决环境污染、生态破坏、恐怖主义等导致人类生存危机的严重问题。这些问题不少是战乱导致的，战争是人类和平的最大杀手。因此，人类必须消灭战争，维护和平。世界只有建立在永久和平的基础上，人类才有可能达到普遍持久幸福。

人类共同价值体系最高层次或理想层次的终极目标是实现普遍持久幸福。人类共同价值体系终极价值目标既表现为世界持久和平的底线价值目标，同时也凝聚着人类对终极价值、最高目标的追求。对真善美以及人格完善诸价值的追求，对基本共同体理想状态的追求，贯穿人类历史，中国古代提出建立"大同社会"、西方古代提出的"世界城邦"以及近现代提出的"理性王国"等就是明证。中西方伦理学家都有对幸福理想的价值建构，这是最高层次的终极价值追求。实现人类普遍持久幸福是人类共同价值体系最高层次的终极目标。这里的普遍幸福既指人类个体（个人）的幸福，也指人类整体的幸福；既指当前的幸福，也指持久幸福。

今天，我们应该如何理解幸福？人们一般认为，幸福是一种生活，是一种令人满意的生活。从伦理学的角度看，这种令人满意的生活也就是好（善）的生活，或者说，就是生活得好。由于人对生活的满意程度是相对的，过去觉得满意的可能现在变得不满意了，不与时俱进，好的生活就会变成不好的生活了。因此，好的生活是越来越好的生活，因而幸福也是一个动态发展的概念和目标，幸福应该是生活得更好的生活。"生活得好"是一个相对的概念，幸福也总是体现为个人的感受。但这并不意味着幸福是无法衡量、无法判定的，仅仅是个人的感觉。这是因为，在一定的历史范围里，总有些是能够得到大多数人认同的幸福要素，人们用这些要素作为尺度判断人们的幸福状况，在人类范围内总存有一些衡量生活好坏、生活质量高低的标准。在全球化时代，判断幸福的标准，不能仅凭自己的感觉和感受，应该有时代和全球眼光、有发展眼光。

幸福就是人的根本的总体的需要得到某种程度的满足所产生的愉悦状态。[①] 幸福的内容需要把握三个关键词：一是"人的根本的总体的需要"。人的需要是多层次、多维度的，随着社会发展，人的需要在不断发展，需要又与人的主观欲望相关，欲望又具有无止境，因此人的需要有很多，不可能使得所有的需要都能得到满足。需要有根本的、总体的需要，就是人生存、发展和享受的需要，是其他需要的核心，决定了其他需要是否能够满足以及能否进一步满足。幸福体现的就是人的根本的总体的需要得到某种程度的满足。二是"某种程度的满足"。"某种程度的满足"是指不是完全满足，是一定程度上满足，这种"程度"是生存需要得到充分满足，发展需要得到一定程度的满足，还有可能进一步得到满足。为什么限定于"某种程度的满足"？这是因为从需要的特性和实际情况来看，人生存、发展和享受需要是不可能得到完全程度上的满足。如果这些需要得到完全程度上的满足，也就没有进一步满足的必要，这种满足也就是人类的终点，人类就失去进取心和动力，人也没有了更高的追求和去进一步创造其实现的条件，这显然不符合人的本性，也不利于人类的发展。这样的生活很快使人感到厌倦、空虚、无聊，显然人也不会得到幸福。三是"愉悦状态"。这种状态可以说是生存、发展和享受需要从总体上看得到人满意的满足的状态。

[①]　江畅：《理论伦理学》，湖北人民出版社 2000 年版，第 113 页。

　　幸福的实现是需要条件的，虽然不同时代、不同国家幸福的实现条件不完全相同，但有些共同的基本条件，包括外在的社会条件和内在的个人素质条件。幸福是一种"好生活"，其实现需要必备的社会条件，社会必须成为"好社会"。具有这样的社会条件，社会成员才能过上幸福的生活。人是生活在社会之中，社会的条件如何，对实现幸福具有重要作用。这就是古希腊哲学家德谟克利特所说的："在一种民主制度中受贫穷，也比在专制统治下享受所谓幸福好，正如自由比受奴役好一样。"① 从人类历史的纵向发展来看，人类经历了不同的社会发展阶段。从横向来看，当代世界，不同的国家有不同的制度。那么，今天如何判断一个社会是否具有幸福所需要的条件呢？我们可以以社会的文明程度或者现代化的程度来判断。比如，如果一个国家还是传统农业社会，这样的国家的社会成员中绝大多数不能算是幸福的。现代化的规定有很多，但是基本的标志至少有自由、平等、民主、法制、市场、科技这五个方面。除了必备的社会条件，是否幸福与社会成员的个人素质相关，这就是社会成员的综合素质。幸福不仅是生存得到充分满足，而且是发展需要得到较好满足。发展需要满足的程度则主要取决于人的素质。人的素质是综合性的、整体性的。大致说来，人的综合素质主要包括以下四个方面：思想道德素质，包括世界观、人生观、价值观、思维方式、道德品质、自主精神等；知识技能素质，包括自然知识、社会知识、人文知识、专业知识、工作能力等；生理心理素质，包括身体强健、心理健康、人格健全等；乐生休闲素质，包括审美情趣、兴趣爱好、闲情逸致等，这种素质在现代社会越来越成为幸福的重要条件。

　　人类普遍幸福既包括人类个人的幸福也包括了人类整体的幸福。人类共同价值体现的终极价值目标的确立，既从西方的实现个人幸福目标中吸收了合理资源，同时也借鉴和继承了社会主义核心价值观把实现人民幸福作为终极目标的思想。这其中，人类个体的普遍幸福更为根本，这是因为只有人类个体普遍幸福，人类整体才会是幸福的。人类整体幸福并不代表每个人都幸福。幸福是个抽象的价值概念，对于每一个价值主体而言都是个别的、具体的，既不能互相转移和替代，也不可能通过整体的幸福平均

---

　　① 《古希腊罗马哲学》，北京大学哲学系外国哲学史教研室编译，商务印书馆1982年版，第120页。

化来实现。一个人实现了幸福，另一个人没有实现，不能用平均"幸福"程度来表示。对每一个人而言，"幸福"有不同表现形式和满足程度以及实现路径，人类整体的幸福是对每个人幸福的共同性、普遍性的抽象，不是单个人的幸福代替整体的幸福。人类个体普遍幸福的实现并不能代表人类整体幸福的实现，人类整体幸福相比个体的幸福有更高的要求，要求人类能够合作、和谐、共赢等。人类普遍幸福不仅仅是基本物质需要得到满足，还有发展需要的满足。

从以上分析可以看出，人类共同价值体系的终极价值目标涵盖了由底线目标到最高目标的不同阶段，其实现有一个自下而上、由低到高的攀越与升华过程。人类共同价值体系的终极价值目标是动态变化发展的，尤其是最高层次的目标是动态发展的，不是一成不变、静止的目标。这里必然经历两个阶段：一是从这一目标尚未实现到它初步实现的过程。二是当它初步实现后，还必须持续不断地朝着更完善的方向发展的过程。这一终极价值目标实现了，并非一劳永逸，而是还要不断走向更美好的明天。

为什么人类共同价值体系的终极价值目标有不同层次性并呈现发展态势？其原因有三：一是与人的生存、发展需要、价值追求相关。人是对自身生存、发展需要提出要求的社会动物，而人的需要多种多样、非常复杂。当生存、发展的基本需要满足后就会产生较高层次的需要，而较高层次需要满足后又会产生更高层次的需要。这种不断追求高一层次的需要是人类生活的常态，也是人性的体现，人不可能完全达到最高价值目标，人的一生处于不断谋求生存得更好的活动中。二是基于人类对利益的不断追求。从广义来讲，人类的利益就是满足生存、发展需要的资源。人的利益也是变化发展的，比如从消除贫困、摆脱苦难到实现和平再到追求幸福，等等。三是为了避免生活空虚无聊。如果终极目标是一个静止的目标，那么人类达到这个目标之后，不再有更高层次的追求，人类会陷入无所事事、空虚无聊的状态，这样的生活当然不是人类所向往的生活。人存在的意义在于在不断追求的过程中自身得到不断发展和完善，人性不断得到充分体现。

终极价值目标的实现是一个持续不断的动态过程，我们永远不能说终极价值目标完全达到，因为那意味着人类社会的发展到顶了，可以终止了。人类的终极价值目标是可以基本实现的，人类进入终极价值目标初步实现的状态然后需要继续前行。人类终极价值目标的基本实现，标志着人类解决了环境恶化、战争威胁和科技滥用等致命问题，实现了世界公正，解决了世界贫困等生存危机。人类社会进入了和平和谐的社会，进入了一个理想的境界，才达到美好状态。这并不标志着进入人类社会的终点，而是实现更高阶段的开始，人类还有更好层次的需求，面临更多新的问题，而人类基本共同体（人类命运共同体）通过全球治理体系的进一步深化改革为实现人类创造普遍幸福、创造需要的自然环境和社会环境的条件，当代人类才有可能实现普遍持久幸福，这样人类将走上永久幸福之路。

三　人类共同价值体系终极价值目标的正确性和合理性

我们把实现世界永久和平、人类普遍持久幸福作为人类终极价值目标，具有合理性，是因为这一终极目标体现了人类的根本利益，体现了人的本性，也体现了人类社会进步和人类文明发展的总趋势，同时它具有可以实现性。

第一，它体现了人的本性的根本要求。人的本性是人在自然竞争和自然选择中积淀下来的有助于人更好生存的潜在特性，因而一般来说，人的本性在价值论的意义上对于人而言是好的，是最有利于人更好生存的。因此，人的本性越全面、越充分地实现，人就会生存得越好。人的本质或者人的本性在于人要谋求生存得好，生存得更好，这里生存得更好从根本上是指幸福的生活。人的本性是人生存的出发点，实现和复归人的本性是人生存的终极的目标，同时也是人生存的过程。人是为了谋求生存得更好来到世间的，来到世间后的一切活动归根到底都是在谋求生存得更好，其目的是为了生存得好。生存得更好是一个不确定的动态目的，这个动态目的是不断变化发展的，是不可能轻而易举达到的，而且永远也不可能完全达到。因此，人的一生实际上就处于不断谋求生存得更好的活动之中。从这种意义上看，人的本性决定着人的终极目的，决定着人的全部活动，决定着人的生命过程。人的整个一生都在体现人自己的本性，都在实践着自己的本性，都在实现着自己的本性，实现自己本性的过程也就是追求幸福的过程。因此，把幸福作为人类共同价值体系的终极价值目标符合人性的根本要求。

第二，它体现了人类的根本利益。人类的利益就是人类更好地生存和发展。实现世界永久和平、实现人类普遍持久幸福是人类的根本利益之所在。世界永久和平、人类普遍持久幸福的实现不完全是通过每个人自己就能达到的，还需要与人生存的社会提供环境和条件。人具有社会属性，人总是生活在社会中。古希腊哲学家亚里士多德指出人具有两种本性或本质，其一，人是理性动物①；其二，"人天生就是一种政治动物"②。人的幸福必须在社会中才能体现出来，人离开了社会就没有幸福可言，而社会的形成则是为了自己成员生活得更好、更幸福。中国古代以道德为终极目标的传统社会，只重视整体，忽视甚至否认个体，西方注重个人幸福，使个人的追求和社会的追求相分离和相冲突。以幸福为社会的终极目标能够使全体社会成员生活得更好。

实际上，在人类过去几千年的历史里，社会不仅没有为人们的幸福提供条件，反而成了人们不幸和痛苦的根源。人们长期处于异化状态，源自古希腊的世俗幸福主义发生了异化，异化为宗教幸福主义。近现代西方价值文化的出发点和目的是个人解放、自由和幸福，但这种价值体系在使人获得解放和自由的过程中却发生了异化，最终走向了以资本增殖为轴心，资本渗透它的整个结构和功能，资本控制一切。其结果个人虽然从专制之下获得了解放，也获得了自由，但根据这种价值体系构建的社会整个地被资本所控制，个人也因此而为新的奴役力量即资本所奴役，而没有真正获得解放、自由和幸福。③ 因此，资本增殖就实际上成了资本主义价值体系的终极价值目标，并因而使之资本化。资本主义社会也成为典型的异化社会。中国古代的封建社会是一个阶级剥削的等级社会，封建社会里人们也没有幸福可言。究其原因是因为历史上从来没有统治者真正将人民的幸福作为终极的价值目标，更谈不上追求其实现，社会所追求的是统治者自己家族或阶级的利益，没有把人民的利益作为终极的价值目标。正在构建的社会主义价值体系力图克服资本主义价值体系资本化的缺陷及其导致的异化，使整个价值体系立足于全体社会成员的普遍自由和幸福。今天人类事实上已经形成了一个命运共同体，人类命运共同体是基于人类共同利益的共同体，代表和体现了人类的根本利益，不是代表少数人的利益。

第三，它体现了人类命运共同体的价值要求。人一直生活在基本共同

---

① ［古希腊］亚里士多德：《亚里士多德全集》第九卷，颜一、秦典华译，苗力田主编，中国人民大学出版社1994年版，第257页。

② ［古希腊］亚里士多德：《亚里士多德全集》第九卷，颜一、秦典华译，苗力田主编，中国人民大学出版社1994年版，第85页。

③ 江畅：《应当重视当代中西价值文化比较》，《决策与信息》2016年第1期。

体中，人类基本共同体经历了原始人群、氏族、部落到文明古国、传统国家和现代国家。今天人类都无一例外生活在国家中，一方面体现人类的进步，同时由于国家至上主义或民族至上主义不断强化，导致了今天人类的生存危机，如环境问题和生态危机、战争和恐怖主义问题以及疾病的流行。要解决当代人类面临的严重生存危机，需要将人类从国家走向人类命运共同体。人类命运共同体使得世界各国成为你中有我、我中有你的利益共同体，这样的共同体可以解决人类不再敌对而走向和平，共同解决人类面临的贫困问题、饥饿问题而不再苦难，共同应对人类生态危机、疾病等灾祸，而世界太平，这为人类实现普遍幸福提供了社会和环境条件。确保全人类每一个个体的自由和权利，人的自由的发展使得每个人的潜能尽可能充分地得到开发、发挥以及得到社会认可和回报，使得人的本性得到充分实现，这种状态就是人的幸福状态。人类共同价值体系是基于人类命运共同体需要而构建的，人类命运共同体为人类共同价值体系的终极价值目标的实现提供了现实可能的条件和途径，体现了终极价值目标的正确性。基于人类命运共同体构建的人类共同价值体系把实现每一个人的幸福、每一个国家及其人民的普遍幸福作为终极目标，体现了人类命运共同体的价值要求。

第四，它体现了人类社会发展和文明发展的总趋势。人类共同价值体系的终极目标中的实现世界永久和平使得各民族、国家从过去的分离、敌对、战争状态到各国、各民族实现互联互通、友好相待、和平共处，从人类过去野蛮、愚昧、贫穷到走向现代文明、智慧、繁荣；实现人类普遍持久幸福就是使人们从过去被奴役、压迫、异化到全体人都实现全面而自由的发展，生活在自由平等的民主社会，从过去社会追求部分人的利益到人类命运共同体追求人类的幸福。随着人类命运共同体的倡议得到越来越多的国际组织和国家的认同，人类事实上进入了人类命运共同体的历史进程，并且这种趋势越来越明显。把世界永久和平、人类普遍持久幸福作为人类共同价值体系的终极价值目标，反映了人类文明发展的趋势，顺应了历史潮流，代表了人类社会进步的方向，引领人类社会不断走向美好的未来。同时，以幸福作为终极目标，要求人类不能满足于生活得好，而是要追求生活得越来越好、好上加好，不断推进人类社会更加美好。

第五，它体现了马克思的共产主义价值目标。为人类谋幸福是马克思确立的价值目标。他指出："在选择职业时，我们应该遵循的主要指针是人类的幸福和我们自身的完美。不应认为，这两种利益会彼此敌对、互相冲突，一种利益必定消灭另一种利益；相反，人的本性是这样的：人只有为同时代人的完美、为他们的幸福而工作，自己才能达到完美。"① 马克思把人类幸福看成是历史的终极价值。"因为，如果一个时代的风尚、自由和优秀品质受到损害或者完全衰落了，而贪婪、奢侈和放纵无度之风却充斥泛滥，那么这个时代就不能称为幸福时代。"② 马克思在这里把衡量幸福的尺度看作是时代的风尚、人的品质和自由的发展程度。以普遍幸福为终极目标也是与共产主义的实现目标相一致并且最终走向共产主义的。在马克思、恩格斯看来，这样的社会所有的人都是自由的，每一个人的自由发展以其他所有人自由的发展为条件，因而社会成员是普遍自由的，而社会则是一种"以每一个个人的全面而自由发展为基本原则"③ 的自由人联合体。"代替那存在着阶级和阶级对立的资产阶级旧社会的，将是这样一个联合体，在那里，每个人的自由发展是一切人的自由发展的条件。"④ 全面而自由发展是幸福的基本内涵，当每一个人都能获得全面而自由发展的时候，人类社会就进入了普遍幸福生活的状态。人类社会当前没有实现这一目标。

第三节　人类共同价值体系的核心价值理念

在人类共同价值体系的三个层次中，核心价值理念具有重要地位，这是因为核心价值理念是为实现终极价值目标中确立的重点目标和任务，是为了终极价值目标过程中对社会最突出的问题的及时反映和回答，并提出相关要求，核心价值理念具有目的性，其目的是实现终极价值目标。

一　人类共同价值体系核心价值理念的基本内涵

习近平主席 2015 年 9 月 28 日在出席第 70 届联合国大会的讲话中指

① 《马克思恩格斯全集》第 1 卷，人民出版社 1995 年版，第 459 页。
② 《马克思恩格斯全集》第 1 卷，人民出版社 1995 年版，第 463 页。
③ 《马克思恩格斯文集》第 5 卷，人民出版社 2009 年版，第 683 页。
④ 《马克思恩格斯文集》第 2 卷，人民出版社 2009 年版，第 53 页。

出："和平、发展、公平、正义、民主、自由，是全人类的共同价值，也是联合国的崇高目标。目标远未完成，我们仍须努力。"习近平总书记在新形势下基于人类的价值共识，提出了构建人类的共同价值的时代重大课题。构建人类共同价值体系是构建人类命运共同体的必要前提。习近平总书记同时还提出了打造人类命运共同体的"五位一体"的总路径和总布局："建立平等相待、互商互谅的伙伴关系，营造公道正义、共建共享的安全格局，谋求开放创新、包容互惠的发展前景，促进和而不同、兼收并蓄的文明交流，构筑尊崇自然、绿色发展的生态体系。"① 这要求人类共同价值体系构建还要坚持合作、共赢、和谐的价值理念。因此，除了和平，发展，公平、正义，民主、自由之外，还需要将合作、共赢、和谐确定为人类的核心价值理念。这些理念是世界永久和平和人类普遍幸福的基本内容和基本要求，只有人类矢志不渝地坚持和践行这些理念，人类才能真正成为命运共同体，从而实现"天下大同"的人类梦想。

1. 和平

世界和平是人类生存和发展的基本前提，是实现人类普遍幸福的基础。没有了和平，人类的生存会面临严重威胁，根本谈不上人类的普遍幸福。因此，实现世界持久和平是人类共同价值体系的首要价值理念和人类共同价值追求的首要目标。和平理念就是实现人类不同共同体（个人、组织、国家、人类命运共同体）之间相互尊重、和睦相处，世界远离战争，没有霸权主义和极端恐怖主义，没有全球性的人为灾祸，没有生态环境危机。自古以来，和平是人类社会一直孜孜追求的。

中华民族自古以来反对侵略，爱好和平、睦邻友好、乐善好施。中国在进入文明社会之前就有"协和万邦"思想理念："克明俊德，以亲九族。九族既睦，平章百姓。百姓昭明，协和万邦。黎民于变时雍。"（《尚书·尧典》）这里的"万邦"从地理上看与后来所说的"天下"相同，也就是古代中国人心目中的"世界"。在今天看来，"协和万邦"就是协和世界各国、协和世界。从春秋时期开始，思想家们进一步弘扬和发展了"协和万邦"理念。孔子的弟子子夏提出天下所有的人彼此都要像兄弟一样，即所谓"四海之内皆兄弟"（《论语·颜渊》）。墨子明确提出："欲

---

① 习近平：《携手构建合作共赢新伙伴 同心打造人类命运共同体》，《人民日报》2015 年 9 月 29 日第 2 版。

天下之富而恶其贫，欲天下之治而恶其乱，当兼相爱，交相利。"（《墨子·兼爱下》）在他看来，国与国之间的战争、人与人之间的争夺是当时社会的"大害""巨害"，而其根源则是人们的不相爱。中华民族几千年来不仅坚持睦邻友好、"协和万邦"的和平价值理念，而且维护和构建天下和平。中国历来对周边国家和民族以及后来更遥远的国家和地区都是和平而友善的，未见有多少对外掠夺的行为。中华民族有许多对外经济贸易、文化交流、政治解决边界武力冲突的活动和努力，这些活动和努力的目的在于与其他国家和地区建立友好关系，促进国际交往和合作，是"协和万邦"精神的实际体现。这些活动和努力促进了相关国家经济社会发展，推动了人类世界一体化进程。可以说，中国社会发展的整个历程都渗透了先祖（尧帝）所奠定的"协和万邦"精神。近代以来，中华民族遭受战争的苦难，给中国人民带来深重灾难，对这段历史中国人民刻骨铭心，也深感和平来之不易，对世界和平有着孜孜追求。新中国成立后，中国坚定奉行独立自主的和平外交政策，提出和平共处五项原则。党的十一届三中全会以后，中国强调反对霸权主义，维护世界和平，发展同所有国家的友好合作关系。党的十八大重申"中国将继续高举和平、发展、合作、共赢的旗帜，坚定不移致力于维护世界和平、促进共同发展"，并将"必须坚持和平发展"作为中国特色社会主义的基本价值原则。党的十八大以来，以习近平同志为核心的党中央坚定不移地致力于维护世界和平、促进共同发展。习近平总书记指出："今天的人类比以往任何时候都更有条件共同朝着和平与发展的目标迈进。"① "中国始终是世界和平的建设者、全球发展的贡献者、国际秩序的维护者，愿扩大同各国的利益交汇点，推动构建以合作共赢为核心的新型国际关系，推动形成人类命运共同体和利益共同体。"②

尽管西方人类自古代到近代一直处于战争或者是对抗的状态之中，但是西方思想家构建的理想社会依然是和平的。西方思想家始终心怀构建和平、和谐、发展的理想社会美好愿望和梦想，希望地球上的人成为和睦的"一家人"，不要总是对立厮杀，自己毁灭自己。基督教神学家奥古斯丁通过对"尘世之城"与"上帝之城"两个国度的区分构建了人类的永久

---

① 《习近平谈治国理政》第二卷，外文出版社 2017 年版，第 41 页。

② 《习近平谈治国理政》第二卷，外文出版社 2017 年版，第 42 页。

和平的理想境界。他认为"和平"作为人类的一个最根本的希望贯穿于整个世俗历史，不过，人们在世俗之城里不可能完全实现这个希望。在奥古斯丁看来，世俗之城里人类的和平总是短暂的和不充分的，因为世俗之城是建立在灵魂与肉体的分裂、对立终结之上的，永久和平只有在终结了世俗生活之后才能到来，因为上帝之城才是充满和平和确定性的安全处所。永久和平向身处世俗生活中的每个人打开了一个绝对的希望之门，那就是进入天国，"上帝将统治人，灵魂将统治身体；我们在那最后的和平中乐意服从，这种服从就像我们在生活和统治中得到的幸福一样伟大。对每个人和一切人来说，这种状况是永久的，它的永恒是有保证的，所以这种幸福的和平，或这种和平的幸福，就是至善"①。进入近代以后，在经过文艺复兴运动、启蒙运动、资产阶级革命、产业革命，西方世界基本上实现了国家化的时候，康德对国家之间的关系进行了探索，提出了以国家具有独立自主的主权为基础的世界和平的思想。这一思想与他的世界公民、世界社会、宪政民主等思想一脉相承，体现了康德对人类整体未来的关切和预测，对人类社会的发展都产生了重要影响，对今天构建和谐世界仍然具有重要启示意义。他所提出来的一些原则已经运用于国家关系的维持和世界和平的维护之中，被吸收到联合国的重要文书中。

事实上，自从人类进入文明社会以后，不同的人群、部落、国家之间，虽然有过交流和合作，但总体上看是处于敌对的，甚至战争的状态。这种敌对和战争状态不仅给人类带来了巨大的灾难，而且造成了人类人力、物力和资源的巨大浪费。尤其是 20 世纪的两次世界大战深深地影响了人类，给人类带来前所未有的痛苦。第二次世界大战后，世界总体进入相对和平时期，世界上的战争已经大幅度地减少，但局部战争频繁，战争并没有停止过。至今，许多国家之间处于对立状态，使得一些国家的人民始终笼罩在战争的阴影中。同时世界霸权主义依然存在，一个国家或者多国采取军事侵略的战争时有发生，如伊拉克、利比亚战争等。霸权主义又带来了恐怖主义，这些都是人类的公敌。尤其值得人类警醒的是，人类正笼罩在核战争的威胁下，据报道，人类拥有的核武器足够毁灭世界 50 次。随着科学技术的发展，大规模新式杀伤性武器不断出现，不仅仅对人类生命健康、地球的环境污染的破坏力是前所未有的，而且会影响到海洋、太

---

① ［古罗马］奥古斯丁：《上帝之城》下卷，王晓朝译，人民出版社 2006 年版，第 948 页。

空甚至宇宙环境，这是人类最不愿看到的悲观问题，又是人类需要非常现实面对的。而且，用于战争的开支对人类的财力浪费更是惊人的，消耗了人类大量的资源。习近平总书记指出："世界各国人民也都希望生活在安康的环境之中，期盼饥饿、贫困远离人类。然而，现实世界并不像人们希望的那么美好，局部战争依然此起彼伏，贫困饥饿依然广泛发生，连绵战火、极度贫困依然在威胁着众多人们的生命和生存，特别是许多妇女儿童依然在战争和贫困的阴影下苦苦挣扎。"① 习近平总书记也告诫我们："今天，和平与发展已经成为时代主题，但世界仍很不太平，战争的达摩克利斯之剑依然悬在人类头上。我们要以史为鉴，坚定维护和平的决心。"② 正如习近平总书记所指出的："当今世界，战火和战争的危险依然存在，很多国家和地区的民众依然身陷炮声硝烟之中，无数妇女儿童的生命面临着严重威胁。一切有良知、爱好和平的人们都应该行动起来，共同制止战争、维护和平。"③

今天人类从整体上还处于相对稳定，但是还未实现和平，局部战争频发，甚至可能引发人道主义危机。其根源是人类国家化后，国家有政府，但是世界无政府，国家利益至上必定导致国家之间利益存在冲突，导致对人类利益的破坏。要解决人类和平，必须以更好的共同体来替代国家共同体，在今天看来这个共同体就是人类命运共同体，人类命运共同体也要建立在和平的基础之上。

维护世界和平是人类紧迫的任务，因此，将和平作为人类共同价值体系的核心价值理念不仅是必要的，而且是紧迫的。今天的人类已经开始意识到人类和平和各国共同发展要比各国敌对更有利于人类的生存和发展，更有利于实现各国的利益。人们已经普遍意识到和平比对抗好，并努力寻求持久和平和全面合作的途径，努力用和平取代战争，用合作取代敌对，用对话取代对抗。④ 这为确立和贯彻落实人类共同价值体系的和谐价值理

---

① 习近平：《在纪念孔子诞辰 2565 周年国际学术研讨会暨国际儒学联合会第五届会员大会开幕会上的讲话》，《人民日报》2014 年 9 月 25 日第 2 版。

② 习近平：《在纪念中国人民抗日战争暨世界反法西斯战争胜利 70 周年大会上的讲话》，《人民日报》2015 年 9 月 4 日第 2 版。

③ 习近平：《在中国国际友好大会暨中国人民对外友好协会成立 60 周年纪念活动上的讲话》，《人民日报》2014 年 5 月 16 日第 2 版。

④ 江畅：《全球一体与世界和谐》，《伦理学研究》2008 年第 3 期。

念奠定了共识基础。

2. 发展

中西方思想家对发展都有阐释，中国古代的庄子就谈到"两展其足，案剑瞋目"（《庄子·盗跖》）。发展有伸展、扩展之意。在西方，中世纪思想家把"发展"用来解释上帝与世界的关系，近代思想家把"发展"看作是生命趋于更大完整性的"自我展开活动"①。马克思把发展作为人的最终目的，具有最高价值，而真正的发展是"人的全面而自由的发展"。这个发展需要经历"自然历史过程"，经历了有限发展到异化发展再到全面而自由的发展的过程。

近代以来，西方价值体系确立的市场、科技、自由等理念给世界带来了前所未有的发展，使人类整体上进入现代化和现代文明。但是我们看到，西方价值体系是个人主义的，从个人来看就是个人利益至上，从国家来看就是国家利益至上，导致今天人类的发展出现明显的缺陷。主要体现在：市场经济坚持利益最大化原则，凭借自由的竞争，实现利益的最大化，大多数财富为少数人所占有，导致了贫富差距过大、两极分化，世界贫困问题没有有效解决，等等。现代科技发展极大地促进了工业发展，现代工业发展对资源的过度消耗导致了人类生态环境的破坏、疾病的流行。市场经济的自由竞争给人带来的巨大压力，导致人的心理疾病问题增多，人成为了发展的手段、工具，成为了经济发展的奴隶。因此，人类共同价值体系所要确立的发展不是传统意义的发展，而是新的发展。这种新的发展观包含以下基本要求：

一是坚持发展以人为本。发展最终的目标是为了人类更好地生存，为了人的幸福。过去人类的发展带来了许多严重威胁人类生存的问题，如果无节制地持续下去，必然会使人类丧失赖以生存的自然基础，最终使发展失去意义，也不会给人带来幸福。所以，人类的发展必须围绕人更好地生存和发展这个根本，着眼于社会成员实现普遍幸福，必须满足人的生命健康、安全和社会政治生活的需要、人全面发展的需要和子孙后代可持续发展的需要。发展必须以人为本，说到底就是要以人的健康、安全、生命为本，以社会成员普遍更好地生存发展为本。"做到发展为了人民、发展依靠人民、发展成果由人民共享。"② 在发展中使人类能够实现美好幸福生活。

---

① 杨俊英：《"共同价值"的内涵解析》，《当代中国价值观研究》2018 年第 1 期。

② 《习近平谈治国理政》第二卷，外文出版社 2017 年版，第 214 页。

　　二是明确人和社会的全面发展是发展的永恒主题。发展是人类进步的推动力，人类历史上的每一次进步都是以理论、科技、文化等发展进步为推动力的。发展是人类社会永恒的主题，发展也是解决一切问题的总钥匙。"贫困是动荡的根源，和平是发展的保障，发展是解决一切问题的总钥匙。"① 联合国大会于 1986 年 12 月 4 日通过的《发展权利宣言》确认发展权利是一项不可剥夺的人权。人类的发展要以实现人的全面而自由发展、人类社会的全面进步为根本出发点。"应当把发展问题提到人类的高度来认识，要从这个高度去观察问题和解决问题"②。"大家一起发展才是真发展，可持续发展才是好发展。"③

　　三是倡导全面发展、可持续发展的发展。人类共同价值体系的发展理念是全方位、全面的发展，不仅包括个人的发展、国家的发展，还包括人类整体的发展。

　　个人的发展就是开发和发挥人的本性，使人自我实现。人类有一种共同的根本规定性，这就是不仅要求生存下去，而且谋求生存得好、生存得更好。生存得更好，不仅要满足人的基本生存需要，而且要满足不断丰富和深化的发展需要和享受需要。不同的人选择不同的发展方式和重点。从总体上来看，人的发展是综合性、整体性发展的过程，人的发展是人性及其潜能发挥的过程。人自身的发展是通过后天不断提高人的素质过程中实现的，主要包括思想道德素质的发展、知识能力素质发展、生理心理素质发展等。思想道德素质主要包括价值观念、思维方式、道德品质、自主精神和创新精神等，是人的深层次、高层次的素质，体现了人的理性对人生的作用和意义，集中反映了人的学识、见识。因而思想道德素质的发展需要一个长期的过程，需要个人的不断学习、不断自我反思和批判，不断自觉涵养和锻炼。知识能力素质发展主要包括科技、人文、自然、社会、业务知识和学习、表达、业务、社交能力等方面提升。知识能力素质是人直接的求生存、发展的能力，决定了人的职业状况、收入水平、社会地位等。知识能力素质发展主要是通过学校系统教育和职业实践专门训练。生理心理素质发展主要体现在身体健康、心理健康、人格健康、情感健康。

---

　　① 《习近平谈治国理政》第二卷，外文出版社 2017 年版，第 448 页。

　　② 《邓小平文选》第 3 卷，人民出版社 1993 年版，第 282 页。

　　③ 《习近平谈治国理政》第二卷，外文出版社 2017 年版，第 524 页。

生理心理素质发展是实现人的潜能的必要基础，是实现人生幸福的前提，对人生影响也是最大的，尤其是快节奏的现代社会对人的生理心理素质有更高要求。生理心理素质发展需要家庭、学校的支持，但最主要的是靠个人自己培养、修养、实践、锻炼、磨炼来提高。

国家的发展包括经济、科技、文化、社会、国防等方面的发展。一般认为经济发展是国家发展的基础和最重要表现。经济发展的最重要体现是生产力水平的发展，生产力越发达经济实力越强。科技发展的最重要体现在科技创新能力和科技应用能力提升。科技发展是与经济发展直接相关，经济的发展有利于科学技术的发展，随着科学技术的发展对经济和社会发展的推动作用，科技实力越来越决定着生产力的水平，决定着经济的发展。文化发展的最重要体现是整个国民的综合素质提升，其中尤其重要的是价值观念、思维方式、道德品质、文化程度、专业技能、身心状况等。随着现代文明的发展，人们越来越意识到文化是国家软实力的象征，文化发展是国家发展的推动力和内在灵魂，具有根本性重要地位，对经济发展、科技发展、社会发展和国防发展产生直接影响。

人类的发展是一种综合性发展，表现为在世界和平基础上，世界经济繁荣昌盛、民主政治文明、社会民生稳定、文化道德法治发展。各国之间要不断加强合作交流，坚持走合作发展的道路，通过合作来释放更大的发展潜力和动力。"坚持开放的发展、合作的发展、共赢的发展"[1]。

四是坚持新的发展理念。要摒弃过去发展中的缺陷，坚持"创新、协调、绿色、开放、共享的发展理念"[2]。创新发展注重的是解决发展动力问题。协调发展注重的是解决发展不平衡问题。绿色发展注重的是解决人与自然和谐问题。开放发展注重的是解决发展内外联动问题。共享发展注重的是解决社会公平正义问题。[3] 各国的发展必须与其他国家合作，提倡共建共享。当前，人类赖以生存的自然环境受到人类的破坏，人口的激增对环境等产生的巨大压力，又使地球不堪重负。因此，要树立绿色发展的观念，更加合理地利用自然资源，使资源消耗降到尽可能小的程度，同时

---

① 习近平：《紧紧围绕坚持和发展中国特色社会主义 学习宣传贯彻党的十八大精神》，《人民日报》2012 年 11 月 19 日第2 版。

② 《习近平谈治国理政》第二卷，外文出版社 2017 年版，第 197 页。

③ 《习近平谈治国理政》第二卷，外文出版社 2017 年版，第 198—199 页。

要大力发展节约资源型经济。

五是把消除世界贫困、消除两极分化作为发展的目标。当前人类发展首要解决的问题是地区贫富差异很大，贫困人口众多。贫困是困扰当代人类的一个全球性的问题，贫困是动荡的根源。当今世界贫困地区大多遭受战难，政局不稳，人们流离失所，给世界安全带来了新的问题。有资料表明，按照世界银行 2015 年每人每天 1.9 美元的国际贫困标准，2013—2015年全世界贫困人口约 7.02 亿。联合国2015 年 5 月发表的报告指出，全球仍有 7.95 亿人营养不良。地区贫富差异很大有历史的原因也有现实的原因，要让人类的发展惠及世界各国，包括贫困地区的国家。"大家一起发展才是真发展，可持续发展才是好发展。要实现这一目标，就应该秉承开放精神，推进互帮互助、互惠互利。"①

3. 公平、正义

公平的"公"可以理解为公平、公道、公正，而"平"表示"平直"。正义的"正"可以理解为正直、正派、正义；"义"在中国传统文化中既有"应当"的含义，也有"正当"的含义，因为它有鲜明的道德含义，因而也被称为"道义"，中国传统文化中的"义"包含今天所说的"公正"（公平和正义）的意思。孟子说："人皆有所不为，达之于其所为，义也。"（《孟子·尽心下》）在趋同意义上，公、平、正、直可以理解为"公正"，公即不私，平即不陂，正即不偏，直则不曲，公正即公平正义。公平正义合起来可以是公正。英语中的词汇是"justice"，大致包含了公平、正义的意义。

公正和自由、平等、幸福一样，自古以来就是人类的基本价值追求，无论是被统治者和还是统治者都追求和向往公正。公正也被认为是人类社会秩序的基础。在中国古代，皇帝被认为是天子，奉天行事，是公平公正的象征。先秦思想家用善恶导致福祸的观念向人们表达了社会应当建立一种"以德配福"的公正制度和良性运行机制。"道者，古今之正权也；离道而内自择，则不知祸福之所托。"（《荀子·正名》）古希腊苏格拉底、柏拉图认为公正既被看作是个人的德行，又被看作是国家的德行，是国家的立国原则，"当我们建立这个城邦的时候，从一开始我们就已经确定一

---

① 《习近平谈治国理政》第二卷，外文出版社 2017 年版，第 521 页。

条普遍的原则。我想，这条原则，或这条原则的某种形式，就是正义。"① 柏拉图极力推崇公正，认为公正要比"四主德"中其他三种德行（智慧、勇敢、节制）还要高一个层次，"与正义相伴的东西是美德，而无论它是什么，而没有这种性质的东西，无论它是什么，都是邪恶的。"② 亚里士多德认为，公正更多的是在国家德行的意义上讨论，断定"城邦以正义为原则"。"由正义衍生礼法，可凭以判断［人间的］是非曲直，正义恰正是树立社会秩序的基础。"③ 中世纪基督教思想家认为，公正被作为"四主德"的第二德行。近代思想家虽然也讨论过公正问题，但公正问题并没有受到重视。20 世纪以来，伴随着自由与平等之间矛盾的突出，公正问题引起了西方思想家广泛关注。可以说，公正问题是当代西方社会普遍面临的一个重大问题。从西方的总体情况看，公正更多的是在社会（主要是国家）德行的意义上讨论的，因而所关注的重点是社会公正问题。西方思想家之所以十分重视公正问题，是因为他们一般都把公正看作是社会的首要价值。

思想家对公正问题有不同的理解，今天人们普遍认为公正就是使相关者得其所应得，或者说使相关者各得其所。使相关者得其所应得就是公正的实质，也是公正的根本尺度。公正包括以下几层内涵：第一，公正是涉及分配，处理如何分配权利、义务、机会、资源等。第二，公正所涉及的内容与社会资源相关，也就是与人的利益相关，包括合理占有机会、资源、财富，平等享有权利和履行义务。第三，公正是一种价值要求，其基本含义是公平合理，其一般尺度就是使相关人员得其应得，或者说大家各得其所。第四，公正要求有必要对分配进行适度调节，有些人因天生缺陷，得不到应得的，有必要对所得进行适度调整。

尽管自古以来人类都很向往公正，但是在传统社会里，是不可能真正实现社会公正的。这是因为社会公正是人为确定的，在不同社会里，公正的根据和目的是不同的。正如恩格斯在批评"永恒的公平"时指出的：公平"始终只是现存经济关系的或者反映其保守方面，或者反映其革命方

① ［古希腊］柏拉图：《柏拉图全集》第 2 卷，王晓朝译，人民出版社 2003 年版，第503 页。

② ［古希腊］柏拉图：《柏拉图全集》第 1 卷，王晓朝译，人民出版社 2002 年版，第408 页。

③ ［古希腊］亚里士多德：《政治学》，吴寿彭译，商务印书馆 1965 年版，第 9 页。

面的观念化的神圣化的表现。希腊人和罗马人认为奴隶制度是公平的"[1]。对于传统社会，社会公正的根据和目的就是要实现和维护少数统治者的利益。无论是中国皇权专制社会还是西方的传统社会，都是人与人之间极其不平等、社会资源分配极其不公正的社会，国家没有真正的社会平等。人类社会进入近代以后，资产阶级以"自由"和"平等"的口号推翻了西方的专制和等级制，但是随着西方社会的发展，以个人自由为理念的市场经济鼓励通过自由竞争获得财富和追求利益，使得个人的经济自由权不断扩大，在财富分配方面不平等的问题日益显露，自由和平等之间的矛盾凸显。过去人们认为，通过建立自由平等的民主制度人类就能过上幸福生活，因而只追求自由、平等而没有建立起公正的社会制约机制，其结果是社会的严重两极分化和阶级对立。社会公正问题也成为了当代西方社会需要解决的焦点问题。

进入 20 世纪以来，人类逐渐意识到社会公正对于真正社会成员普遍幸福的作用。社会公正是社会自由和平等的限度，有公正才有自由、平等，没有公正就没有真正的自由、平等。公正越来越受到现代社会和国家的重视，人们从不同方面追求不同方面的公正，公正也已经成为了当代好社会的主要标志。人们对公正问题的全方位关注，一方面说明公正已经成为人们的价值追求，另一方面说明当代公正问题依然突出。公正问题从国家层面来说就是社会公正问题，从世界来说，突出的问题是国际公正问题。近代以来的世界一体化过程是与世界不公正相伴随的，甚至可以说是以世界不公正为代价的。西方列强的殖民扩张，对殖民地落后国家进行军事侵略、经济掠夺、文化和原住民围剿等，对世界是极端不公正的。殖民地国家纷纷独立之后，成为了主权国家，西方国家把过去直接的抢夺方式转变为经济上进行剥削、政治上控制、文化上渗透等隐性方式。发达国家与发展中国家之间、强国与弱国之间的不平等的地位和现状没有得到根本改变，发达国家的发达依然建立在不发达国家的不发达基础上，世界贫富差距不断扩大，世界上最富的国家人均 GDP 是最贫穷的国家人均 GDP 几十倍至上百倍。当今世界不公正现象依然严重。习近平总书记指出："公平正义是世界各国人民在国际关系领域追求的崇高目标。在当今国际关系

---

① 《马克思恩格斯选集》第 3 卷，人民出版社 1995 年版，第 212 页。

中，公平正义还远远没有实现。"[1] 世界不公正是导致贫富差距、战争的重要根源。

社会主义社会是把公平和正义作为核心价值取向的社会。社会主义社会是人民当家作主的社会，只有建立和遵循了公正原则，才能真正实现全社会的公正，才能充分调动人民群众的积极性、主动性、创造性，从而最大限度地集中全社会、全民族的智慧和力量，借以实现好、维护好、发展好最广大人民的根本利益。正是基于这种考虑，党的十八大把"公正"作为社会主义的核心价值理念，以致力于构建公正的社会。

以实现人类普遍幸福为终极价值目标的人类命运共同体需要公平正义，其原因在于国家之间的自由平等及其社会成员自由平等对于实现个人的幸福是必要的，但是世界范围内，要使得每一个国家都自由平等，可能会出现两个问题。第一，一些国家的自由可能会妨碍其他国家的自由。一些国家的自由没有进行适当的限制，为所欲为、各行其是，一些国家打着自由的旗号对别国进行主权干涉、经济霸权甚至武力攻击，导致国家之间的互相伤害，其结果是国家之间的敌对，地区战乱不断，人类不仅没有普遍获得幸福，反而带来了不幸。第二，世界各国都有平等的权利，比如开发利用世界的权利，但是各国由于科学技术、经济发展、资源拥有、人力资源不平等而导致开发权利的不平等。有些国家可以自由进入太空、极地、深海开发等，而一些国家由于技术、条件等原因无法涉足。有些国家进入富裕发达阶段，而有些国家人口贫困问题依然非常严重，基本温饱问题无法解决，出现了形式上的平等而事实上的不平等。如果这两个问题没有得到很好解决，人类不仅不能真正实现自由平等，达到普遍持久幸福，相反会导致人类严重的生存危机。因此，在构建人类共同价值体系和人类命运共同体的过程中要坚持公平正义的价值理念。

在人类命运共同体里，把公平正义作为人类共同价值体系的价值理念具有以下重要作用：第一，人类共同价值体系的公平正义理念能够保证每一个国家的自由，使世界各国各得其所，国家之间自由进行贸易和经济往来、文化交流等，同时不妨碍或者破坏其他国家的自由，不干涉他国内政等，防止自由成为一些国家的特权。第二，人类共同价值体系的公平正义

---

[1] 习近平：《习近平在巴西国会发表重要演讲 弘扬传统友好 共谱合作新篇》，《人民日报》2014年7月18日第2版。

理念能够在世界范围内确立平等原则，首要的是坚持国家主权平等。习近平总书记在和平共处五项原则发表 60 周年纪念大会上讲话中指出："所有国家主权一律平等，反对任何国家垄断国际事务。"① 对于如何建设新型国际关系和美好世界，习近平总书记提出要坚持主权平等、坚持共同安全、坚持共同发展等，世界各国都有平等地参加国际事务的权利。第三，人类共同价值体系的公平正义理念能够保证每一个国家平等地享有权利和履行相应义务。世界公正和社会公正一样，不仅仅是要求国家间的结果平等、条件平等，更重要的是要求国格平等、机会平等、权利和义务平等，防止权利和义务的不匹配。第四，人类共同价值体系的公平正义理念能够通过世界公正来调整由自由和平等引起的事实上的社会不平等，防止世界发生严重的两极分化。当前世界不公正最突出的表现为世界贫困问题，"消除贫困依然是当今世界面临的最大全球性挑战"②。"当今世界仍有 8 亿人生活在极端贫困之中，每年近 600 万孩子在 5 岁前夭折，近 6000 万儿童未能接受教育。"③ 贫困问题大都发生在欠发达国家，这些国家往往经济贫穷、饱受战难，通过自身无法解决，只能通过世界来解决。要解决世界贫困问题必须建立人类命运共同体，在共同体内倡导共同建立世界公正的体系，给世界最贫穷落后的国家予以支持和帮助，给最贫穷的人们提供基本生活保障，使他们摆脱贫困，为实现他们的幸福提供必要的条件。从当前世界所拥有的财富看，人类有能力解决世界贫困问题。第五，对于妨碍、破坏他国自由和平等的行为，需要通过国际公正对破坏行为予以谴责、处罚。这就是伸张国际正义，"讲信义、重情义、扬正义、树道义"④。

4. 民主

民主是人类政治文明发展的成果。"民主"二字在中国的《尚书·多方》中有提到"天惟时求民主"，英文中的"民主"一词源于希腊词"demos"和"kratos"（统治）两字合成，意为人民的统治或权力。2000

---

① 习近平：《弘扬和平共处五项原则 建设合作共赢美好世界》，《人民日报》2014 年 6 月 29 日第 2 版。

② 习近平：《携手消除贫困 促进共同发展》，《人民日报》2015 年 10 月 17 日第 2 版。

③ 《习近平谈治国理政》第二卷，外文出版社 2017 年版，第 521 页。

④ 习近平：《共同谱写中拉全面合作伙伴关系新篇章》，《人民日报》2015 年 1 月 9 日第 2 版。

多年前，古希腊哲学家德谟克利特曾断言："在一种民主制度中受贫穷，也比在专制统治之下享受所谓幸福好，正如自由比受奴役好一样。"① 但在古希腊，思想家对雅典城邦的民主制并不认同，因为古希腊思想家、哲学家苏格拉底在雅典民主制下被指控判处死刑。到了西方近代，民主制作为推翻中世纪封建专制的工具，得到思想家们的广泛认可。在西方国家的影响下，目前世界上的许多国家都走上了民主化的道路，但世界上不同的国家对民主的理解也不一样，但大多都认为民主制是各国应该追求的，应该成为当代人类公认的价值理念。"民主已经成为整个世界上头等重要的政治目标。它受到各方面的颂扬。那些在其他哲学观点上存在根本分歧的人都同样颂扬它。有些并不理解和需要它的人也自称信奉它。"② 尽管关于什么是民主，仁者见仁智者见智，民主的种类有很多种，但核心内容是指公民自主和自治，公民成为社会的主人。

人是群体性动物，人类一直生活在社会中，社会是人类生存的方式。中西方传统社会是依靠强权（政治权力、宗法制度、宗教等）建立维持的，统治者与平民（社会成员）是统治与被统治的关系，平民（社会成员）不可能成为社会的主人。西方近代经历了文艺复兴、宗教改革、启蒙运动和资产阶级革命等过程，促进了人们自由意识、平等意识、尊重人格意识等主体意识的觉醒，以每个人自由、平等的旗号推翻了封建专制统治，建立了以社会成员自主和自治的现代社会。当代民主的主体一般是指社会成员，但是不只是公民个人，还包括企业、社团、政党等各种具有独立法人身份的组织，其中政党在当代民主中扮演着特殊的角色。这些组织不仅代表着不同人的利益，而且常常作为独立的法人具有自身的意志和利益。当代社会成员的自主主要是通过代议制的形式得以实现的，社会成员通过自己的代表制定法律，而社会成员的自治则主要是通过公民选择管理者进行社会管理实现的。

人是社会性的动物，生活在共同体中。进入现代社会，人类生活的共同体层次和范围比较过去有很大的变化，从个人到家庭共同体、企业共同体、国家共同体、民族共同体、国际组织共同体和人类命运共同体等。这些共同体各式各样，发挥着不同的作用。不仅仅个人是价值的主体，群体

① 《古希腊罗马哲学》，北京大学哲学系外国哲学史教研室编译，商务印书馆1961年版，第120页。

② ［美］科恩：《论民主》，聂崇信等译，商务印书馆1988年版，第1页。

（团体、社群、阶级、政党、行业、民族、地方区划、国家、国际区域、整个人类）也成为了价值的主体。今天，人类命运共同体客观上已经形成，民主的主体不只是公民个人，组织、社会、国家、整个人类都是世界民主的主体。

在现代资本主义社会，民主不仅仅意味着每个人是社会主体，各种社会利益集团是社会的主体。西方国家利益集团，尤其是政党，取代过去的公民而成为了社会真正的主人。资本主义早期的主权在于民演变成了主权在于利益集团，社会的政治权力最终落到了在政治竞争中取胜的政党手中。资本主义的议会政治或代议政治，实际上是利益集团政治或政党政治。相对于传统的专制社会而言，当代西方社会确实是民主政治，但社会的主权不在民，而在掌握着政治权力的利益集团。利益集团体现了所代表的阶级或阶层的利益，不是社会全体人民的共同利益，更不是各个民族国家和人类的共同利益。在我国社会主义社会里，明确指出"中华民族的一切权力属于人民"。社会主义社会是人民当家作主的社会，民主是社会主义的生命，是社会主义政治文明的实质意蕴。我国实行的社会主义民主，与西方资本主义民主有本质区别，它是中国共产党领导下的人民民主，是由最广大人民当家作主、以人民民主专政作为可靠保障、以民主集中制为根本组织原则和活动方式的民主。人民代表大会制度是中国人民当家作主的根本政治制度。

在人类发展中，中西方思想家充分认识到民主的价值，认为选择民主的社会是更适合人类生存的社会，同时对民主实行过程中出现的弊端和局限进行了不断完善，使之不断适应人类的生存发展。尽管中西方对民主的理解不一样，选择的民主制度也有差异，但民主一直是人类推崇和追求的，民主制度是目前认为最好的政治制度。其原因在于：其一，民主使社会成员获得自由、平等和尊严，从被奴役、被剥削中解放出来。人类历史实践证明，民主制度以社会成员的自由、平等和尊严为前提和基础，民主制度能够使社会成员得到其他制度无法得到的自由、平等和尊严。人类共同价值体系的民主理念可以使人类在人类命运共同体里实现人的全面而自由发展、人与人之间的平等。其二，民主使社会成员成为社会的主体和主人，不再被其他人所统治。社会成员通过自主和自治将自己的意愿和意志变成法律，根据法律来管理社会，法律和社会管理又体现了自己的意愿，同时实现和保护他们的权利和利益。其三，民主使社会成员积极性、创造性得到充分发挥，智慧得以体现，从而为实现幸福创造条件。社会成员在公正的条件下主动自愿发挥自身的积极性和创造性，发挥聪明才智，为社会的进步和发展做出贡献，在贡献社会中获得自己的利益，体现人的本性，实现普遍幸福生活。

因此，以实现人类普遍幸福为目标的人类共同价值体系理应把民主作为价值理念。人类共同价值体系以实现人类的普遍幸福为目标，民主的主体不仅仅是个人，还要体现和代表所在的共同体（个人、组织、企业、国家、民族）的利益，更要体现整个人类命运共同体的共同利益。人类共同价值体系的民主理念要求建立在世界层面上的民主，要求世界上所有的公民、国家以主人身份参与世界管理，即公民自主和自治。鉴于目前现代国家是人类生活的基本共同体的现实，要在以国家作为主体的前提下构建世界层面上的民主，以实现人类整体利益和普遍幸福。

人类共同价值体系的民主理念内容主要包含五个要求：一是世界各个国家都要发展成为真正民主的国家，社会成员在国家里能够充分自主和自治，国家能够真正代表社会成员。二是世界所有公民、国家作为主人参与世界管理，尤其要保障各国参与管理的权利。三是世界所有公民、国家能自主地选择充分体现自己利益的世界管理者，根据各国的意愿和人类的意愿制定实现各国利益最大化、实现人类普遍幸福的法律制度。四是世界所有公民、国家自主地选择充分体现自己意愿和意志的立法者，并对立法和世界管理实行有效的监督和控制，通过法制的途径保障世界范围内的民主。五是通过民主的方式解决人类共同面临的生存发展问题。通过各国共同协商方式而不是以制裁相威胁或诉诸武力，不能是一国或者少数国家来决定，尤其是要让新兴市场国家和发展中国家参与协商和制定。"坚持国际关系民主化，坚持正确义利观，坚持通过对话协商以和平方式解决国家间的分歧和争端。"[1] "秉持国际公平正义，推动国际关系民主化……通过政治和外交手段和平解决国际争端。"[2]

5. 自由

自由一直是人类向往和追求的理想，只是到了近代这一理想才开始变为现实。一般来说，自由是指行为主体能够不受控制地按自己的意愿行动而不

① 习近平：《共倡开放包容 共促和平发展》，《人民日报》2015年10月23日第2版。
② 习近平：《共建伙伴关系 共创美好未来》，《人民日报》2015年7月10日第3版。

会对他人造成伤害。约翰·密尔指出："唯一实称其名的自由，乃是按照我们自己的道路去追求我们自己的好处的自由，只要我们不试图剥夺他人的这种自由，不试图阻碍他们取得这种自由的努力。"① 近代西方的哲学家都主张自由，密尔、霍布豪斯、罗尔斯、萨特、卢梭、霍布斯、洛克、笛卡尔、康德、黑格尔、斯宾诺莎、莱布尼茨等，不同的思想家从不同角度对自由进行了论述。他们都把自由看作是有规则的，是理性的，并不是"散漫""放任""随心所欲"，认为人越有理性越自由。正如启蒙思想家孟德斯鸠所指出的："自由的主要意义就是，一个人不被强迫做法律所没有规定要做的事情，一个人只有受民法的支配才有自由。因此，我们自由，是因为我们生活在民法之下。"② 自由被看作是人的本性、本质，人的一种生存状态。西方资产阶级近代以来为争取社会自由进行了不屈不挠的斗争，他们以每个人自由、平等的旗号推翻了封建专制统治，建立了现代社会，并且把自由看作是人与生俱来的、不可剥夺的基本权利。洛克说："每个人生来就有双重的权利：第一，他的人身自由的权利，别人没有权利加以支配，只能由他自己自由处理；第二，首先是和他的弟兄继承他的父亲的财物的权利。"③ 以赛亚·伯林将自由划分为消极自由和积极自由。消极自由是不受强制或者不让别人妨碍自己选择的自由。当一个人处于非强制或不受限制的状态时，他就是自由的。根据这种观点，过多的外在干预，尤其是国家的干预被看作是侵犯了基本自由。因此，这种意义上的自由就是"免于……的自由"。如果一个人是自由的，那就意味着他不受别人干涉或强制。不受别人干涉的范围越大，这个人所享有的自由也就越广。积极的自由是指人在"主动"意义上的自由，也就是作为主体的人做的选择和决定，都是基于自己的意志而非任何外部力量。这种自由是"去做……的自由"。当一个人是自主的或自决的，他就处于"积极"自由的状态之中。

资本主义价值体系鼓励在自由、平等环境中通过市场经济的竞争获得利益和财富，其价值目标是获得更多利益。它要求市场主体有充分的自由，可以自我决策、自我经营、自我负责。市场经济以自由地追求资本增殖为价值目标，在资本主义制度下，市场经济走向了市场社会，整个价值

---

① ［英］约翰·密尔：《论自由》，徐宝骙译，商务印书馆1959年版，第13页。

② ［法］孟德斯鸠：《论法的精神》下册，张雁深译，商务印书馆1963年版，第194页。

③ ［英］洛克：《政府论》下篇，叶启芳、瞿菊农译，商务印书馆1964年版，第141页。

体系运行都指向资本，不是指向人，人被资本统治着，人为追求和获取利益而生存。在自由竞争中处于劣势或者竞争失败的人成为了穷人，无法掌握政治权力，成了被统治者，不可能成为社会的主人；处于优势的利益集团控制着政治权力，占有大量财富和资源。但在西方自由竞争中，机会对所有成员是平等开放的，无论是富人还是穷人都会不断追求和占有更多的利益，使得自己更富有或者从穷人变为富人，这种竞争不断上演和循环。所有人都为了获取更多利益而生存，人成为了占有资本和资本增殖的手段，于是异化发生了，不仅普通人、穷人没有了自由，而且那些拥有政治权力的富人（利益集团）实际上也没有自由。整个社会就发生了全面的异化，人们没有真正获得自由。

人类面临的自由问题主要是外在自由或者是环境自由问题，也就是社会自由。从主体自身看，自由包括人身自由、言论自由、思想自由、信仰自由等；从生活领域看，包括经济自由、政治自由、文化自由、宗教自由，等等。现实的情况是，在国家的层面上，一部分人享有这种自由，而一部分人并不能充分享有；而从国际层面看，有些国家的人民更多地享有自由，而有些国家的人民并不能充分享有自由。一些国家凭借自身在经济、政治、文化和军事上的优势，让自由成为国家的一种特权，造成国家之间享有自由的不平等。这些国家不是推动贸易和投资自由化便利、世界优秀文化交流互鉴，而是对一些发展中国家进行经济上的掠夺、文化上的渗透、军事上的威胁。一些国家还打着"自由"的旗号对别国主权进行干涉，使得一些国家不能成为完全独立自主、自由的国家。目前，国家之间依然是以本国利益为最高利益，国家间处于争斗的状态，人类没有真正获得自由。因此，人类共同价值体系必须高举自由的大旗，追求自由在人类普遍实现。

人类追求自由就是为了实现人类普遍幸福的终极目标。自由是幸福生活的最重要的前提条件之一。1948 年联合国大会通过的《世界人权宣言》早就明确作出了规定。该宣言第一条规定："人皆生而自由；在尊严及权利上均各平等。"第二条规定："人人皆得享有本宣言所载之一切权利与自由，不分种族、肤色、性别、语言、政见或他种主张、国籍或门第、财产、出身或他种身份。"第三条规定："人人有权享有生命、自由与人身安全。"[1] 这些规定表明，把自由作为人类共同价值理念已经成为全世界的普遍共识。

---

[1] 李龙、万鄂湘：《人权理论与国际人权》，武汉大学出版社 1992 年版，第 292 页。

人的本性是谋求存在、生存、生存得好、生存得更好。人的本性实现体现为自为性，即谋求生存得更好。谋求生存得更好是在人的生存、发展和享受需要不断地得到更好的满足的基础上才能实现，人的本性和人的潜能得到尽可能充分的实现是人的需要得到更好满足的途径。自由是人能够自主地实现自己的本性和潜能的前提和保障。今天人类依然要追求自由，尤其是要追求社会自由。今天，人类还不能自主地追求自己本性和潜能的实现，也就不能自主地追求生存、发展和享受需要得到更好的满足，不能自由地追求幸福。因此，无论是人的本性和潜能的实现，生存、发展和享受需要得到更好满足，还是追求幸福，都需要个人自主地去追求来实现，都离不开自由。自由是人实现幸福的根本条件。

人类共同价值体系的自由价值理念的底线要求是自由不能妨碍和伤害他人。为了贯彻这一原则，需要着重解决好以下三个问题：

一是内在自由和外在自由相统一的问题。内在自由和外在自由构成完整的自由。每个人都要追求选择自由，不断提高、增强、优化自身的选择能力，充分发挥个人潜能，不断增加自己的自主性，充分发挥人性。相比人先天具有的选择自由、内在自由，人的外在自由或者环境自由不一定是人人都享有的，也并不是每一个国家都享有。从现实情况看，外在自由或者环境自由的问题比较突出，人类对自由的追求，主要体现在外在自由或者环境自由的追求，平等地享有自由权利的追求。在人类命运共同体视域下，要实现人类的普遍自由，首先社会要成为自由的社会，社会成员要能够按照自己的意愿行事；其次国家要成为自由民主的国家，让更多的人民享有充分自由，人人平等地享有自由；最后世界要成为自由的世界，各国具有独立性、自主性和完整性，能够而且应该有自己的价值体系、生活方式和民族文化，能够而且应该独立自主地处理自己的一切事务，自由选择自己的道路和制度。自由要建立在平等、公正的基础上。世界各国在和平和独立的基础上能够自由进行政治沟通、经济贸易、文化交流、人员往来，让自由为各个国家良性互动提供基础条件。同时，个人、国家的自由不能妨碍和伤害他人、别国的自由。自由让每个国家都能享受更为普遍的发展，但不能以牺牲他国利益为代价。习近平主席指出："各国的事务应该由各国人民自己来管。我们要尊重各国自主选择的社会制度和发展道路，反对出于一己之利或一己之见，采用非法手段颠覆别国合法政权。"①

　　二是自由与责任相一致的问题。我们现在谈的自由都是以理性为基础的，不是随心所欲的。自由与责任紧密相连，一旦进行了自由的行动，就得承担行动的结果。因为人的自由选择不仅仅是与自己行动相关，而且是与外界相关，都要对自身介入的社会上的事件负责。一个人有多大的自由，他就应负多大的责任，他就应该将他的自由所引起的一切后果的责任都承担起来。自由与责任是正相关的，一个人不能只享有自由而不承担后果和责任，同样一个国家也不能只享受自由带来的好处，而不履行应有的义务和责任。

　　三是自由保障的问题。建立在理性基础上的自由，必然以理性的法则为规则。理性法则在社会中体现为法律，自由需要受到法律的约束，自由是法律允许范围内的自由。同样，自由需要得到保障，这种保障要法律提供。法律不仅可以保障社会成员的自由的普遍实现，还可以扩大自由。"法律的目的不是取消或限制自由，而是维护和扩大自由。这是因为在所有能够接受法律支配的人类的状态中，哪里没有法律，哪里就没有自由。"② 法律对自由的保障，具体体现为在法律的限制之外，均属于社会成员的自由领域，任何人都不得干预，"在自由的统治下，一切未被一般性法律所明确限制的行动，均属于个人的自由领域"③。对个人自由而言，国家制定的法律要保证公民自由的社会主体，国家要尊重和扩大公民的自由权利。对国家而言，目前现有的国际法、《世界人权宣言》《联合国宪章》以及联合国公约、条约、协定和规则等都要保护和扩大各国的自由，对践踏他国自由的行为给予谴责和约束。同时，还要通过完善联合国的司法机构，增强国际法的权威性，建立世界法律制度，确保世界各国的自由受到世界法律的保护。

　　6. 合作共赢

　　随着殖民地国家纷纷独立，世界普遍国家化，世界各国都拥有主权，

---

　　① 习近平：《弘扬和平共处五项原则 建设合作共赢美好世界》，《人民日报》2014 年 6 月 29 日第 3 版。

　　② ［英］哈耶克：《自由秩序原理》上，邓正来译，生活·读书·新知三联书店 1997 年版，第 203 页。

　　③ ［英］哈耶克：《自由秩序原理》上，邓正来译，生活·读书·新知三联书店 1997 年版，第 272—274 页。

相对于世界整体来说，国家是独立自主的个体，是具有主权的基本共同体。国家之间交往是建立在利益基础之上的，每一个国家都要最大限度地实现自身的利益。对于获取利益，存在着极端利己和合理利己这两种实现方式。唯利是图、不择手段的极端利己方式已经证明虽然可能使某些国家暂时得到一些利益，但最终只会导致相互伤害，只会使世界陷入战争状态。人类已经有过沉痛的教训，两次世界大战都是因少数国家想获取更多利益而发起的，给世界人民带来了深重灾难。推己及人、互利合作的合理利己方式则可以实现各国利益的相互促进和共同增进。通过国际合作，不仅可以克服各国之间的相互伤害问题，而且可以促进国际分工，促进人类共同拥有的资源得到最佳配置和利用，从而提高整个人类的效益。这也是当前人类应有的方式。

进入 20 世纪以后，随着全球一体化的进程加快，世界各国在经济、贸易、科技、环境、政治、法律、军事、文化、信息乃至生活方式等人类生活的各个方面相互联系、相互依赖、相互渗透日益明显，整个人类的生存和命运越来越不可分割地紧密联系在一起。第二次世界大战以后，联合国以及国际组织纷纷成立，世界性组织、国际性组织、区域性组织不断增多，而且对各国事务和人类生活的干预作用不断增强；世界性会议、国际性会议、区域性会议不断增多，而且对各国政府的决策和人类生活的影响不断增强。世界各国命运与共，利益相连，成为了人类命运共同体。这一切都要求世界各国不能彼此封锁、彼此隔离，更不能彼此对抗，而只能相互开放、相互交流、相互合作，从而实现合作共赢、相得益彰。

当前，无论是各个国家的发展还是人类的发展都面临着诸多重大问题必须解决。从各国的发展来看，本国的经济问题、社会问题、能源问题等，仅靠本国无法得到较好的解决，而需要借助他国的思想、文化、经验、技术，需要着眼于国际、着眼于全球、着眼于人类，需要把自己国家的发展纳入世界文明的轨道，各国要通过合作释放更大的发展潜力和动力。各国的发展还需要有世界和平和公正，需要有良好的国际环境，而这一切都是一个国家甚至几个国家所无法解决的。基于这些考虑，今天的世界各国理应无一例外地积极地参与国际合作，承担一定的国际义务，接受并服从一定的国际关系准则。从人类发展角度来看，世界的一体化和现代文明给现代人类提出了许多前所未有的全球性的人类问题，这些问题绝不是一个国家或少数国家所能解决的。如果没有世界各国的配合和合作，这些问题不仅不能解决好，相反会更为严重。当代人类共同面临的一些重大全球性问题，必须通过国际合作才能解决。合作才是出路，合作才有可能集中人类的智慧和努力来解决人类已经面临和可能面临的诸多难题，合作才能共赢。合作共赢，就要"倡导人类命运共同体意识，在追求本国利益时兼顾他国合理关切，在谋求本国发展中促进各国共同发展，建立更加平等均衡的新型全球发展伙伴关系"①。

　　作为人类共同价值的合作共赢理念主要有以下三个方面的要求：

　　一是全方位的合作。今天，人类成为了命运共同体，合作不仅仅是经济方面的合作，还有政治、文化、社会、生态等方面的全面合作，"合作共赢应该成为各国处理国际事务的基本政策取向。合作共赢是普遍适用的原则，不仅适用于经济领域，而且适用于政治、安全、文化等其他领域"②。其中，世界的安全和平尤其需要国际合作，安全和平是人类生存发展和开展合作的前提。当今世界，尽管总体上是和平的，但是世界并不安全，主要还是人为因素造成局部地区局势动荡，种族矛盾升级，恐怖主义蔓延，犯罪问题不断增多等，给国际合作带来了不利。世界各国应该在安全和平领域开展更加广泛的合作和交流。"世界各国都要遵循平等互信、包容互鉴、合作共赢的原则，一起来维护和弘扬国际公平正义，推动建设持久和平、共同繁荣的和谐世界。"③

　　二是平等基础上的合作。"合作共赢的基础是平等，离开了平等难以实现合作共赢。"④ 世界各国应该在主权上是平等的，无论国家大小、军事力量和综合实力强弱、人口多寡，都是国际社会的一员，在国际社会中都有平等地参与地区和国际事务的权利。建立在平等基础上的合作符合参与各方的意愿和利益，通过互惠互利，实现共同富裕，有利于世界共同发展。中国儒家主张采取"致中和"的办法，采用不偏不倚、适度恰当的态度使万物达到平衡、协调，兼顾各方利益的双赢，进而求得统一和谐，

---

　　① 习近平：《弘扬传统友好共谱合作新篇——在巴西国会的演讲》，《人民日报》2014年7月18日第2版。

　　② 习近平：《弘扬和平共处五项原则 建设合作共赢美好世界》，《人民日报》2014年6月29日第2版。

　　③ 习近平：《弘扬传统友好共谱合作新篇——在巴西国会的演讲》，《人民日报》2014年7月18日第2版。

　　④ 习近平：《弘扬万隆精神 推进合作共赢》，《人民日报》2015年4月23日第2版。

避免斗争激化。① 这个办法同样可运用于人类命运共同体，要通过"中和"促进世界各国的合作共赢。建立在强权基础上不平等的合作，是推行"丛林规则"的弱肉强食，以损害别人的利益达到实现自己的利益。一些发达国家凭借在经济、科技等方面的优势，通过不平等的合作，源源不断地攫取不发达国家的资源和利益，造成国际贫富差距不断扩大，国际矛盾不断，不发达国家始终没有摆脱贫穷落后的局面。

三是共赢的合作。合作不是一方或者各方作出自我牺牲，而是为了共赢。共赢理念的核心是主体之间在平等互利基础上通过合作促进各自的发展，各得其所，各美其美，美美与共。共赢不要求合作各方一味地自我牺牲，而是要实现各方的利益最大化，"要摒弃零和游戏、你输我赢的旧思维，树立双赢、共赢的新理念，在追求自身利益时兼顾他方利益，在寻求自身发展时促进共同发展"②。合作共赢不是要求每个人、每个国家都得到相同的东西，而是各自得到了自己需要的东西。合作共赢也不是零和博弈，只有输赢，如同一场球赛，作为观众看到的不只是谁输谁赢，而是在观赏球赛过程中感悟竞技体育的精神、分享竞技体育的文明。共赢并不意味着"别国的繁荣将损害我国的利益"，而是谋求"别国的繁荣给我国发展提供更多的机会"③。

合作共赢是构建人类命运共同体的必然要求。习近平主席在第 75 届联合国大会一般性辩论上的讲话中指出："我们要树立你中有我、我中有你的命运共同体意识，跳出小圈子和零和博弈思维，树立大家庭和合作共赢理念，摒弃意识形态争论，跨越文明冲突陷阱，相互尊重各国自主选择的发展道路和模式，让世界多样性成为人类社会进步的不竭动力、人类文明多姿多彩的天然形态。"④ 在共同体中，唯有合作、摒弃对立，人类才能共同发展、共同进步，实现普遍幸福，否则会造成彼此更大的伤害。"迈向人类命运共同体，必须坚持合作共赢、共同发展。只有合作共赢才

---

① 李静：《论儒家文化对构建和谐社会的现实价值》，《湖北省社会主义学院学报》2011 年第 6 期。

② 习近平：《迈向命运共同体 开创亚洲新未来》，《人民日报》2015 年 3 月 29 日第 1 版。

③ 李德顺：《价值论——一种主体性的研究（第 3 版）》，中国人民大学出版社 2013 年版，第 339—340 页。

④ 习近平：《践行人民至上、生命至上理念——论习近平主席在第七十五届联合国大会一般性辩论上重要讲话》，《人民日报》2020 年 9 月 24 日第 2 版。

能办大事、办好事、办长久之事。"①

7. 和谐

人的幸福需要和谐的环境。和谐是人追求和获得幸福所必需的生存环境的理想状态。相比和平、发展、公平、正义、自由、民主是实现幸福生活的必要社会条件，和谐是提出更高条件的要求。人的本性不仅要求生存下去，而且谋求生存得好、生存得更好。生存得更好不仅要满足人的基本生存需要，而且要满足发展、享受需要。要实现人类的这种本性，离不开"好"的生存环境。与动物不同的是人生存的环境除了自然环境外还需要有家庭环境、社会环境、世界环境。这些不同类型的环境有一种共同的"好"的标准，这就是"和谐"。

和谐是自古以来人类理想价值的追求。在中国传统价值观中，和谐观念是最古老、最完善的价值观念。它源自尧舜时代，经由《周易》、史伯、晏子和孔子丰富发展，成为一种体系完整的思想观念。正因为早在远古时代就确立了这样一条得到普遍认同的基本价值原则，所以传承下来，就逐渐形成丰富多彩的和谐观念，如"和为贵""和而不同""协和万邦""以和为美""和气生财""家和万事兴""天人合一"等观念。中华文化是一种渗透和谐精神的和谐文化，这是世界上任何一个民族和国家都无可比拟的。概括来说，传统和谐观念所理解的和谐，是人自身、人与人、人与社会、人与自然、天地万物之间全面而内在的和谐。中国传统价值体系和谐理念对于今天人类实现和谐具有现实意义，因为它深刻揭示了宇宙万物，特别是人类社会以及单个个人存在或生存的普遍法则，同时它又将这种普遍法则转化为人类的崇高理想、追求，并把它确立为任何时候都不可违背的价值原则。"和而不同"才能维护世界和谐。在人类历史发展中，不同的民族由于历史、地理的差异等形成了各具特色的文化，文化间具有差异性，在文化的交流中因差异会产生碰撞甚至冲突。这种差异性不可避免，实际上也是有价值的，因为没有差异性就没有多样性，就没有基于多样性的和谐，也没有事物间的优胜劣汰。这就是中国古人所说的"和实生物，同则不继"（《国语·郑语》）。但是，差异性所导致的矛盾和冲突需要解决，否则就不会形成和谐，而会导致无序和混乱。儒学思想中"和而不同"为正确处理这种文化冲突提供了指导原则。"不同"就是承认、尊

---

① 习近平：《迈向命运共同体 开创亚洲新未来》，《人民日报》2015年3月29日第1版。

重各国在制度、文化、价值观念上的差异性的合理性，认为不同文明之间存在差异才能彰显各自的优势，呈现缤纷多彩的文化。同时，差异的存在又为冲突的产生提供了可能性，而遵循"和"的原则保障了"万物并育而不相害，道并行而不悖"（《礼记·中庸》）。各国家民族在尊重差异的基础上进行文化交流，兼容并包，取长补短，相互借鉴，消除冲突，就可以实现费孝通先生所说既"各美其美"又"美美与共"的良性发展。儒家"和而不同"的价值理念对于今天维护世界文化多样性与繁荣、消解"自我中心主义"和"文明冲突论"有积极的借鉴意义。

"天人合一"是人与自然和谐的理想状态。"天人合一"的思想在《诗经·大雅》中就已经初见端倪，如《烝民》诗云："天生烝民，有物有则。民之秉彝，好是懿德。"儒家思想家对这一思想进行了弘扬和阐发，形成了人与自然的和谐系统思想。孔子说："天何言哉，四时行焉，百物生焉。"（《论语·阳货》）又说："巍巍乎？唯天为大，唯尧则之。"（《论语·泰伯》）他强调天道与人道、自然与人为的协调统一，最早系统提出"天人合一"思想学说的则是孟子，在"仁民爱物""万物皆备于我"等观点中贯穿了"天人合一"的思想主线。孟子认为，"天"和人是相通的："尽其心者，知其性也。知其性，则知天矣。"（《孟子·尽心上》）从儒家整体思想脉络来看，无论是先秦儒家的"天人合一"，还是董仲舒"天符人数"，还是宋儒张载"民胞物与"，都揭示了一个朴素而明晰的生态伦理原理：人类与自然是相互依存、不可割裂的关系，人类要积极地追求与自然的和谐。

"大同社会"提供了人类社会和谐的理想图景。《礼记·礼运》对人类理想的社会图景——大同社会做过详细描述。儒家追求的"大同社会"是一种仁爱、民本、博爱、宽容、诚信、平等、自由的社会，在那里没有冲突，充满公平正义。"大同社会"所提供的蓝图给今天和谐世界的构建提供了有益的启示和借鉴。比如，"大道之行，天下为公"的思想有助于当今世界避免霸权主义、强权政治，建立国际社会之间的公平正义。"人不独亲其亲，不独子其子"的思想，为当今世界建立人与人、国与国、民族与民族、种族与种族等各类不同利益群体间的和谐关系提供了有益借鉴。今天所要构建的人类命运共同体是一个更大范围的和谐社会，是超出国家范围的大同世界。在大同世界里，国与国之间，人与人之间，都各自平等，各自独立，不互相侵犯，互相订立和约并信守和约，人与人之间没有贵贱贫富之分，国与国之间不存在霸权主义、强权政治，同时强调异质相济、相依共生的理念，在承认差异，尊重规律的基础上，实现共荣共生。"大同世界"是人类的和谐乐土、融洽家园，是人人所向往的理想世界。

在西方古代，柏拉图所极力主张的灵魂和国家的公正德行，就是个体的灵魂和谐和国家的和谐状态。个体的灵魂和谐就是灵魂的理性、意志和情感欲望三个部分都具有自己的德行。要实现国家的和谐，就要将公正作为国家的立国原则。西方近代的莱布尼茨更提出了著名的"前定和谐说"。他认为，构成万物终极实体单子的能动性与被动性、由单子构成的个体实体的灵魂与形体，以及由个体实体构成的宇宙的个体实体之间的关系，都是共存、一致、连续的。由这些和谐关系构成的宇宙，无论是从微观看还是从宏观看都是普遍和谐的。西方思想家不仅关注人的和谐、国家的和谐、宇宙的和谐，还关注人与自然的和谐，认为人类与自然的和谐是关系人类生存和可持续发展至关重要的要求。

和谐是事物之间的一种有序协调的秩序。和谐首先是一种秩序，就是说，是事物的一种共存状态，是事物相互影响、相互作用的方式。① 其次是一种有序状态，就是说，是事物各安其位、各守本分、各司其职的良序，而不是事物错位、越位、混乱的无序或恶序。最后是一种协调状态，就是说事物之间不敌对，不争斗；相反，彼此之间配合默契，成彼之美。② 从和谐的一般含义，可以引申出作为人类共同价值理念的一些基本要求。

一是和谐需要多种事物共存，构成多元，而非一元的。人类命运共同体的主体（国家、民族、社会群体、组织、个人）都是多层次、多元的，这些同时态的主体之间，同样也是彼此不可归结和替代的。③ 价值主体是多元化的，价值观念也是多元的，这为人类的和谐提供了条件。人类共同价值不是绝对统一的"普世价值"，那种试图使价值成为一个绝对统一的一元化的努力，只会走向价值"霸权主义"，也不会实现人类和谐。

---

① 江畅：《幸福、和谐、智慧与优雅：当代幸福主义的视野》，《中国伦理学三十年——中国伦理学会第七次全国会员代表大会暨学术讨论会论文汇编》，中国伦理学会，2009 年，第100 页。

② 江畅：《幸福与和谐》第二版，科学出版社 2016 年版，第 iii（引言）页。

③ 孙伟平、陈新汉：《价值论研究》，社会科学文献出版社 2018 年版，第 8 页。

二是和谐的主体的需要也是多样的。人类命运共同体的各主体不仅是多元的，而且同一类主体彼此之间是各不相同的，存在着差异性。人类共同价值是在尊重价值多样性、多元性的基础上达到社会的价值共识和价值一致性、统一性的，体现为多元价值形成和谐。

三是和谐主体之间利益关切、命运与共。具有差异性的不同主体彼此隔绝、不同的价值观相互没有共同的认同，如同"鸡犬之声相闻，老死不相往来"，也构成不了和谐。人类命运共同体的各主体利益相连、命运与共，人类共同价值是基于多元主体对普遍共享客体形成对共同权利和责任的认同、对人类普遍追求的共同目标的认同、对制定的共同行为规则的认同和遵守。它体现的是人类"和而不同"，不是任何人的"唯我独尊"。人类共同价值以及价值目标、理念、原则都是动态发展变化，相互联系的，因而和谐是一种动态的和谐。

四是和谐是需要构建的。自然的和谐是存在的，但不是我们讨论的范围，因为目前自然和谐不足以满足人类的生存和发展需要。世界是人化的世界，人生存的环境是人自主构建的，离开了人的积极构建，就不会有人生存所需要的环境和谐。人类共同价值也不是与生俱来的，也不是"绝对命令"或者神圣律则，而是通过积极构建的，在尊重主体差异、尊重主体多元化、多样化基础上的"求同存异""和而不同"，主体寻求的价值共识或最大公约数。人类共同价值构建以实现人的普遍幸福为终极目标，和谐是以人幸福地生存为指向的，人类共同价值体系构建的过程也是人类实现和谐的过程。

然而，今天人类并不和谐。发源于西方的现代核心价值观鼓励人们自由、平等地获得利益，终极目标定位于利益，给世界带来了现代化发展，同时它存在不可克服的弊病，导致许多重大的人类问题。从和谐的角度看，所导致的主要问题有以下几个方面：一是身心不和谐。由于永无止境地对利益的追求，人被利益所驱使，终极目标是利益，不是为了人本身，这样产生了异化。无论是富人还是穷人始终被欲望所刺激，人的心灵始终不安宁，容易发生心理疾病，造成心理不和谐。二是人与人关系紧张。与对手始终在竞争获取利益过程中，始终要提防对方，使得人际关系紧张，得不到应有的满足感，同时在竞争中事实上的不平等，获胜者和失败者的贫富差距越来越大，产生矛盾和对立的可能性也越来越大。三是国家之间的对立普遍存在。人类国家化以后，国家成为利益主体，民族利己主义、国家至上主义流行，国际上经济、文化、军事等竞争激烈，国家间实力、贫富相差悬殊。一些国家为了获取更多利益，以自由、人权等为由，对别国搞政权颠覆、经济掠夺、文化渗透，甚至不择手段不惜动用武力，发动战争。被压迫国家对此普遍反感，造成国家间对立，而且霸权主义盛行催生了恐怖主义。四是自然生态环境的破坏。随着科学技术的发展，人口的增加，人类对自然的利用毫无节制，大自然无法承载人类的无限度的开发和利用，造成大气污染、水土资源等生态环境破坏，导致人与自然的不和谐。尽管环保成为各国认同的理念，但是各国在利益面前，执行的力度各不一样。例如，2001 年 3 月，新上任的美国总统小布什宣布单方面退出《京都议定书》，2019 年美国又宣布退出《巴黎协定》。

作为人类共同价值理念的和谐包括身心和谐、社会和谐、自然和谐、世界和谐。

自古以来思想家十分重视个人的身心和谐，即人的身体（肉体）与心灵（灵魂）的和谐。身心和谐是人生幸福的一个重要问题。就个人自身而言，身心和谐是其幸福的内在前提，身心不和谐，谈不上人生幸福。人类共同价值体系的和谐理念倡导身心和谐，要给激情与理性找到正确的位置。人的本性是谋求人的生存发展得好、生存发展得更好，理性增强了人类的生存和发展能力，增强了人认识、改造、控制自然的能力，理性是人的共性的一面，是人类形成共识的基础，因而也是社会统一、稳定的基础。理性为人类构建共同价值体系，实现幸福的目标提供条件。霍布斯认为人在自然状态中是"人对人是狼"的敌对状态。理性用自然法规范人们的行为，才使人类进入和平的社会状态。对于实现人类普遍幸福，激情同样不可或缺，要在高扬理性的同时发挥激情的重要作用。有激情，人才有活力，人的一切精神方面的功业才能得到建树。"我们简直可以断然声称：假如没有激情，世界上一切伟大的事业都不会成功。"[1] 我们应该看到，理性为人类建立秩序，激情为人类提供活力；理性给个人营造生存环境，激情给个人带来幸福自由。我们要张扬理性，但并不因此否认激情，相反要通过张扬理性来为激情酣畅淋漓地发挥创造条件、提供可能。

------

[1]　［英］黑格尔：《历史哲学》，王造时译，生活·读书·新知三联书店 1956 年版，第52 页。

　　人类共同价值体系以实现人类普遍持久的幸福为目标，人类的幸福是以个人幸福为前提。每个人实现幸福的路径各不一样，这其中社会环境很重要。社会是人生幸福的环境和条件，从根本上规定着该社会的成员能否获得幸福以及幸福的程度，好的社会不仅能保证其成员普遍获得幸福，而且有助于普遍增进社会成员的幸福；而坏的社会则是其大多数成员不幸和痛苦的祸根。① 社会环境不仅直接影响个人幸福而且影响家庭，甚至影响世界和自然。人类共同价值体系的社会和谐要求个人与他人关系和谐，个人与组织和谐，组织与组织和谐，达到个人自由幸福与整体协调有序有机统一的社会。最终要实现普遍幸福、个体自由、生活富裕、社会平等、民主充分、法治完善、社会公正、道德高尚、公正立国、崇尚智慧的和谐社会。

　　全球化使得地球成为一个"地球村"，人类的活动空间从过去天各一方到现在走在一起，人类成为了命运共同体。人类要实现持久普遍幸福，仅凭单个人、一个国家幸福实现不足以实现人类的幸福，需要全世界共同来实现。今天世界的环境与每个人、每个国家息息相关，世界和谐成为了每个人、每个国家能否实现幸福的条件、基础。其原因有三：一是世界和谐可以使人类彻底告别战乱和消灭贫困。二是世界和谐可以为个人的生存和发展提供更好的环境、创造更多的机会。三是世界和谐可以使个人得到更多更好的享受。世界和谐不仅可以使人们获得生命财产安全，可以获得生活的平静和心灵的安宁，而且会极大地开发人们享受的需要，并给这种需要以越来越好的满足。人类共同价值的世界和谐理念有以下四个要求：一是世界各国的独立、主权必须得到尊重，它们必须是自主的主体，可以自由地构建自己的价值体系，选择自己的生活方式和发展道路；二是国家不分大小、强弱一律平等，它们必须能以平等的身份参与国际竞争和国际合作；三是世界的事务必须由各国通过民主的方式共同管理；四是世界的秩序必须主要是由各国公认的世界性法制维持的。和谐的世界由于各国的独立、主权得到尊重，而且世界事务是由各国以民主的方式共同处理的，因而是公正的。各国为了更好地发展以平等的身份参与国际竞争和合作，通过公平的国际竞争和合作，实现各国优势互补，使世界的资源得到最佳配置。既然各国都是世界的主人，世界不是某一个国家或某个人的世界，

---

　　① 江畅：《社会主义核心价值理念研究》，北京师范大学出版社 2012 年版，第 86 页。

况且世界事务由各国平等协商处理，那么这个世界就能告别战乱，实现和平。总之，和谐世界是公正、合作、和平的世界，是人生幸福、国家和谐所需要的世界。

面对人类人口的增长，现代科学技术发展所带来的人类控制自然能力的大大增强，导致了人类赖以生存的自然环境遭到严重破坏，威胁着整个人类的生存现状。人类要谋求生存得更好，要实现持久普遍幸福，人类不能不重新思考人与自然环境的关系，不得不改变人类对自然的态度，不得不调整人类的价值观念和生活方式，不得不在人类力所能及的范围内构建人类幸福生活所需要的自然和谐。只有这样，人类才能继续生存下去，才有幸福可言。

二　人类共同价值体系核心价值理念的正确性和合理性

以上所阐述的和平、发展、公平、正义、民主、自由、合作、共赢、和谐九大人类共同价值理念，并不只是表达了人们的主观愿望，而是有其正确而合理根据的。这一点，前面已经分别谈及，这里再作一些集中阐述。

第一，人类共同的核心价值理念吸收借鉴了人类历史的经验和教训。人类在现代化过程中形成了以人的自由为轴心的现代价值理念，包括自由、平等、民主、法制、市场、科技等，现代价值理念具有个体性、世俗性、实利性、竞争性和多元性等基本特征，体现了个体主义的、世俗主义的、实利主义的、竞争主义的、多元主义的，其基础是理性主义。但这些理念源自西方，是与市场经济相适应的，有比较大的局限性。

发源于西方的现代化和其价值体系深深改变了人类社会，使人类从分散走向一体，从贫穷落后走向了繁荣发展，使得人类走向文明社会，这种价值体系的生命力和影响力体现在，它大大地从过去封建的束缚中解放出来，最大限度扩大了人的独立性，不断刺激人发挥自身的潜能去征服世界，在发挥潜能中不仅仅使得自己获得了自由，自己得到了发展，自己成为了主人，而且使世界发展成为自由、民主、富裕和文明的世界。如果没有西方的现代化和现代核心价值理念的确立，今天人类有可能还生活在制度的束缚和精神的枷锁中，不可能有现代的文明社会。

但是，随着西方现代化的发展，西方以鼓励自由地追求利益的导向，导致有限资源的消耗和枯竭，人与人之间、国家与国家之间会发生争夺更多资源而导致对立甚至战争，使得个人面临严重的生存压力和人类整体面临生存危机。发源于西方的当代人类核心价值理念凸显出明显缺陷。这是因为，当代的人类核心价值理念基于个人主义，个人利益至上，以个人构建起来的国家也会以国家的利益至上，这样国家有政府，而世界没有政府（管理机构），人类整体和世界的利益得不到保障，导致了许多不良的后果。体现在人的心灵躁动不安，人际关系的紧张，国家与国家的敌对，人与自然的不和谐。

正是鉴于源自西方的现代价值理念的局限及其所导致的消极社会后果，我们在确立人类共同价值理念的过程中需要对这一套价值理念作适当调整。一方面，要吸收其中已经得到世界各国普遍公认的自由、民主、公平、正义，通过适当调整和完善其内涵，使之成为人类共同价值体系中的核心价值理念；另一方面，又要根据当代人类发展的需要以及人类的最新实践补充一些新的价值理念，主要有和平、发展、合作、共赢、和谐五大理念。这五大理念不仅适应当代人类更好生存的需要，而且吸收到中国传统文化中有益的合理内容，其重要意义之一是有助于克服源自西方的现代价值理念的局限，消除和防止其消极影响。这不只是在四大现代价值理念加上了五大理念，使人类共同价值理念更丰富、更完整，而且使人类共同价值理念与有缺陷的现代价值理念有了实质性的区别。

第二，人类的共同核心价值理念有助于人类普遍幸福目标的实现。人类共同价值体系的和平、发展、公平、正义、自由、民主、合作、共赢、和谐理念是实现人类共同价值体系终极价值目标的基础和条件，也是终极价值目标的具体化，有助于人类普遍幸福目标的实现。和平是人类生存和发展的基本前提，和平是实现人类普遍幸福的基础，没有了和平，人类的生存会面临严重威胁，一切都是不现实的。发展是人类进步的推动力，人类要实现美好幸福生活，必须要发展，不仅包括个人的发展、国家的发展还包括整个人类的全方位、全面的发展。用发展来解决世界贫困、消除两极分化问题，而发展最终的目标是为了人更好地生存和发展这个根本，着眼于社会成员实现人类普遍幸福。公平、正义是确保每一个人、国家自由平等，各得其所，防止自由成为特权，防止"形式上平等"而"事实上的不平等"发生，保证每一个人和国家平等地享有权利和履行相应义务，为实现个人的幸福提供必要条件。自由是幸福的最重要的前提条件，也是实现幸福的必备的社会环境，人只有真正享受自由，才能成为主人，才能幸福地生活，幸福生活是一种自由的生活，是人的本性和潜能的充分发挥，没有自由，就无从幸福生活。民主使人获得自由、平等和尊严，社会成员成为社会的主体和主人，能够当家作主，积极性、创造性充分发挥，聪明才智体现，为社会的进步和发展做出贡献，在贡献社会中获得自己的利益，体现出谋求生存更好的本性，实现普遍幸福生活。合作可以避免互相对立、伤害，促进国际分工，使资源充分利用，充分发挥各自作用，有利于各自利益获得，实现共赢。合作共赢也有助于解决过去靠单个人或者一个国家解决不了的人类问题，为人类普遍幸福奠定坚实的基础。和谐是人追求和获得幸福所需要的生存的理想状态，人类成员要普遍过上幸福生活，必须努力营造身心和谐、社会和谐、世界和谐和自然和谐的局面。

　　第三，人类共同的核心价值理念体现了人类命运共同体的内涵和基本原则。人类命运共同体涉及政治、安全、发展、文化和生态等方面。人类共同价值体系的和平、发展、公平、正义、自由、民主、合作、共赢、和谐理念体现了人类命运共同体的主要内涵，也遵循了构建人类命运共同体的基本原则。和平理念为人类命运共同体提供了安全的环境，创建安全格局，避免各国争端，使共同体各国和睦相处，共同应对全球安全危机。公平正义理念首要的是坚持国家主权平等，坚持主权是其所遵循的最基本原则，确保各国建立平等的关系，无论国家大小、实力强弱，都平等参与，通过相互协商参与国际事务处理。发展理念谋求开放创新、包容互惠的发展前景，通过科学发展解决共同体各国发展不平衡、贫富差距扩大、资源消耗过大等问题，促进全球经济均衡和共同繁荣发展。合作共赢理念要求共同体中在追求本国利益时兼顾他国利益，促进各国共同发展，实现人类共同利益。和谐理念中的"和而不同"观念，有助于促进世界文明交流互鉴。各国家民族在尊重差异的基础上进行文化交流、兼容并包、取长补短、相互借鉴、消除冲突。因此，"和而不同"的价值理念对于今天维护世界文化多样性与繁荣、消解"自我中心主义"和"文明冲突论"有积极意义。和谐理念中的"天人合一"观念，遵循了和谐共生原则，有助于促进人与自然和谐，构建尊崇自然、绿色发展的生态体系，可以使尊重自然、爱护自然、善待自然成为人们的信念和行动。

第四节　人类共同价值体系的基本价值原则

人类共同价值体系的基本价值原则是确保人类共同价值体系核心目标的实现以及核心价值理念的践行，防止发生破坏人类和平、导致人类生存危机的行为而确立的必须遵守、不可违背的一些基本要求。这些原则构成了实现人类普遍幸福的基本保障，应该成为个人、各个国家以及国际组织必须遵守的基本规则。基本价值原则在人类共同价值体系中具有重要作用和地位，各国、各国际组织要建立保障机制，确保基本价值原则能够贯彻落实，使之成为全人类和各国的基本遵循。

一　人类共同价值体系基本价值原则的确立

基本价值原则是一种价值体系与另外一种价值体系的主要区别所在。在人类历史上，世界上先后形成了传统价值体系和近现代价值体系，这些价值体系在终极价值目标和核心价值理念上有同有异，但在基本价值原则上有着更根本的区别。

在中国传统封建社会里，根据处理五种基本的人际关系（君臣、父子、兄弟、夫妻、朋友）形成了基本伦理规范（原则）即"五伦"。传统价值观认为，"五伦"的存废事关个人和社会的福祸兴衰，"夫贱妨贵，少陵长，远间亲，新间旧，小加大，淫破义，所谓六逆也；君义，臣行，父慈，子孝，兄爱，弟敬，所谓六顺也。去顺效逆，所以速祸也"（《左传·隐公三年》）。"五伦"作为传统社会的基本道德原则，对于传统社会的秩序维护和长期存续有极其重要的作用。"五伦"是贯穿于整个传统社会的伦理原则和价值原则。早在舜帝时代就已经有"五伦"的观念并将其作为社会的基本伦理原则和价值原则。《尚书·舜典》中记载："帝曰：'契，百姓不亲，五品不逊。汝作司徒，敬敷五教，在宽'。"到了春秋时期，儒家对"五伦"的内容作了调整并进行了论证，使之成为儒学的价值原则。西汉的董仲舒将"五伦"中"君臣""父子""夫妻"的伦理要求确定为社会最基本的伦理原则，即所谓"三纲"，还将"三纲"与"五常"联系起来，称为"三纲五常"。由于传统社会是德化的社会，因而这些伦理原则也就成为社会的基本价值原则。中国的皇权专制主义接受了儒家以"五伦"（特别是其中的"三纲"）为核心的规范体系并进行了现实化，完成了宗法皇权专制社会价值体系和道德体系的建构。这种价值体系的基本架构以"五伦"为基本原则，"三纲"（"君为臣纲""父为子纲""夫为妻纲"）为最基本原则，而"君为臣纲"是最高原则。"五伦"集中体现了秦汉以前宗法封建主义和秦汉以后皇权专制主义一以贯之的伦理要求和价值要求。"三纲"的基本价值原则所维护的终极价值目标是封建王朝统治的长治久安。

在西方，古希腊罗马社会重视德行（价值理念），不怎么重视社会的价值原则，但都重视法律，尤其是罗马社会，法律在社会生活中具有重要地位，其中包含了一些价值原则，如公民平等、公平交换、信守契约等。欧洲中世纪占统治地位的是基督教价值观，其目的是以维护天主教会以及作为基础的封建等级制的统治，其基本价值原则主要是《摩西十诫》，它被称为人类历史上第二部成文法律。十诫的第一条："我是耶和华——你的上帝，曾将你从埃及地为奴之家领出来。除了我之外，你不可有别的神。"（《旧约全书·出埃及记》20：2—3）《摩西十诫》的第一诫就是戒除了上帝以外信别的神，就是说，只能信上帝，上帝是万物之父和造物主。显然这样的价值原则体现了西方封建社会的价值体系是宗教信仰主义的价值体系。

西方近现代价值体系前后历经 500 多年形成过程，在这个过程中形成了一套基本价值原则体系，体现在不同方面、不同层次，其中基本的主要有八条。这些基本原则是当代西方价值体系的本质的规定性，它们决定着当代西方价值体系的资本主义性质。一是个体原则。这是资本主义价值体系的根本原则，它要求在个体与整体，特别是与国家的关系上以个体为本位、为实体，国家服从个体并为个体服务，在两者发生冲突时以个体利益为重。二是利己原则。这一原则承认个体追求自己的利益是本性使然，是天然合理的，也是道德的，因而要求国家的制度和管理只能顺应这种本性，为这种本性的实现服务，而不能违背这种本性。三是人权原则。这一原则肯定个人的基本权利与生俱来，任何人都不可剥夺，个人自己也不可转让，法律和政府必须维护人的基本权利。四是私产原则。这一原则以承认个人享有私有财产权是人的自然权利为前提，把保护私有财产看作是政府首要的、不可推卸的职责，政府也不能以任何理由侵犯私有财产。五是民主原则。这一原则要求所有的社会个体都应该成为社会的主体和主人，社会管理者是个体自主选择的并且是为个体服务的。六是法治原则。要求一切公共权力必须在法律范围内运行，并必须依据和服从法律。七是分权原则。要求国家的权力分设，由不同部门来掌管，使权力不仅受到法律的制约，而且受到权力之间的相互制约。① 八是按自己的意愿自由行事原则。这条原则就是自由原则，强调每一个人享有自由，都有选择自由的能力，同时还追求外在自由。在资本主义社会，除了法律之外，人不受任何约束。

社会主义的基本价值原则形成经历了一个过程。在改革开放初期提出了"四个坚持"，即"四项基本原则"：必须坚持社会主义道路；必须坚持无产阶级专政；必须坚持共产党的领导；必须坚持马列主义、毛泽东思想。经过 30 多年的改革开放，为了适应新时代发展的要求，党的十八大提出了"八项基本要求"，2017 年召开的党的十九大上，习近平总书记对新时代中国特色社会主义思想精神实质和丰富内涵进行阐述，要全面准确贯彻落实，提出了"十四个坚持"，从"四项基本原则"到"八项基本要求"再到"十四个坚持"可以看出，社会主义的基本价值原则以人民为中心的根本立场，以一切为了人民、一切依靠人民为宗旨，以维护和实现最广大人民利益作为发展的根本目的，鲜明地体现了中国特色社会主义的性质。

人类共同价值体系的终极价值目标是实现世界的永久和平和人类的普遍幸福，要实现这一终极价值目标必须遵守、不可违背的一些基本要求，这就是价值体系的基本价值原则。在今天全球化的背景下，人类成为了命运与共的共同体，但人类现有的价值体系存在着弊端和缺陷，给人类带来了生存危机，为此必须构建人类共同价值体系，以为人类命运共同体的构建提供精神支柱。要把人类共同价值体系融入世界各国的价值体系并转化为各国的实践活动，这需要制定相应的价值原则，使终极价值目标得以实现和价值理念能够具体化。确立人类共同价值体系的价值原则要克服过去价值理念和价值原则中存在的弊端和缺陷，有助于克服现在已经形成的人际关系紧张、生态环境破坏、国家间的敌对行为，同时要预防将来可能发生的不负责任的科技发展、重大灾祸、世界性的战争等对整个人类的伤害行为。这些基本原则是价值体系的保障，也是人类普遍幸福的基本保障，对人类共同价值体系能否实现具有举足轻重的作用。如果不确立这些基本价值原则，人类共同价值体系的终极价值目标无法实现，核心价值理念也

① 江畅：《当代中国主流价值文化及其构建》，科学出版社 2017 年版，第 532—533 页。

无法践行，并且人类生存危机还将持续下去。基本价值原则是一种价值体系区别于另外一种价值体系的主要体现。人类共同价值体系的终极价值目标和核心价值理念方面与近现代中西方终极价值目标和核心价值理念方面存在着同中有异、异中有同的情形，但是在基本价值原则方面则是存在着根本区别的，这也是构建人类共同价值体系的根本所在和迫切之需。人类共同价值体系能不能够实现，其关键在于其基本价值原则是否能够得到遵循和贯彻。

二　人类共同价值体系基本价值原则的基本内涵

在吸收中西有关价值原则的思想资源以及人类历史上这方面的经验教训的基础上，根据人类共同价值体系的终极目标和核心价值理念的要求，结合当代人类社会实践和历史发展总趋势，我们初步提出将人民利益至上、维护基本人权、恪守和平底线、协商解决冲突确定为人类共同价值体系的最基本原则，也可以说是人类、各个国家和各种组织必须遵守的底线原则。

1. 人类利益至上原则

利益一般是指人生存和发展的必需的资源，因而追求和占有更多利益就成为了人一切行动的根本动力。人类的生存发展有共同的需要，这种共同需要所指向的对象，或者说满足人类共同需要的那些资源，被人们视为利益。因此，利益对于人类具有共同性。但是，人类是一个结构十分复杂的群体，包括个人，也包括各种共同体或社群，它们都是利益主体。人类的利益主体是多元的，但并不是平行的，而是有层次的，而最基本的层次是两个：一个是个人，另一个是社会。社会指的是基本共同体，随着历史的变化而不断变化，从氏族部落走到了今天的国家，今天正在走向世界。不同层次的利益主体的利益是不同的。个人是社会的终极主体，社会则是为了保护和服务个人的，因此社会利益必须服从于并扩大其成员（其中的个人）的利益。今天之所以构建人类命运共同体，是因为目前作为基本共同体的国家不能很好地保护和扩大本国人民的利益，更为重要的是，为了本国的利益而牺牲他国利益和人类整体利益，导致了许多威胁人类生存的问题。构建人类命运共同体就意味着它将成为利益主体，而这就涉及它的利益与国家的利益的关系。它的利益代表和反映人类的利益，并且不会因此而损害国家的利益，而国家的利益则可能损害其他国家和人类整体的利益。在这种情况下，人类为了自己更好生存和发展就必须把整个人类的利益置于国家的利益之上，确立人类利益至上的原则。

对待利益上，中国从春秋时期起出现了所谓"义利之辨"，不同学派形成了不同的回答和争辩。但在中国传统价值观中，儒家主张的重义轻利的义利观占主导地位，影响深远。"义"指的是"道义"，尤其指公共利益（国家社稷天下的利益），因而这里的"义"也可以说是"公利"或"公义"；这里所说的"利"指个人利益，包括满足基本需要的物质资源，也包括功名利禄、荣华富贵等物质的和精神的资源。① 中国古代社会推崇"圣人""君子"，老子和孔子都对利益有许多描述。孔子在对义利关系进行辨析时认为，"君子喻于义，小人喻于利"（《论语·里仁》）。老子认为，在利益方面"圣人"是先人后己的。总体来讲，中国传统社会对待利益上比较重视国家利益，而非个人利益，国家利益就是义的实质。但是，传统社会的国家利益归根结底是为了统治者自身的利益。到了近代，中国资产阶级革命的先行者孙中山，把"天下为公"作为自己的理想追求。它是一种天下为人民所共有、政治为人民所共管、利益为人民所共享的社会，显然这种社会是把人民的利益置于最高地位。

西方近代思想家对利益有种种论述。马基雅维里提出人的本性是恶，"关于人类……他们是忘恩负义、容易变心的，是伪装者、冒牌货，是逃避危难、追逐利益的"②。认为各自为了自己的利益而不择手段。英国古典经济学家亚当·斯密从"利己心"范畴出发建立了关于分工和交换的学说，展开了自己的经济理论，从而引出了利益问题，个人利益与社会利益关系。英国功利主义者边沁建立了资产阶级功利主义的思想体系。他提倡个人利益第一，他虽然说个人利益与共同体利益统一，但他基于个人主义立场认为共同体不过是个人利益的总和，真实存在的还是个人利益。共同体是个虚构体，它是"由那些被认为可以说构成其成员的个人组成的。"③ 既然如此，那么共同体的利益是组成共同体的若干成员的利益总和。因此，基点是个人利益。"不理解什么个人利益，谈论共同体的利益

① 江畅：《中国传统价值观及其现代转换》上卷，社会科学文献出版社 2020 年版，第288—289 页。

② ［意］马基雅维里：《君主论》，潘汉典译，商务印书馆 1985 年版，第 80 页。

③ ［英］边沁：《道德与立法原理导论》，时殷弘译，商务印书馆 2000 年版，第 58 页。

便毫无意义。"① 法国唯物主义者爱尔维修认为，利益是社会生活中唯一的、普遍起作用的因素。利益是社会生活的基础，是社会生活中唯一的、普遍起作用的社会发展动力和社会矛盾根源，一切错综复杂的社会现象都可以从利益那里得到解释。② 他还用利益去解释社会不同集团、不同阶级、不同阶层的矛盾、冲突的原因。这对于揭示今天人类社会出现的国家之间的矛盾，导致生存危机具有积极意义。从总体来看，西方近现代思想家们的利益理论强调个人的利益（私利），美化资产阶级唯利是图的阶级本性，反映了资产阶级利益需求的实质。

马克思和恩格斯对利益有许多重要论述，形成了比较系统的利益理论。马克思主义利益理论包括这样几个主要观点：（1）追求利益是人类一切社会活动的动因。马克思说："人们奋斗所争取的一切，都同他们的利益有关。"③（2）利益是思想的基础，利益决定思想，利益推动生产和生活。"'思想'一旦离开'利益'，就一定会使自己出丑。"④ 列宁肯定了马克思、恩格斯的思想，认为"利益推动着民族的生活"⑤。（3）利益纠纷是阶级斗争产生的物质根源。他们认为，阶级斗争是"基于物质利益的"根本冲突。⑥（4）利益冲突具有推动社会发展的动力作用。恩格斯针对英法两国封建贵族、资产阶级和无产阶级的斗争情况，指出："这三大阶级的斗争和它们的利益冲突是现代历史的动力，至少是这两个最先进国家的现代历史的动力。"⑦（5）利益的社会本质和社会基础是生产关系。他们认为"每一既定社会的经济关系首先表现为利益"⑧，只有从生产关系出发，才能说明利益的本质和历史作用。（6）物质利益决定政治利益。"只要资产阶级社会的最重要的物质利益（商业和工业）一和他拿破仑的政治利益发生冲突，他也同样毫不珍惜它们。"⑨ 利益决定、支配政治权

---

① ［英］边沁：《道德与立法原理导论》，时殷弘译，商务印书馆 2000 年版，第 58 页。

② 王伟光：《利益论》，中国社会科学出版社 2010 年版，第 12 页。

③ 《马克思恩格斯全集》第 1 卷，中共中央编译局编译，人民出版社 1956 年版，第 82 页。

④ 《马克思恩格斯全集》第 2 卷，中共中央编译局编译，人民出版社 1957 年版，第 103 页。

⑤ 《列宁全集》第 55 卷，中共中央编译局编译，人民出版社 1990 年版，第 75 页。

⑥ 《马克思恩格斯全集》第 3 卷，中共中央编译局编译，人民出版社 1995 年版，第 365 页。

⑦ 《马克思恩格斯全集》第 4 卷，中共中央编译局编译，人民出版社 1995 年版，第 250 页。

⑧ 《马克思恩格斯全集》第 3 卷，中共中央编译局编译，人民出版社 1995 年版，第 209 页。

⑨ 《马克思恩格斯全集》第 2 卷，中共中央编译局编译，人民出版社 1995 年版，第 158 页。

力、政治活动。他们认为，阶级斗争"首先是为了经济利益而进行的，政治权力不过是用来实现经济利益的手段"①。（7）分工是引起利益矛盾的原因。马克思和恩格斯在《德意志意识形态》中说："一个民族内部的分工，首先引起工商业劳动同农业劳动的分离，从而也引起城乡的分离和城乡利益的对立。"② "随着分工的发展也产生了单个人的利益或单个家庭的利益与所有互相交往的个人的共同利益之间的矛盾。"③（8）在阶级社会中，共同利益实际上是特殊的阶级利益。马克思说："每一个企图代替旧统治阶级的地位的新阶级，就是为了达到自己的目的而不得不把自己的利益说成是社会全体成员的共同利益。"④ 这种标榜为共同利益的利益就是资产阶级自己特殊的阶级利益。⑤ 总之，马克思主义利益理论认为，任何一个社会首先必须满足人们的物质生活需要，满足人们的物质要求，即满足人们的物质利益要求。⑥ 利益是社会发展的基础、前提和动力因素。利益是历史唯物主义的基本范畴。

　　近现代西方的价值体系是适应市场经济客观要求产生的。市场经济把追求和实现自身利益最大化作为其本质特征和客观要求，作为市场主体从事经济活动的主要甚至是唯一动力。西方的价值体系确立了自由理念，西方的市场经济以人们可以自由地追求利益为价值目标。利益在经济生活中体现为资本以及一些其他资源，这些经济资源都可以转化为资本，而资本是可以增殖的，从而带来更多的利益。于是，个人为了获取更多利益就要不断追求和占有更多的资本，人成为了占有资本和资本增殖的手段，人被资本所约束和奴役，这样就发生了异化，个人失去了自由，也无法实现幸福。同时，个人之间在不断竞争中会出现互相敌视、猜忌，出现心理压力增大，导致心理疾病频发。个人为了获取更多利益，各种极端利己、不择手段、铤而走险谋取利益的行为也会出现，危害个人、社会的行为时有发生。在个人利益和集体利益有冲突时，受到个人利益至上思维影响，个人

---

① 《马克思恩格斯全集》第4卷，中共中央编译局编译，人民出版社1995年版，第250页。

② 《马克思恩格斯全集》第1卷，中共中央编译局编译，人民出版社1995年版，第68页。

③ 《马克思恩格斯全集》第1卷，中共中央编译局编译，人民出版社1995年版，第84页。

④ 《马克思恩格斯全集》第3卷，中共中央编译局编译，人民出版社1960年版，第54页。

⑤ 颜玉怀：《当代中国农民利益研究》，西北农林科技大学，2005年。

⑥ 王伟光：《马克思恩格斯关于利益问题的理论探索》，《中共中央党校学报》1997年第4期。

会把个人利益放在首要和优先位置，出现"人人为自己、上帝为大家"的问题，而集体利益或者整体利益的受损最终会导致个人利益的受损。以个人利益至上为原则必然使人与人之间的关系最终陷入人对人是狼的"丛林"状态。

人是群体性动物，一直生活在基本共同体中，基本的共同体为人提供衣、食、住、行和安全等基本的保障，基本共同体后来形成了社会。当人类进入文明社会后国家出现了，国家作为基本共同体改变了过去依靠血缘关系建立起来的共同体，而通过依靠共同的地域和共同利益建立起来。传统国家通过不断战争使战败者成为了被统治者，而战胜者成为了统治者，战争的背后是存在着统治者和被统治者的利益关系。在国家内部，统治者把国家利益（实际是统治者的自身的利益，统治者说的江山并不是国民的江山）放在至高无上的位置。在国家外部，国家都把其他的国家作为异己，又通过战争不断扩大疆域和利益，也在战争中实现国家的更替、朝代的更迭。纵观人类历史，人类大部分时间是在战乱中，国家为了实现自己的利益而不顾他国利益，破坏他国利益。

进入 20 世纪以后，国家的疆域、社会结构、管理方式和国家性质等都发生了巨大变化，但国家利益至上的观念没有变化，各国只考虑本国利益，而不考虑人类的利益，当两者发生冲突时，选择的是国家的利益而牺牲全人类的利益。这种狭隘的国家主义在世界上流行，导致国民对国家利益至上的观念更加认同了，他们都认为自己属于某个国家的公民，但是很少有人认为自己也属于这个世界的公民。目前，实行本国优先、追求本国利益最大化成为一些发达国家处理国际事务的原则，在国际上实行单边主义、贸易保护主义，只关注本国利益和问题的解决，而逃避国际责任，给本国人民带来暂时利益，但是从长远发展来看，这不利于国际问题的解决，动摇了国际关系和国家间的信任，导致国家间关系的紧张和冲突，增加了国际合作的成本，最终会影响到本国的发展。

尽管两次世界大战以后，世界总体进入相对和平时期，世界上的战争在减少，但是一些国家为了争夺资源，经常处于对峙的状态，一些国家会去掠夺其他国家资源，国家间敌对、局部地区战争经常发生，使得一些国家的人们始终笼罩在战争的阴影中。同时世界霸权主义依然存在，一个国家或者多国采取军事侵略的战争时有发生，霸权主义又带来了恐怖主义。

坚持人类利益至上原则是人类共同价值体系构建必然要求。人类利益涉及方方面面，有不同层次、不同范围的，涉及政治利益、经济利益、文化利益等，但其实质是人类整体上的利益。从广义上看，就是满足人类生存需要的利益。人类利益首先是指满足生存需要的利益，比如要有安全的环境，洁净的空气、水源，适宜的气候，适量的自然资源，远离流行性疾病，吃饱穿暖，等等。如果不顾及这些利益，人类就有生存危机。其次是指满足个人和国家发展的需要，如满足心理、享受需要，获取更多财富、资源等。如果不顾及这些发展利益，人类就不能生存得更好，不能更好实现人性，也就无法实现幸福。人类共同价值体系是基于人类共同的利益基础的，人类共同的利益体现的是不同主体在不同层次、不同维度上和一定条件下交叉重合的共同需求，从根本上讲就是人类的整体利益。构建人类共同价值体系必须要坚持人类利益至上原则。

第一，目前世界各国普遍奉行的国家利益至上的原则需要修正。个人利益至上无法从根本上实现人的幸福，国家利益至上也具有局限性和不合理性。这是因为，目前没有理由证明任何国家的利益都是至高无上，如果说国家利益至高无上，那我们推翻封建专制国家，打破封建专制国家的利益具有不合理性。从人类历史发展来看，国家只不过是人类从原始社会进入文明社会以实现自己利益的一种方式。在全球化的今天，人类的共同体从过去的氏族走向今天的国家，将来也必然实现从国家到世界。因此，国家利益至上并不是人类实现自己利益的最佳方式，从人类整体利益考虑要比从国家利益考虑更有利于人类生存发展，能够更好地实现人类普遍幸福。因此，不能把国家利益至上作为一条不变的原则。人类今天已经形成了命运共同体，共同体内各国命运与共、利益相联，人类整体利益与各国利益密切相关，人类整体利益受损必然会损害到各国和个体，没有哪个国家和个人可以幸免，置之度外，正所谓"覆巢之下岂有完卵"。如果整个人类充满敌对、陷入混乱，各国人民也就不会有安定、幸福的日子，埃博拉病毒刚开始在少数国家流行，至今肆虐非洲等十几个国家。2020 年东非地区蝗灾肆虐，影响到非洲以及亚洲国家粮食减产，带来了粮食危机；2020 年发生的全球性新冠肺炎疫情，在全世界 200 多个国家和地区蔓延，造成的经济损失不可估量。

第二，基于对人类共同利益的认识，人类利益至上的原则越来越多地得到世界各国和人们的认同。自然界是构成人类共同利益存在的首要基础，然而，自然资源是有限的，不是取之不尽、用之不竭，对自然界的开发和利用不能够无限制地进行，保护自然是人类共同利益的体现。人作为自然界的一部分，人类具有相同的生物意义上的共同需求，而这种需求也是形成人类共同利益的基础。因此，人类共同利益已成为一种客观存在。今天，局部和个别利益与人类整体利益的矛盾冲突仍会存在，解决这些矛盾冲突的方式应该是以服从于人类生活共同利益的要求为出发点，当个人利益、国家利益与人类整体利益相矛盾时，必须要从整体角度出发服从和成全人类整体利益。人类整体利益的原则应该成为人类处理一切事务的最高准则。

随着科技的发展和人类知识的丰富，人类对自身的认识不断提高，同自然界的关系得到了改善，也不断意识到过去个人利益至上、国家共同利益至上的给人类生存带来的危机。今天人类也意识到世界上的国家不再是过去以领土边界为范围确定国家权力和人们活动空间的"领土国家"，而是与外界紧密联系、相互依存的"全球化"国家。任何一个国家都不可能脱离国际社会而"独立"存在和发展。全球性的组织如联合国等纷纷成立，超出了过去单个国家的应对能力，国际合作成为各国的共识，国家的主权行使越来越多受到国际因素制约。人类正在自觉地寻求在共同利益的基础上解决问题的方法和途径，人类会改变过去的定式思维和习惯势力，将注意力更多地面向人类未来发展，按照未来的人类发展的要求确立人类利益至上的原则。

第三，确立人类利益至上原则是解决目前人类生存困境的正确选择。人类国家化以后，国家利益至上主义把国家的利益放在至高无上的地位，只考虑本国利益，而不考虑人类的利益，当两者发生冲突时，选择的是国家的利益而牺牲人类的利益。他们也不认同人类整体利益，认为利益总是以具体、个别的形式存在，人类整体利益是虚假的、不存在的。不仅大多数国家、政治家这么认为，而且老百姓也持这种观点，他们都认为自己属于某个国家的公民，但是很少有人认为自己也属于这个世界的公民。国家利益至上主义不断强化，导致了许多严重的人类生存危机，如生态环境遭到破坏、战争和恐怖主义等。这些问题产生的根源在于，人类国家化后呈现国家有政府而世界无政府，国家有强力组织管理而世界没有强力组织管理，国家的利益有保障而人类整体利益没有保障，导致个人、国家对人类整体利益的伤害。人类必须加快解决生存危机问题，解决国家利益至上所导致的生态环境问题、战争问题、恐怖主义问题和世界灾祸问题等，必须要以更好的方式取代它，实现人类和平、公正和普遍幸福。从人类基本共同体演进规律来看，不可能回到没有太多利益冲突的原始社会、氏族部落中去，只能是从国家共同体走向人类命运共同体，从国家利益至上走向人类整体利益至上，人们不能仅仅只考虑个人和本国的利益，要把人类整体利益作为出发点。

第四，把人类利益至上原则作为处理国家和个人利益关系的一条根本原则。人类利益至上原则克服了个人利益至上、国家利益至上的弊病和不合理性，人类利益至上原则要求在世界各国在处理与自然界、与他国以及个体利益关系时，首先要把人类整体利益看作至高无上的，在观照人类整体利益前提下协调各方利益。人类整体的利益是整个人类形成一个有机的、完整的利益主体时实现的利益，从广义上看就是为了满足人类生存和发展需要的利益，生存是基本，发展使生存得好，使生存得更好。尽管个人或群体是多样化的，有不同的目的、利益、需要和能力，有不同的个性和气质，作为同"类"属的人，不同的主体之间在不同层次、不同维度上和一定条件下具有交叉重合的共同需求，会产生命运相联、既利己又利他的共同利益。从这个层面来看，一方面人类整体利益体现了各个国家和所有人类个体共同的生存和发展利益，并不是体现某个国家、少数国家或者少数人特殊利益。但是，每个国家和个人的利益追求存在差异，个人利益和国家利益与人类整体利益有可能出现不一致甚至相冲突的情况。在这种情况下，个人利益和国家利益必须服从人类整体利益。如果不遵循这条原则，那么一些国家就会以实现本国利益为借口损害人类整体利益或他国利益。人类利益至上原则就是要摒弃那种只顾自己、全然不考虑他人、他国的利己主义或自私自利行为。对于违反这一原则的行为都是不正当的，都应该给予应有的处理，包括受到国际组织的制裁、道义上的谴责、国际法的惩罚，等等。

2. 维护基本人权原则

在人类命运共同体中，国家是主要的主体，因此需要尊重和维护国家主权，使国家成为世界的主人。好的国家以追求和实现全体公民的幸福为根本目的和使命，使公民成为国家的主体、国家的主人、社会的主体，这是现代国家和和谐社会的基础、保障和根本规定性。从这个意义上讲，尊重国家主权其实是为了实现公民主体地位。从人类社会是终极发展来看，个人是人类的主体，社会的所有最终都指向个人。人要实现自己的主体地位，实现追求价值和幸福的目的，必须在社会中进行，承担一定的社会角色，享有一定的权利和履行一定的义务。社会角色是人的社会规定性，是人作为人的先在规定性，也是人实现自我、追求价值和幸福的前提。在这些权利中有一些是人类具有共同角色的权利，即人类权利，其中包括基本人权，如生存权、发展权、自由权、平等权等。

权利对生存和发展以及幸福实现具有重要的意义。对于权利的理解，法学家和政治学家、哲学家都有不同的论述。西方价值体系推崇个人权利，把个人的权利看作高于一切。"个人拥有权利，有些事情是任何他人或团体都不能对他们做的，做了就要侵犯他们的权利。"① 从伦理学角度来看，权利实质上就是一定社会角色所具有的、与义务相匹配的可行使的权力和可享受的利益，是人们能够获得价值、实现自我的机会。这就是说，权利是属于社会角色的，只有承担一定的角色才能享有相应的权利，权利是以角色为基础和前提的，权利要与角色相一致。角色具有的这种权利通常是社会通过道德、法律、习俗、习惯、约定等赋予的，具有相对稳定性。权利能够被赋予，其依据在于要承担一定的义务，权利是与义务相匹配。权利是一种可以行使的权力和可以享受的利益，是否行使权力和享受利益决定于个人。因此，权利对一个人的生存和发展以及幸福实现具有重要的意义。一个人享有的权利越多，他获得价值的机会也就会越多，他的人生价值也可能越大。

人类具有共同的基本权利（基本人权）。人生活在不同的国家、民族、组织等共同体中，承担着不同的角色，拥有的权利也不同。在这些角色中，存在所有的人承担的相同角色，承担这些角色的人拥有共同的角色权利。在人类范围内，作为人类成员这一角色的权利（人类权利）应该包括生存权、发展权、自由权、平等权、人格权，等等。历史经验告诉我们，这些共同的（基本）权利往往会被忽视或者遭到践踏，需要经过长时间的争取才能获得，如西方近代经过几百年的斗争才使在没有自由的封建专制社会中获得了自由的权利。

维护这些基本的人权对于人类共同价值体系的构建具有重要意义。人类近代以前各个共同体（主要传统国家）分散在地球上的各地，没有真

---

① ［美］诺齐克：《无政府、国家与乌托邦》，何怀宏等译，中国社会科学出版社 1991 年版，第 1 页。

正的人类概念，也就没有人类权利的观念，互相都把对方作为异类，不同共同体处于敌对关系。随着全球一体化的发展，人类真正走在了一起。今天，人类命运共同体的理念不断深入人心，人类权利的观念也随之形成，并得到各国的普遍认同。"二战"之后成立的联合国为了确保人的基本权利，制定了上百个关于人权的国际文书。1945 年签订了《联合国宪章》，联合国大会 1948 年 12 月通过《世界人权宣言》（联合国大会 1948 年 12 月 10 日通过），1966 年 12 月通过了《经济、社会和文化权利国际公约》（联合国大会 1966 年 12 月 16 日通过）、《公民权利和政治权利国际公约》（联合国大会 1966 年 12 月 16 日通过）、《公民权利和政治权利国际公约任择议定书》（联合国大会 1966 年 12 月 16 日通过），国际人权会议 1968 年通过了《德黑兰宣言》（国际人权会议 1968 年 5 月 13 日通过）；联合国第二次世界人权大会 1993 年 6 月通过了《维也纳宣言和行动纲领》（联合国第二次世界人权大会 1993 年 6 月通过），还有《给予殖民地国家和人民独立宣言》（联合国大会 1960 年 12 月 14 日通过）、《消除一切形式种族歧视国际公约》（1966 年 3 月签订于纽约）、《禁止并惩治种族隔离罪行国际公约》（联合国大会 1973 年 11 月 30 日通过）、《禁止酷刑和其他残忍、不人道或有辱人格的待遇或处罚公约》（联合国大会 1984 年 12 月 10 日决议通过）、《消除对妇女歧视宣言》（联合国大会 1967 年 11 月 7 日决议通过）、《消除对妇女一切形式歧视公约》（联合国大会 1979 年 12 月 18 日通过）、《儿童权利宣言》（联合国大会 1959 年 11 月 20 日通过）、《儿童权利公约》（联合国大会 1989 年 11 月 20 日通过）、《人民享有和平权利宣言》（联合国大会 1984 年 11 月 12 日决议核准）、《发展权利宣言》（联合国大会 1986 年 12 月 4 日决议通过）等国际人权文件。

人类权利是人作为人类一员所享有的权利，因而这种权利是人所固有，不可剥夺的，也是不可转让的，是人之为人的权利。人类的权利种类有很多，随着时代发展种类也不断增多。在人类权利中有一些最基本的权利，被认为是人类权利母体，并得到世界普遍公认的权利，即基本人权。其中最重要的是生存权、发展权、平等权、自由权。

生存权是一项基本的和首要的人权。人的存在首要的是能够生存，没有了生存权，就谈不上人类的发展，其他人权也无从谈起。根据《联合国宪章》和国际人权文书的规定，生存权主要是指人民、民族或种族、群体和个人所享有的为维持其生命、生活、人身安全和繁衍所必需的条件得到保障而不受非法剥夺的权利。生存权最根本的是人的生命、生计和继续存在的权利得到保障。[①] 两次世界大战中，人类的生存权遭到极大的践踏。正是在这样的历史背景下，《联合国宪章》的第一句话就宣告："我联合国人民同兹决心，欲免后世再遭今代人类两度身历惨不堪言之战祸，重申基本人权，人格尊严与价值，以及男女与大小各国平等权利之信念。"作为联合国基本法之一的《世界人权宣言》规定："人人有权享有生命、自由和人身安全。"（第三条）

联合国建立以来通过的大量国际人权文书，从不同的侧面规定了生存权。《世界人权宣言》和1966年通过的人权两公约则更为明确地规定了生命权和其他生存权利。这样，保障生存权就成为参加人权公约或确认关于人权问题的国际习惯法的国家所承担的一项国际义务。生存权包括"生"（生命、安全）和"存"（发展）两方面。人类一直存在于世界上，而不同的是生存方式。纵观人类的生存方式，从过去的受奴役、不平等、不自由地生存，到现在倡导的平等地、自由地生存。人类共同价值体系提出的生存权关注的是建立在平等、自由基础上的生存。今天看来，生存权应该包括免受饥饿和贫困的权利、远离疾病的健康权利、生命权、和平权、人身安全权、救济权、发展权，等等。

发展权是一项综合性的人权，既包括公民权利和政治权利的内容，也包括经济、社会和文化权利的内容。它既是一项个人人权，又是一项集体人权。从国际人权法的角度讲，发展权是指各国人民、各民族和个人享有的主要由各国单独和集体采取措施促成实现的各项经济、社会、文化、政治和公民权利的综合性权利，目的是在不受剥削压迫和公平分配的基础上，不断增进人民的福利。1986年《发展权利宣言》第1条第1项规定："发展权利是一项不可剥夺的人权，由于这种权利，每个人和所有各国人民均有权参与、促进并享受经济、社会、文化和政治发展。"发展权的内容是在不断丰富发展和充实的概念。发展权的确立是为了改善世界人民的生存条件，为生存以及各项具体人权提供物质基础。发展权也是实现世界和平的重要因素，没有发展，就不会有真正的、持久的和平。从当前世界的实际情况来看，发展问题更为突出，尤其是广大发展中国家人民发展权

---

① 富学哲：《从国际法看人权》，新华出版社1998年版，第77—78页。

的实现，可以增加维护世界和平的力量和因素。①

平等权和自由权是近代以来，人类在反对封建主义的等级制和专制斗争中争取而来的。平等权和自由权被看作是与生存权、发展权直接相关的另外两项最重要的基本人权。作为联合国基本法规文件之一的《世界人权宣言》规定："人人生而自由，在尊严和权利上一律平等。他们富有理性和良心，并应以兄弟关系的精神相对待。"（第一条）"人人有资格享有本宣言所载的一切权利和自由，不分种族、肤色、性别、语言、宗教、政治或其他见解、国籍或社会出身、财产、出生或其他身份等任何区别。"（第二条）这些条文对平等权和自由权作出了明确的规定。

平等权是指个人和由个人组成的群体所享有的在政治、经济、文化、社会和法律地位等各方面的平等权利，即受到公平待遇而不受歧视的权利，主要包括在法律面前人人平等、民族平等、种族平等、男女平等、易受损害阶层的平等，等等。自1945年以来，随着《联合国宪章》的生效和大量国际人权文书的出现以及有关国际法文件的制定，平等权已成为一项基本人权。当今世界，人与人之间、国家与国家之间的平等还远未实现，就人与人之间关系而言，种族歧视、男女不平等等在一些地区依然存在。就国家之间的关系而言，国际秩序中的不公正、不合理的现象依然存在，霸权主义和强权政治仍具有较大的影响力。因此，实现平等权是人类面临的根本任务之一，也是人权的根本目标之一。自由权主要包括人身自由权、人格尊严权、住宅不受侵犯权和通信自由权；也包括政治自由，如言论自由、出版自由、集会自由、结社自由、游行自由和示威自由；还包括信仰自由。

尽管世界各国，尤其是西方发达国家与广大发展中国家在生存权、发展权、平等权、自由权上存在有不同的观点和做法，但这些人权逐步得到世界的公认。根据《联合国宪章》和《世界人权宣言》的相关规定，基本的人权比国家的主权更为重要，因此维护基本人权应当成为人类价值体系的基本原则。

如何维护基本人权？首先要遵循和维护《联合国宪章》和联合国通过的《世界人权宣言》等国际人权文书。《联合国宪章》是世界上第一个对于人权问题作出原则规定的国际法文件。联合国系统内所制定的国际人

---

① 富学哲：《从国际法看人权》，新华出版社1998年版，第123—126页。

权文书都是根据《联合国宪章》的宗旨和原则制定的。《联合国宪章》关于人权问题的规定，不仅具有普遍的意义，而且还是国际人权法的基本法律依据。《世界人权宣言》构成了联合国关于人权工作和制定有法律约束力的人权公约的理论基础。在 1948 年联合国大会通过时，48 个国家同意，8 个国家弃权，没有一个国家反对。这些条款得到大多数国家的公认，理应得到大家的遵循和维护。其次世界各国要积极争取和维护基本人权。权利一般不会自然而然地获得，而需要争取和维护。基本人权也需要去争取和维护，有时候基本人权得不到保障，有可能受到他人或者他国的不尊重甚至侵犯和践踏。最后还要通过国际人权法等国际法制维护基本人权。违反基本人权必须得到应有的惩处。要防止人权问题政治化的倾向，把人权问题作为推行其国际战略和实现其政治目的的手段，攻击别国的社会政治制度，挑起在人权领域里的意识形态方面的论战，企图把自己的一套社会、政治制度和人权观、价值观强加给他国。要防止少数国家利用人权侵犯别国主权和干涉别国内政，甚至动用军事武装达到侵略他国的目的，也要防止少数西方国家大肆推行其"人权外交"，把人权问题同经济援助、国际贸易挂钩。

3. 恪守和平底线原则

世界和平安全是人类孜孜以求的目标，是人类生存和发展的基本前提，也是人类普遍幸福的基本前提，因此需要把它作为是人类共同价值体系的基本价值原则。战争和恐怖主义会破坏和平安全，给人类带来生存危机，因此必须恪守和平底线原则。如果没有和平安全的环境，世界不得安宁，人类无法达成利益和价值共识，也就无法构建起人类共同价值体系，人类命运共同体构建就是一句空话。

全球化使世界成为了一个"地球村"，改变了人类的生存空间和环境，个人和国家之间不再是过去由于地理的阻隔、交通和通信的落后而老死不相往来、孤立封闭地存在和生活，而是成为了你中有我、我中有你的命运相联的人类命运共同体。共同体的环境也深刻影响着每一个国家和个人的生存和发展，关系到每一个人能否实现幸福、每一个国家能否实现和谐。人的幸福不仅仅与国家环境相关，也与世界环境息息相关，世界的环境如何关系到每一个人能否获得幸福。和谐的世界才有可能满足成员普遍更好地生存和发展，是人生幸福、国家和谐的基础。和谐的世界以人类和平、世界公正和国际合作为标志。因此，世界和平是人类普遍幸福的基本前提。

事实上，人类自古代到近代一直处于战争状态，不同的人群、部落、国家之间，虽然有过交流和合作，但总体上看是处于敌对的，甚至战争的状态。到了近代以后，西方思想家们积极构建能使市场经济正常运行和快速发展的理想社会，解决和回答这种"好社会"及其实现问题。"好社会"不仅要建立起来，而且要能够具有持续运行的稳定性和耐冲击力的坚韧性。在近现代西方思想家看来，有了自由、民主、法治和公正，一个社会不仅会是一个好社会，而且这种好社会是长治久安的。与此同时，西方思想家对国家之间的关系也进行了探索，康德提出了以国家具有独立自主的主权为基础的世界和平的思想，这体现了思想家们对人类整体未来的关切和预测，对人类社会的发展和学术都产生了重要影响，对今天构建和谐世界仍然具有重要启示意义。人类国家化以后，狭隘的国家主义思想流行，各国都一切本国优先、追求本国利益最大化，为了争夺更多的资源，导致国家间关系紧张、冲突甚至战争。20世纪的两次世界大战，给人类带来了深重灾难，仅第二次世界大战，战火遍及四大洲，军队和民众伤亡超过1亿人，造成人力、物力和资源的巨大浪费。第二次世界大战后，世界总体进入相对和平时期，世界上的战争已经大幅度地减少，但局部性战争不断，一些国家的人民始终生活在战争的阴霾下，国家政治不稳、经济停滞、社会动乱，基本的生活无法保障，更何谈幸福生活。同时，世界霸权主义和强权政治的国际秩序没有得到根本的改变，一些国家对其他国家采取政治干涉、经济掠夺、文化渗透、军事侵略时有发生，遭到受害国的反对，霸权主义又带来了恐怖主义。"正是美国称霸世界的野心，制造或加剧了当今世界的诸多矛盾冲突，并因此激发了恐怖主义的狂潮。"[1] "恐怖主义和极端思潮泛滥，是对和平与发展的严峻考验。"[2] 同时需要警惕的是，新式武器如核武器、生化武器等对人类的杀伤力和地球环境的破坏力大大增强。正如习近平主席指出："当今世界，战火和战争的危险依然存在，很多国家和地区的民众依然身陷炮声硝烟之中，无数妇女儿童的生命面临着严重威胁。一切有良知、爱好和平的人们都应该行动起来，共同

① 马德普等：《普遍主义与多元文化：霸权主义与恐怖主义的文化根源及其关系研究》，人民出版社2010年版，第3页。
② 《习近平谈治国理政》第二卷，外文出版社2017年版，第445页。

制止战争、维护和平。"① 历史告诉我们，国家之间的战争和恐怖主义给人类带来的只有灾难和痛苦。事实已经证明，国家的唯利是图、不择手段的极端利己方式虽然可能使本国暂时得到一些利益，但最终只会导致相互伤害。因此，人类和平对于当代人类生存不仅是必要的，而且是十分紧迫的。

坚持和平底线原则就是要把和平作为处理人与人之间、国家间行为关系的准则。和平相处是国家间正常交往的基础，过去国家间的敌对造成了国家间交往的阻隔，信息闭塞，始终处于二元对立的自然状态。人们共同生活的状态应是人们之间的和平状态，而不应是自然状态。"自然状态毋宁是一种战争状态，也就是说，尽管并非总是爆发敌对行为，但毕竟一直受到敌对行为的威胁。"② 因此，必须创建人们放弃敌对和相互伤害的和平状态。今天人类意识到人类是一个命运的共同体，任何伤害他国的行为都会造成对人类利益的损害，最终也不利于本国发展。人类普遍和平和各国共同发展要比各国敌对更有利于人类的生存和发展，更有利于实现各国的利益。尽管今天各国都建立了庞大的军队和国防，但人们已经普遍意识到和平比对抗好，依靠军事力量并不是实现和平的唯一途径，并努力寻求持久和平和全面合作的途径，试图用和平取代战争，用合作取代敌对，用对话取代对抗。人类共同生存和发展的需要已经使人类更为有理智，更加理性化。人与人之间、国家间相处必须把和平作为处理国家间行为关系的前提，反对任何敌对，反对任何形式的霸权主义和恐怖主义。把一切破坏人类和平的行为看作是邪恶的、不公平和不正义的。把和平作为人类行为是否善恶、是否正当以及是否有价值的划界标准。

要做到恪守和平底线原则，一是要增强人类整体利益意识。人类共同体在形成氏族、部落、民族和国家过程中，人类意识到共同体对个人的作用和意义，奉行把共同体的利益至上，人们把氏族、部落、民族、国家内的人作为自己的同胞，而把共同体之外的人不看作是自己的同胞，而视之为自己的敌人。伴随着全球一体化时代的到来，人类逐渐意识到人类处于命运的共同体中，人类整体意识不断增强。只有个人和各国的人类增强整

① 习近平：《在中国国际友好大会暨中国人民对外友好协会成立 60 周年纪念活动上的讲话》，《人民日报》2014 年 5 月 16 日第2 版。

② 李秋零主编：《康德著作全集》第 8 卷，中国人民大学出版社 2010 年版，第 354 页。

体意识，才能把世界看成自己的家园，把别的国家的国民看成自己的同胞，把个人和国家的利益与他人和别国以及人类整体利益相统一。坚守和平底线原则就是要消除至少是淡化国家至上主义，增强人类整体意识。二是要反对一切形式的战争。在人类历史上许多人利用战争占有了更多资源，利用战争使疆域的范围扩大，完成社会的更替，如部落之间的战争使社会的范围进一步扩大，形成不同的民族、国家。战争是一种严重的人类自相残杀，而且战争对环境的污染和资源的消耗都是非同寻常的，导致人类整体面临日益严重的生存危机和人类个体面临日益严重的生存压力。因此，从人类生存的角度看，无论什么战争都是灾祸，都是恶的东西。有学者断言，人类生存的最大威胁来自人类自身，没有什么比战争、恐怖主义对人类的伤害和困扰更严重的了。而现代的战争对人类的破坏是前所未有的，影响不仅仅是交战国，而是整个世界，会对整个世界产生消极影响。因此，任何人、任何国家都不得以任何名义发动战争，破坏世界和平。人类有可能消灭战争，在一个国家范围内可以消灭战争，在人类范围内同样也可以消灭战争。"常备军应当逐渐地完全废除。"① 在康德看来，战争是对永久和平最大的威胁，而常备军就是用来打仗的，只要有常备军存在，世界的永久和平就不可能真正实现。当代的战争和恐怖主义问题归根到底是利益冲突问题，人类要解决这一问题，完全有可能找到比战争更好的手段，比如对话和谈，建立一些沟通的机制。三是要形成人类普遍共识，建立世界组织、世界权力机构，要充分发挥联合国、安理会、世贸组织、世界银行等国际组织对于维护世界秩序的积极作用。今天国家发动战争或者导致战争的行为都应当被认为是邪恶的、不正当的、不公平的、不正义的，应受到全人类和世界各国谴责，也要受到世界组织惩罚。在当代人类有条件对话和谈、有国际舆论和国际制裁等制约措施的情况下，战争应当竭力避免。

4. 协商解决冲突原则

冲突不是一种单纯的静止状态，冲突表现为一种社会动态过程。战争是暴力冲突的最高形式，也是冲突的典型形式。人类文明史是一部充满冲突和战争的历史，人类在冲突中通过交流、沟通和寻找共同性，实现从隔绝到互通、从封闭到开放、从差异到统一。人与人、国家与国家的冲突自

---

① 李秋零主编：《康德著作全集》第8卷，中国人民大学出版社2010年版，第350页。

古有之，并不是现代社会的独特现象。人类的冲突主要体现为利益冲突和价值观的冲突，价值冲突是其他冲突问题的深刻根源。

在传统社会，由于自然界的认知和自身意识水平有限，以及地理阻隔和交通限制，人们的交往、交流较少，因而一般都不把部落、国家之外的人看作是自己的同胞，都认为国家之间是敌对关系，存在着利益上的冲突。

进入当代社会，全球化使世界成为了"地球村"，人类走向了一体，地球上的人与人、国家与国家的交往、交流密切，人类的活动范围增大，征服和占有世界的能力也大幅提升。在这个过程中，来自不同地区、国家和民族的人走在了一起，不同的人和不同的国家在利益追求上除了有共同之处外还存在差异，产生利益冲突不可避免。利益冲突是利益主体基于利益差别和矛盾而产生的利益纠纷和利益争夺。利益冲突表明利益主体之间这样一种动态状态，即不同的利益主体由于所追求的利益目标不同，处于自觉或不自觉的对立之中，从情绪对立发展到行为对立。[①] 就个人而言，在全球化背景下，一方面人的生存发展的需求不断扩大，个人利益的诉求也多样化，个人的利益和他人的利益或者国家的利益可能会产生冲突，这种冲突在传统社会并非普遍发生。另一方面，凭借市场经济的自由竞争，实现利益的最大化，大多数财富为少数人所占有，导致了贫富差距过大、两极分化，穷人和富人之间产生冲突。在国家层面，国家都把国家的利益放在最高位置，追求本国利益最大化原则，一些国家为了本国的利益不顾他国或者人类利益，对别国进行经济上的掠夺、文化上的渗透、军事上的干涉等，造成与受害国之间在经济、文化甚至军事上的冲突。

人类已经进入了多元的世界，国家是多元的，民族是多元的，社会群体是多元的，个人更是多元的。价值主体之间交流越来越频繁，一方面增进了彼此之间的了解，但同时由于价值主体多元化，世界各国历史、文化、制度各异，凸显了文化之间的差异和隔阂，引发了人与人之间和国家间各种价值观念的矛盾和冲突。当代价值冲突相比传统社会的价值冲突广泛得多，不仅仅存在于道德领域，而且广泛存在于政治、经济、文化、思想等各个领域里，同时还具有复杂性、深刻性和持续性。人与人和国家之间在价值领域的差异和冲突，说明人与人和国家之间有更基础的统一性，

---

① 王伟光：《利益论》，中国社会科学出版社 2010 年版，第 165 页。

有共同的价值前提，因为完全不同的事物之间也不存在冲突。因此，往往越是有冲突的各方，才越需要通过交流、沟通和合作寻求统一或"共同点"，需要通过确认共同点来缓和或者化解冲突，达成一定程度的价值认同，以避免两败俱伤甚至共同毁灭。这种在冲突中寻求共同点和进行交往、对话、沟通、合作、协商的意识和行动，为冲突的解决提供了可能。

协商解决冲突原则就是在国家之间、国际组织之间通过建立协商机制和平解决冲突的原则，其目的在于协调冲突，兼顾双方，实现双方利益最大化，达到双赢，在不能协调和兼顾双方利益的情况下，以整体为重。它要求避免使用其他非和平途径解决，反对零和博弈，把协商作为解决人类所有冲突的基本原则和根本方法贯彻到解决冲突的全过程。

协商冲突的解决前提是进行对话，对话是采用友好的方式而非敌对方式，用对话取代对抗。冲突各方通过沟通、对话甚至相互妥协缓和或化解冲突，以避免导致两败俱伤甚至共同毁灭的结果。第二次世界大战以后，人类在构建和谐世界方面进行了积极探索，联合国、世界贸易组织等国际组织相继成立，世界性的会议、赛事定期召开，国家与国家之间建立了长期战略伙伴关系，形成了合作对话解决机制。这些机制一定程度上缓解了各国之间的敌对，有利于各国合作。

协商的方式可以是冲突当事双方进行直接协商，根据两国现有框架和国际规则进行协商后解决冲突，也可以是通过第三方出面协商，通过多方会谈，如近年来朝韩多次进行会谈，中国等国出面进行协商。国家之间和国际组织之间协商的方式不是固定不变的，而是协商的方式可以随着时代发展而变化，但是通过协商解决冲突的这种利用和平、对话解决冲突的理念和原则是不变的。任何以使用战争或者恐怖主义的行为等非和平、非对话、非协商的途径来解决冲突的行为，都应被认为是不公平、不正义、邪恶的。

协商解决冲突需要运用法制的手段，法制是调解冲突的有效手段，具有协调的价值。国家之间、国际组织之间各种冲突在所难免，尤其是各国普遍的竞争更经常地导致冲突。要避免和调解冲突，一方面要建立国际公认的法律和国际准则，使得冲突控制在国际法和规则的前提下，基于这种前提，不至于让世界出现混乱；另一方面对于践踏人权、国家主权和国际法等冲突行为，必须有公正而有效的社会裁决调解机制。法制就是这种避免无序竞争，调解各种矛盾和冲突的制约机制。

人与人之间和国家之间的相互对立、相互冲突对全球化的过程产生了负面影响，尤其使用武力的冲突给人类生存带来了严重的危机，在价值领域上难以达成共识，对人类命运共同体和人类共同价值体系的形成产生阻碍。但同时，我们应该看到，不同文化、不同价值观之间的交流与碰撞产生价值冲突不可避免，我们必须以积极的态度应对冲突。现代价值冲突是与商品经济相伴相生，商品经济的核心要求是竞争，竞争成为了当代价值冲突的普遍形式，而竞争促进个人、他人和国家利益和价值的实现，从而为人类的发展提供可能条件。人类应积极面对冲突而不是逃避冲突，应积极解决冲突而不是激化冲突，不能使冲突走向极端，而要在冲突中寻找沟通、协商的机会来缓解冲突，在冲突中寻求解决冲突的方案。

以上提出的人类共同价值的四项基本价值原则，是人类共同价值体系的保障，是实现世界和谐、人类普遍持久幸福的基本要求，也是世界道德、世界政治应坚持的基本原则，应该把它们作为衡量个人或者群体行为的善恶、正当不正当、公平不公平、正义不正义的基本尺度。如果违背了这些原则，人类共同价值体系的终极价值目标和核心价值理念无法转化为人们的现实活动，就会和人类历史上的理想价值体系一样不能变为现实。因此，任何违背这些基本原则而破坏人类更好生存发展的行为，都应受到整个人类的谴责和制止，并得到应有的惩罚。

三　人类共同价值体系基本价值原则的贯彻和落实

在人类共同价值体系中，价值目标和价值理念与人类历史上的价值体系同中有异、异中有同，但基本价值原则是人类共同价值体系与其他价值体系的根本性区别。基本价值原则既是人类走向命运共同体的根本要求，又是人类共同价值体系核心价值理念所必须遵守、不可违背的基本准则。只有坚持和贯彻人类共同价值体系基本价值原则，人类才能解决好生态环境危机问题、人类敌对、战争和恐怖主义问题、重大灾祸问题、科技滥用问题以及由此引起的价值冲突问题，人类才能够实现和谐，实现人类和平、公正和合作，从而实现人类普遍幸福。人类基本价值原则是不能违背的，否则人类共同价值体系无法变成现实，人类命运共同体构建也就成为了一句空话。

要落实人类共同价值体系基本价值原则提出的基本要求，一要在各国、国际组织在制定本国法律、规章制度和处理外交、国家事务等各项工作中，都要严格遵循这些要求，以之作为一切工作的准则；二要使这些要求成为世界各族人民的共同信念，做到"知情意行"的有机统一，使其在理论认识、价值情感、实际行动上达成共识，使之能被世界各国以及各国人民和国际组织广为接受。

第一，不断强化对基本价值原则的共同认知。人类共同价值体系作为一套理论体系，首先需要世界各国以及国家的人民对其进行认知。认知主要分为两个层次，一是感性层次，二是理性层次。感性层面的认知与实践关系最为密切，也是达到共同认知的关键。[①] 仅仅有对人类共同价值体系的理论层面的认知是不足以达到普遍性认知程度的，这是因为对于同一个概念，每个人、每个国家因其文化背景、制度等不同对人类共同价值体系内涵的理解会有不同，而对于人类共同价值体系作为一个发展的体系来说，其意义会在人类实践中不断发展，产生变化。因此，要达到共同认知，首先要从感性认知入手。与理性认知相比，感性认知直接与价值客体、与实践相接触，而客体和实践又是最公共的事物，可以说一切客观实在性都来自于客体和实践。所以，只有将基本价值要求与实践相结合，才能获得它所要求的共同认知。反过来，这种建立于人类实践的感性认识经进一步抽象后又能使理性认识不断深化，使之更接近真理。只有经历这一整个过程，对于人类共同价值的基本原则的共同认知才能最后形成。

第二，不断培养对基本价值原则的共同情感。情感是人对客观事物产生的态度体验，当人的要求得到满足时，就能产生愉悦的情感。人类共同价值体系坚持以人类整体利益为根本出发点，基于多元主体、世界国家化现实，尊重各国主权和基本人权，能够在尊重价值多样性和差异性的基础上，构建符合人的内在本质性、人类根本利益而普遍认同和遵守的价值信念。这样的价值体系能够激发人们的共同情感。具体而言，坚持人类共同价值基本原则的基本要求可以实现以下要求：一是使每个国家、每个人成为世界主人，不会有异化现象，在人类共同体里每一个人实现全面而自由发展；二是解决世界贫困，消除两极分化，实现全世界的公正；三是以人类自身的生存和发展为根本出发点，解决好生态环境，破解全球性治理难题，消除战乱和恐怖主义，实现世界和平；四是不断增加人与人、国家之间互信，通过协商解决已经产生的冲突，实现人类普遍幸福、促进世界和

---

① 江畅、张媛媛：《中国梦与中国价值》，武汉出版社 2016 年版，第 221 页。

谐。这些正是当前人们的共同需求，世界各国的共同企盼，能够激发世界各国人民的共同情感。

第三，不断凝聚对基本价值原则共同行动。意志是人在把欲望转变为行动目的，并在追求行动目的实现过程中所表现出来的一种能动作用，是决定达到某种目的而产生的心理状态。意志是人性结构动力系统中最重要的推动力和控制力，是人类区别于动物的根本特征之一。如果说认知主要关注的是人能知道什么，情感关注人喜欢和厌恶什么，意志关注的就是人要做什么，这三个问题共同回答了人是什么的问题。那么，基本价值原则的共同认知主要关注的是人类共同价值体系是什么的问题，基本价值原则的共同情感关注的是人类共同价值体系是否得到喜爱的问题，基本价值原则的共同意志关注的是如何构建人类共同价值体系的问题，这三个问题共同回答了人类共同价值及实现的问题。人类共同价值体系作为人类一直追求的理想价值，仅仅靠认识和情感是不够的，还必须要发挥意志的作用，才能使得人类的理想价值目标真正实现。

基本价值原则的基本要求体现了人类共同价值最基本的内容，也是人类命运共同体倡导的基本要求。我们只有在知情意行中对基本价值原则的基本要求进行理解，才能形成价值认同，从而汇聚人类的各方面的力量推进人类共同价值体系的早日实现。

第四章

人类共同价值体系现实
构建的原则与路径

人类历史上的价值体系，尤其是中西方近现代价值体系的形成，都经历了由理论构建到现实构建的过程。人类共同价值体系的构建亦须如此。本研究在上一章已经讨论人类共同价值体系的理论构建问题，并提出了一个基本的理论构架，本章将更进一步，集中讨论其现实构建问题。拟分四个方面展开：首先考察人类共同价值体系现实构建所要完成的主要任务以及其中可能遭遇的障碍；其次通过比较中西价值体系的现实构建，总结其经验和教训，从而为下一步的探讨提供有益的思路；再次，基于前两个方面的考察和比较，提出人类共同体系现实构建应予遵循的原则；最后提出现实构建的具体路径。通过这四个方面的论述，本文力图为人类共同价值体系的现实构建提供一个总体的设想和初步的方案。

第一节　人类共同价值体系现实构建的
主要任务及障碍

人类共同价值体系要得以落实，就必须确立明确的目标和任务，也就是要理清，对于人类共同价值体系的构建，我们需要做些什么以及如何去做，可能遇到什么困难和障碍。只有这样，才能为正确确立其构建原则和路径奠定基础。

一　人类共同价值体系现实构建的主要任务

人类共同价值体系现实构建的任务就是要让这一体系切实生效，为人类共同应对一些全球性问题的行动方案提供价值依据。为此，这一任务实际上又可分为两步：一是要通过各大文化之间的对话和交流，充分认同人类命运共同体的理念，进而对人类共同价值体系的基本内容达成共识，最终形成践行这些价值的基本方案。二是针对人类面临的全球性问题，在人类共同价值体系的指导下，制订合乎伦理的专门行动方案。简而言之，第一步的任务是要确立对人类共同价值体系的普遍认同，第二步的任务是落实和践行人类共同价值体系的基本价值观，使之在应对全球性问题上切实发挥规范指导的作用。显然，第一步是前提和基础，如果这一步不能达成，第二步就无从谈起。

第一，寻求对人类共同价值体系的普遍认同。要实现普遍认同，从以下五个方面考虑：

其一，构建具有伦理精神的价值体系，为人类提供共同信念。我们要构建的人类共同价值体系是一种理论体系，这种价值体系在世界各国的价值系统中应该发挥价值核心的作用。这种共同信念的性质应该是伦理的，这是基于对人类中西方价值文化的历史、现状而做出的判断。西方主流的价值文化或者说对于民众的文化生活有主要影响的，是以基督教为主的各种宗教传统。近代以来，其宗教传统的影响已趋式微，但其或强或弱的价值支撑作用仍不可否认。而在传统中国社会，其价值文化中宗教不占主流，而主要是通过伦理价值来发挥核心作用，其中的一个重要特点是伦理本位，以伦理代宗教之用。西方在现代化过程中，社会各领域不断分化，政治、宗教、经济、社会等领域不断分离而体现出其独立性，由此导致了伦理生活的日益分化。这就要求必须制定以各领域的伦理来规范人们的行为，而这种局部有效的价值规范，不能够凝聚人心，使得各领域出现价值的冲突与分裂。人类共同价值体系要解决人类现代化进程中各领域的分化而导致价值分裂的问题，就必须从伦理的层面展开系统研究，在价值多元化中构建共同的合理的伦理观念体系，为人类的生存和发展提供统一的方向和基本的支撑。

其二，构建世界各国认同的价值体系要体现世界性。人类价值体系是世界各国共同参加构建并认同遵循的价值体系，不是少数国家主导认同、只适合于少数国家的价值体系，更不是少数国家强加给其他国家的价值体系。人类共同价值体系在主观上要得到各国的普遍认同和接受，与不同主体（组织、民族、国家等）的权利和责任、利益、需要和能力相一致。客观上要体现人类的共同人性，一是人的内在本质性，即人具有的与他人共生共存、共在的这种共同性，体现了人的社会性、人的社会本质；二是道德生活的共同价值追求，即在道德层面追求有德行，做一个有品德的人，扬善抑恶，对"好生活"和"好社会"的追求；三是人类具有共同的"类"属性，即具有某些共同的自然属性和有共同的尺度，因为生存和实践的基本方式相同、历史演进基本一致而具有一些基本的共同点；四是人类共同利益存在，即满足实现生存和发展需要的利益，生存是基本，发展使生存得好，生存得更好。因此，人类共同价值必须在价值目标、价值理念和价值原则上要适合人类绝大多数主体的利益，并且要为人们的经验和现实客观条件所认同，代表着绝大多数人的主体的要求。

其三，构建的人类价值体系具有世界性也要体现民族性，要正确处理好民族性与世界性之间的关系。人类价值体系不是人类一统的价值体系，那种人类普世皆准的价值体系也是不存在的，如果世界只有一种价值体系也是可怕的，多元的价值世界要比一元的价值世界精彩得多，鲁迅先生曾指出"只有民族的，才是世界的"。我们要构建的人类共同价值不是一个以普遍性取代个性、特殊性的过程，① 相反，它是在承认和尊重个性、特殊性的基础上，逐步寻求共性、普遍性的过程。人类价值体系具有世界性也尊重不同民族的价值观的差异，不是去同化，而是在充分尊重世界各国、各民族特殊价值的基础上求同存异，不同国家、民族在价值观上相互碰撞交流、相互学习、取长补短。

其四，构建具有建设性的价值体系，为人类提供积极意义的观点。我们要构建的人类共同价值体系重在建设，给人类提供一种具有积极意义的观念的价值体系。今天我们构建人类共同价值体系要积极借鉴人类历史上主流价值体系的经验，吸取其教训，构建起人类最先进的价值体系。这个过程中，应该是建设而不是批判，是有所"立"而非"破"，选择和论证优秀的观念，并通过适当的疏导，体现到当代人类的现实生活中，为解决当代人类生存和发展问题、实现人类普遍幸福发挥积极作用。

其五，构建具有兼容并包的价值体系，吸收人类价值体系的精髓。人类共同价值体系的内容不是单一的，要积极吸收各国、各民族价值系统中的有益因素。全球化时代，国家大都进入了现代民主的社会，价值观念多元化成为了事实。但是"从伦理意识的历史的或民族的差异这一事实，不

---

① 戴茂堂、刘珊珊：《强化构建我国主流价值文化的国际视野》，《华中科技大学学报》（社会科学版）2013 年第 5 期。

能推导出一种'伦理相对主义'"①。价值观念多元化、多样化的同时有主流的价值引导，不然会导致社会生活各层次上的分裂。人类共同价值要发挥对多元价值的引导作用，引导不是制服其他价值体系，而是要体现自身在理论与实践上的优势。《中庸》说："万物并育而不相害，道并行而不相悖。小德川流，大德敦化。"我们要构建的人类共同价值体系是人类的理想价值体系，是在尊重其他价值体系存在的基础上逐步寻求共性、普遍性，鼓励各国家、各民族发挥其积极作用，对其他价值体系具有包容性，为人类共同价值体系提供丰富的价值资源。

第二，人类共同价值体系的落实与践行。这一任务至少要考虑三个方面，分述如下：

其一，针对特定的问题，从价值体系中选择相应的价值理念并进行适当的排序，以贯彻于解决问题的思路之中。如前所述，目前的全球性问题分很多种，而对于不同类型的问题，我们可能需要从已建构的价值体系中选择不同的价值理念来指导并赋予相应的权重。比如说，对于与气候变化相关的温室气体排放问题，我们可能首先应该考虑"发展"这一基本价值理念，必须总体上保障可供持续发展的气候环境；其次必须考虑"公正"的理念，亦即根据各国社会经济的具体情况，予以适当的温室气体排放配额；如此等等。也就是说，对于气候问题，我们首先考虑以发展和公正等理念来指导应对方案的制订，且其权重由大到小的价值排序是发展、公正，等等。而对于国际贸易的规则问题，我们可能要选择的价值理念依权重由大到小的排序可能是：自由、公正、共赢等。对于打击恐怖活动的合作问题，我们所选择的价值及其排序可能依次是：和平、合作、民主，如此等等。当然，对于这些问题是否当如此选择和排序，还需要进一步的细致讨论。但无论如何，以上的举例表明，我们在运用人类共同价值体系来为这些问题的解决提供指导时，不能采取"一刀切"的方式，而必须根据问题的不同做相应的处理，由此才能让价值体系切实有效地发挥作用。

其二，经过各方的协商和讨论，针对特定的问题形成基本一致或相容的解决方案。人类共同价值体系是基于人类命运共同体的理念，针对全球

---

① ［德］马克斯·舍勒：《价值的颠覆》，罗悌伦等译，生活·读书·新知三联书店1997年版，第2页（编者导言）。

性问题而提出的。不可否认，当今世界几大文明的价值观有着明显的差异，且各有其深厚的历史文化传统作为支撑。但这并不意味着，人类共同价值体系的基本价值观不可能得到普遍遵循，因为这些价值观的指导作用主要体现在为解决这些问题提供价值导向或道德目的，而对于同样的道德目的，我们可能采取多种方式去履行。这里的问题在于，各方或各国在上一点讨论的问题得以解决的情况下，亦即认同应该基于哪些价值理念来解决某一特定问题，但仍然很可能按照自身的价值传统来采取不同的行动方式。这些行动方式的不同本身是可理解甚至是合乎情理的，那么要确保共同价值体系的理念确实发挥指导实践的作用，其关键不在于让各方采取一样的方式，这不仅不可能做到，也不合理；而在于不同的行动方式能够基本一致，或至少彼此相容而避免相互冲突。这就需要各方的协商和讨论，建立协调和对话的机制，各方尽可能采取虽然不同但彼此不冲突的具体道德解决方案。

其三，与各国的政治、经济乃至自然环境等因素相结合，形成切实有效的行动方案。全球性问题虽然是目前人类共同面临的问题，但其解决方案要达到令人满意的效果，就必须与各国的具体条件相结合。从大的方面说，世界各国的发展程度是不同的，总体上说是极其不平衡的。因此，在大多数全球问题的解决上，我们不应当要求各国承担同等的义务，这样看上去公平，其实是完全不合理当然实际上也不可能公平。这就要求我们在价值体系履行的行为层面留有考虑其他因素的空间，由此相应的价值理念才能通过不断与具体条件结合，而达成其预期的效果。

二　人类共同价值体系现实构建的主要障碍

然而，要完成上述任务，我们仍面临不少障碍，主要有如下四个方面：

第一，世界各国的经济发展极其不均衡，由此造成的贫富差距导致人类在价值领域的各种合作困难。

这种世界经济发展的不平衡首先是随着现代性的展开而不断加大的，这一发展过程至少已持续了500多年。但由于世界各国的现代化进程及其程度不一，并且全球经济的分工和分配并不平等，由此造成如今少数发达国家占有多数财富、大多数国家处于贫困的世界经济格局。根据《2018年世界最不发达国家报告》公布的数据，经联合国认定的最不发达国家有

47 个，其中大部分在非洲（34 个），这些国家人均 GDP 不超过 900 美元，人口超过 10 亿，占世界人口约 13%，但是 GDP 仅占 1.3%左右。而国际货币基金组织认定的发达国家（34 个）人均 GDP 都超过 1 万美元。这种主要由于历史原因形成的国家之间的巨大贫富差距，其本身就蕴含着不公正和不平等的因素，由此使穷国和富国之间有着深刻的矛盾，并构成相互冲突的一大根源。[①] 而人类共同价值体系的践行，有赖于国际间的普遍合作。但显然，国家间的这种巨大贫富差距对国际合作的意愿产生了极其不利的影响。

就不发达国家而言，贫困本身不仅使他们难以对国际合作产生多少兴趣，也直接影响到他们在国际合作中的负责能力，从而很难真正参与到由人类共同价值体系来指导的行动方案。不发达国家首先想要解决的是其自身的贫困问题，解决全球性问题并非当务之急。如果说全球性问题关系到他们未来的长远发展，那么贫困就直接威胁到他们当下的生存。因此，他们不会对解决全球性问题的国际合作产生较强的意愿，并且他们即使出于各种原因参与合作，也由于自身经济、政治等方面的制约，缺乏较强的担责能力。

发达国家的发展程度较高，往往由此衍生出经济、政治乃至文化价值观上的优越感。而且他们往往基于其较强的担责能力，要求在国际合作中更强而不是同等的话语权。这些都使得他们很难与不发达国家之间建立全人类共同价值体系所要求的平等相待、互商互谅的伙伴关系，更难以共同发展的状态来参与国际合作。更有甚者，在当今现实的国际合作中，一些发达国家凭借自己在经济、政治、文化上的优势，大力输出自己的价值观，把人类共同价值等同于西方国家的所谓的"普世价值"，往往打着人权、自由等"普世价值"的旗号干涉这些国家的主权，进行经济剥削、政治颠覆或文化渗透。其中蕴含的恃强欺弱的"丛林法则"，不仅与人类命运共同体的理念背道而驰，由此不可能建立人类共同的价值体系，而且其所谓的国际合作反而会加剧国家之间的不平等和冲突。

第二，世界政治中意识形态领域的对抗，使人类共同价值体系的践行变得更加困难，当代世界政治的多极化趋势也使这个问题变得更加复杂。

---

① ［德］安德烈·冈德·弗兰克：《依附性积累与不发达》，高铦、高戈译，译林出版社1999 年版，第 46—48 页。

在现代化过程中，世界各国基于自身的历史和文化因素，选择了适合自己的不同的政治制度；尤其是"二战"之后，整个世界划分为社会主义和资本主义两大阵营。西方国家普遍选择了资本主义制度，采取代议制民主的政治形式，尽管不同国家民主政治的实现形式有所不同。以中国和苏联为代表的一些国家则选择了社会主义制度，采取社会主义的协商民主形式，并建立了与资本主义相抗衡的社会主义阵营。从 20 世纪 50 年代至90 年代，两大阵营在意识形态领域的对抗，使整个世界长期处于分裂而动荡的"冷战"状态。这种"冷战"状态对世界和平产生了严重威胁，当然也更不可能促成人类共同价值体系所要求的普遍而平等的国际合作。

"冷战"随着苏东剧变而结束，但西方尤其是超级大国的"冷战"思维并没有消失。西方世界的主流观点一度认为，苏东剧变意味着资本主义制度的胜利，是资本主义即将全球化而一统天下的表现。[①] 这其实是"冷战"思维的延续和突出表现。事实上，苏东剧变并不意味着资本主义的普适性或世界政治往资本主义方向走向一体化，而是随着意识形态的对抗逐步退出世界政治舞台的中心，全球政治呈现出日益明显的多极化发展趋势。

世界政治的多极化，其本身可能为构建人类共同价值体系提供有利的契机，因为随着"冷战"的结束，我们完全应该摒弃或至少削弱意识形态上的对抗思维，以和平与发展为主题，为人类普遍意义的合作开启新的篇章，通过文化间的对话和相互包容而寻求人类共同的价值观。但问题的另一面在于，"冷战"的结束也使某些大国以意识形态胜利者的姿态，要求文化价值观的主导权，甚至对其他国家的文化和价值观上的话语权和支配权。这实际上是"冷战"思维从政治向价值领域的扩展，这一点的理论表现明显可见于亨廷顿的"文明冲突论"。在多极化的世界政治趋势下，这种对抗性的"冷战"思维可以说是践行人类共同价值体系的一个根本性障碍。

第三，各国文化上的差异以及可能导致的冲突，给人类共同价值体系的认同带来了特别的困难。人类文明已经历几千年的发展历史，不同的民族国家在此过程中发展出了有其自身特色的文化传统，由此形成了当今世

---

① ［美］弗朗西斯·福山：《历史的终结及最后之人》，黄胜强等译，中国社会科学出版社2003 年版，第 1 页。

界各国文化具有差异、各有其悠久文明史的文化传统共存的世界文化格局。这种文化多元共存的现象，可以说既是人类文明发展不可否认的历史事实，在可见的未来这种情况也仍将持续。文化价值观的多样性是一种客观存在的事实。那么，就人类共同价值体系的现实构建而言，如何处理好文化价值的一元与多元、价值的普遍性与特殊性问题，就是一个颇具挑战性的难题。这个问题由于西方文化的强势输出和扩张而显得尤为棘手。

毋庸讳言，西方文化经过近几百年的发展，在世界舞台上比较强势且发挥主导性的影响，这当然与西方文化的发展逻辑及其扩张性质是分不开的。在当代全球化的过程中，西方国家往往利用自己的政治、经济和军事上的优势，动用发达的国际传媒，大张旗鼓地宣扬自己的文化是最先进、最合理的，认为其文化的价值观念、理念、行为方式最应该推广、普及到全世界各国，从而在全球强行输出自己的文化价值观念，进行文化和价值扩张。但这些文化价值观念虽然戴着"普世"的面孔，但其背后却蕴含着资本主义的经济谋利和政治侵蚀的目的。因此，一个显见的事实是，发展中国家对西方文明的全盘接受给自己带来的，不是福音而是灾难。也因此，非西方国家对于西方文化霸权主义普遍持有抵制和反对的态度。

但是，在抵制西方文化霸权主义的同时，一些非西方国家也走向了文化相对主义，从而拒绝进行文明间的交流和对话，排斥任何形式的人类共同价值。其实从人类命运共同体的角度来看待各国的文化差异，较为健全的态度应该是认为"文化差异是现阶段普遍存在的事实，正是这些差异赋予人类文化以多样性。由于差异的存在，各种文化体系才有可能相互吸收、借鉴，并在相互比照中进一步发现自己、发展自己"①。

由此看来，无论是文化霸权主义或者是文化相对主义，都是一些国家反对构建人类共同价值体系的理由。构建人类共同价值体系意味着通过相互协商、协调，自觉、逐步地走向一致，而不是粗暴地强求一律，甚至以武力相威胁，强加于人。构建人类共同价值体系也意味着通过对话、沟通，从价值的特殊性中寻找具有普遍意义的内涵，要改变各国不适应现代文明发展、构建适应人类共同价值的文化内容，而不是极力弘扬和推销本土文化。

---

① 孙伟平：《价值差异与社会和谐——全球化与东亚价值观》，湖南师范大学出版社 2008 年版，第 67 页。

第四，军事力量的不当运用，对人类价值体系的践行造成了极其不利的影响。从道德的角度说，人类的军事力量应该是用来抵御外敌、保家卫国的，是为了让人类生活能够有一个安全的环境，维护人类社会的基本秩序。但人类有史以来，军事力量的强大也容易使统治者或权谋家滋生征服、扩张乃至掠夺的野心，从而用于不道德的目的。随着现代科学技术的高速发展、人类军事力量的不断强大，军事力量的不当运用，对世界和平以及人类价值的破坏也达到了极其可怕的程度。20 世纪的两次世界大战以及核武器的运用，即是其中的先例。

在当今世界，不少军事力量较强的国家同样存在这样的问题。其强大的军力往往用于对外的各种扩张和侵略，或成为干涉他国政治以为己谋利的工具；受到这种威胁或处于这种危险中的其他国家则不得不被动地加强其防卫力量。这种现象突出地表现在"冷战"时期的军备竞赛和核威慑。"冷战"过后，军事力量用于相互对抗的情况虽有所缓和，但仍然相当严重。大国发动局部战争来侵略和干涉他国的情况并不鲜见；大国削减武器的谈判进展困难；一些国家发展并寻求拥有核武器，正是对大国军事力量不当运用的应激或自卫的反应；世界军费开支极其庞大；如此等等，不一而足。可以说，军事力量的不当运用及其造成的恶性循环，对于推行人类共同价值体系构成了实实在在的巨大障碍。

第二节　中西近现代价值体系构建的经验教训

如上一节所述，人类共同价值体系的现实构建是一项极其艰巨的任务，面临各种极为棘手的难题。在此，我们有必要认真审视人类历史上的相关经验和教训，从而为今天人类命运共同体背景下的人类共同价值体系构建提供有益借鉴。正是出于这样的考虑，本节将着力考察中西价值体系构建的历史经验，并对两者进行比较分析。这项工作有助于我们深入了解中西价值体系本身的异同，也有助于我们从中梳理有益的思路，为构建当今人类共同价值体系提供思想资源和启迪。

一　中西近现代价值体系现实构建的异同

近现代以来，西方国家和中国先后建立了各自的价值体系。而这种价值体系之所以说是近现代的，当然是与"现代性"这一概念的时间维度紧密相关的。西方国家的现代性开启较早，其时间点可追溯到 15 世纪末的地理大发现，但其经济、社会、政治和文化等各领域的现代性进程及其程度都是不一样的，且其中的各个西方国家无论是在启动还是在过程上也有差异。[①] 总体上说，西方现代性的发展经历了一个漫长的历程，按照哈贝马斯的说法，西方的现代性仍在持续，是一个"未完成的工程"。我们从价值的角度大致可以说，西方价值体系的理论构建主要发生在启蒙运动时期，而其现实构建或其践行仍在持续。中国现代价值体系的构建是在 19 世纪西方文化的冲击下开始酝酿并启动的，20 世纪上半叶展开激烈的理论争论，在外敌侵略和政治压力的背景下确定基本方向，而在新中国成立之后逐步形成的。[②] 由此看来，中西近现代价值体系的现实构建有着相当不同的轨迹，其区别大体可概括为如下三个方面：

第一，两者的价值来源和历史背景不同。一般认为，西方文化的源头主要有四个：一是古希腊文化，二是古罗马的政治文化，三是古希伯来的宗教文化，四是近代意大利的商品文化或市场文化。以上这四种文化先后在西方国家占据主导地位，其中古希腊文化的基本精神奠定了西方历史文化发展的基调，也成为了西方近现代价值产生的主要源头。这种基本精神主要体现为个人主义、科学主义、法治主义、理性主义。近代以来西方市场经济的兴起和发展，使得西方资产阶级要自觉构建资本主义价值文化，这可以理解为西方价值体系构建的动力源泉和历史背景。由此看来，近现代西方价值体系是一种适应市场经济取向的资本主义性质的价值体系。

中国近现代价值体系的构建是在与西方不同的时代背景下进行的。18 世纪开始的"西学东渐"以及西方文化对中国本土文化的冲击，构成了中国近现代价值体系构建的主要背景。中国近现代价值体系的构建，经历了一个不断引进、吸收、消化西方价值观，并与中国当时的实际情况相结合的过程。1949 年，中国共产党领导的新民主主义革命取得了胜利，马克思列宁主义成为构建我国现代价值体系的指导思想，并在此基础上逐渐形成了社会主义价值体系。

第二，构建过程中发挥作用的主体不同。西方近现代价值体系的构建

① 夏光：《东亚现代性与西方现代性 从文化的角度看》，生活·读书·新知三联书店 2005 年版，第 4—14 页。

② 罗志田：《变动时代的文化履迹》，复旦大学出版社 2010 年版，第 23—27 页。

可追溯至文艺复兴时期，经历了文艺复兴、宗教改革、海外殖民、启蒙运动、资产阶级革命、产业革命、科技革命等直到两次世界大战结束。在所有这些过程中，文艺复兴、启蒙运动和资产阶级革命对于近现代西方价值体系的构建具有奠基的意义，发挥了关键作用。其中，文艺复兴冲破了西方中世纪基督教教会的专制统治和神学思想对人的束缚，奠定了西方近现代价值体系的个人主义、世俗主义、幸福主义的基调，唤醒了西方人蕴含自由、平等、尊严等价值的个性意识和主体意识。[①] 启蒙运动从理论上构建了资本主义价值体系，确立了资本主义社会追求的终极价值目标、核心价值理念和资本主义社会的基本价值原则，为西方资产阶级进行政治革命和建立资本主义社会提供了理论依据和体系构架。同时，启蒙思想家为资本主义价值体系在全社会的确立做了广泛的理论宣传工作，为社会公众认同资本主义价值体系提供了思想准备。因此，在西方近现代价值体系的构建中主要发挥作用的是思想家。他们提出理论框架并展开论证，还进行广泛的理论宣传，为新型价值体系发挥其社会作用而摇旗呐喊。按照启蒙思想家提出的价值理念，资产阶级革命推翻了封建政权，摆脱了教会的控制，建立了资本主义国家政权，并通过《权利法案》《美国独立宣言》《人权宣言》等著名文件，法律条文等为资本主义价值体系的践行提供了保障。

中国现代价值体系构建所选择的理论根据是马克思、恩格斯创立的科学社会主义，其主要构建者则是中国共产党。中国共产党自成立开始就把马克思列宁主义作为指导思想，此后一直致力于宣传马克思列宁主义并作为指导思想进行新民主主义革命、社会主义建设和社会主义的改革。新中国成立之后，确立了马克思列宁主义的社会主义价值观在中国的主导地位，党的十六届六中全会提出了建设社会主义核心价值体系的问题，党的十八大又进一步提出了培育和践行社会主义核心价值观，党的十九大提出要把社会主义核心价值观融入社会发展的各方面，转化为人们的情感认同和行为习惯，中国由此进入构建社会主义核心价值体系的历史时期。这些巨大成果是在中国共产党的领导下，运用政治的力量来推进，集中全社会的努力而取得的。可以说，在中国社会主义价值观的构建过程中，中国共产党始终占据主导地位，发挥着重要的领导作用。

---

① 江畅：《当代中国主流价值文化及其构建》，科学出版社 2017 年版，第 508 页。

　　第三，支持构建的经济体制不同。近现代西方的价值体系，从根本上说是一套资本主义的价值观，其经济方面的指导思想或所追求的经济体制是以资本主义私有制为基础，以自由市场经济作为基本的经济运行机制。进一步说，资本主义与市场经济之间有着天然的同盟关系。反过来，资本主义市场经济的运行，又为西方价值体系的践行提供了强有力的支持。一方面，从孟德维尔《蜜蜂寓言》中的"私欲即公利"命题到斯密《国富论》中的"理性经济人"假设，西方近现代思想家为自由市场经济提供了较系统的理论论证，其中蕴含的自由、平等等理念以及个人主义思考方法都是西方价值体系的组成部分。如法国哲学家爱尔维修所言："人永远服从他理解的正确或不正确的利益，这是一条事实上的真理；无论人们不把它说出来还是把它说出来，人的行为永远会是一样的。"① 这种个人自利的假设正是资本主义自由市场经济在行为层面的逻辑：市场经济是根据市场要求的自主经营的经济，就是自我选择、自我实施、自负盈亏，对市场主体而言是要充分自由，任何人只要遵守市场规则都可以不受限制、自由加入成为市场主体，这是社会成员的自由权利在经济活动中的体现，其终极目标要求体现了自由权利的要求。另一方面，资本主义市场经济尽管存在各种难以克服的内在矛盾，但毕竟是一种高效率的经济模式，创造了人类前所未有的巨大物质财富，在此意义上，这种模式是成功的，从而似乎从一个侧面为西方价值体系的有效性提供了支持。但是，我们必须看到，资本主义市场经济即使在理想状态下也只是有利于资本流动和资源配置的形式上的平等，其自由在现实意义上只是资本拥有者的个人自由。换句话说，其高效率往往是以无产者或竞争失败者的利益牺牲为代价的，并不能真正实现实质意义上的平等和普遍意义上的个人自由。

　　马克思的《资本论》深刻地揭示和批判了资本主义市场经济的上述内在矛盾，在马克思主义思想的指导下，新中国成立初期，中国实行的是社会主义计划经济并取得了令人瞩目的成就，对中国社会主义价值体系的构建起到了强有力的支持作用。但是，在各种因素的影响下，我们一度把计划经济看作社会主义与资本主义的本质区别，并且采取了某种教条式的

---

　　① 北京大学哲学系外国哲学史教研室编译：《十八世纪法国哲学》，商务印书馆 1963 年版，第 536 页。

理解，从而对中国的社会主义建设产生了不利的影响。党的十一届三中全会以后，在邓小平同志的倡导和推动下，我们对市场经济有了进一步的认识，将之认作有利于资源配置的经济手段，而不是社会制度的本质特征，由此中国实行以公有制为主体的社会主义市场经济体制，并与改革开放的重大决策相配合。改革开放 40 多年来，中国社会主义市场经济的发展取得了举世瞩目的巨大成就，为中国社会主义价值体系的推行奠定了坚实的经济基础和强大的动力。

必须指出，从价值观的角度看，中国的社会主义市场经济与西方资本主义市场经济是有根本区别的。如邓小平同志所指出的，我们只是把市场经济作为发展经济的手段，而不是涉及社会主义的目的指向。相反，中国的市场经济一方面是附随于公有制为主体的所有制，另一方面其终极目的是服务于社会主义核心价值体系的。

二　中西近现代价值体系现实构建的启示

上一部分的比较，可以为人类共同价值体系的现实构建提供以下三个方面的启示：

第一，我们所构建的价值体系必须是科学合理的，且具有应对和处理当代问题的能力。我们要构建的人类共同价值体系应该适合当今时代人类社会发展，能够克服现有价值体系的弊端和缺陷。只有这样，它才能得到世界各国的承认和遵循，为解决当今人类面临的问题提供价值指导。

先看西方近现代价值体系。它在西方资本主义持续 500 多年近 600 年的发展过程中起过积极作用，也有其合理的一面，但不足以应对当今人类面临的重大现实问题，这是因为它有其根本性的缺陷和不可克服的弊端，主要体现在如下三点：一是人的异化问题。在市场经济条件下，以利益为目标最后导致以资本为目标，整个社会意味着以为资本增殖为目标，整个价值体系都以资本为导向，人为了追求资本而存在，资本控制着人，这样人成为了资本增殖的手段而异化了。二是在价值理念中只考虑到了单个人的自由和平等，没有考虑到人由于天生条件、资历、机会等各种差异，在平等自由追求利益中，由于个人的差异而导致不平等，而价值体系没有考虑如何避免或者一定程度上限制这种不平等的发生。三是只考虑到市场经济对社会财富的增加的积极作用，而没有考虑到市场经济对自然资源过度的消耗，造成生态环境的破坏等负面作用。价值体系的这些缺陷在现实中集体体现为从个体主义异化为资本主义，并导致社会的全面异化。

我们要构建的人类共同价值体系应是先进合理的价值体系，它要克服过去价值体系中的局限、缺陷和问题，吸收人类过去价值体系中的合理有益内容。人类共同价值体系是世界各国共建共享，具有开放性、包容性、建设性和影响力的价值体系，它指向的是人类整体，不是单个人也不是部分人，能够代表人类整体、总体和根本利益，以满足人类更好的生存和发展，实现人类普遍幸福为终极目标，并且被制度化、道德化和法制化的价值体系。就当代人类而言，构建先进合理的价值体系就是构建与人类命运共同体相适应的人类共同体的价值体系，只有人类共同价值体系的先进性不断增强，才会得到世界各国普遍认同，才能焕发出人类共同价值体系的引领力。

构建人类先进合理的价值体系要做出相应选择和安排，要认真研究人类历史上价值体系，尤其是中西方近现代价值体系的合理内容和有益经验；吸收中国社会主义价值体系中坚持人民利益至上、人民主体地位，坚持和平发展，坚持德法共同治理的理念和实现普遍幸福目标等有益内容；吸收西方价值体系中自由、平等、公正、民主、法治等方面的合理内容，克服资本化和导致人异化等弊端；克服人类国家化而导致的国家间敌对，实现各国平等相待、互商互谅的伙伴关系。从而实现对人类历史上先进价值体系的历史性超越，使自己更先进、更合理、更完善。

第二，必须坚持人民整体本位。人类历史上构建的价值体系都存在"为了谁、依靠谁"的问题。这是价值体系的出发点和落脚点，是个以哪一类人的利益为本位的问题，如封建社会的价值体系是为了维护少数封建主的利益。随着现代平等观念被普遍接受，现代价值观的本位大体有两种基本类型：一是个体本位，即以社会正式成员个人为本位；二是群体本位，即以由社会正式成员组成的共同体为本位。两种不同的价值本位观有着不同的指向，人类共同价值体系应该坚持群体本位（人民整体）。

西方价值体系是以个体为本位，即把个人看作是社会系统中的终极实体，坚持个人主义的价值观和思考方法。这种价值本位的积极意义在于，在特定历史条件下有利于摆脱封建专制和教会的束缚，使社会成员成为独立的个体，并为保障现代公民的基本权利提供了观念依据。但这种意义上的公民在强化个体性的同时，也弱化了社会共同体的地位和意义，导致了西方难以克服的"原子化"痼疾。在现实的社会生活中，这种个人价值本位往往导致个人利益至上的行为方式，而使整个社会缺乏凝聚力，并且由此衍生出各种实质意义上的不平等。

坚持群体本位（整体本位），就是要以全体人民（人民整体）为本位，把人民看作是国家的主体和社会的主人。其中的人民不是指孤立或分立的个人，而是指共同体中的成员。群体本位体现的人民至上，国家是人民至上的国家，世界是人民至上的世界，权力属于人民整体。由此不存在少数人统治多数人之类的问题，从而既避免了西方个体本位的弊端，也突破了中国传统社会的整体主义价值导向，因为中国传统社会中民众的基本权利缺乏保障。尽管群体本位（整体本位）和个体本位最终指向都是人民个体的至上地位和权利以及幸福，但是两者的实现方式不同，群体本位（整体本位）通过人民整体的实现来实现个体地位、权利和幸福。就终极价值目标而言，西方价值体系的个体本位实现的目标是个人幸福，而群体本位（整体本位）实现的是人民整体普遍的幸福。

第三，必须采取和平、合作手段实现构建。人类共同价值体系构建的前提是在尊重各国文化差异，在平等基础上通过沟通、协商、交流，互相吸收借鉴过程中达到在人类根本利益上的价值共识。纵观中西方价值体系的更替，有两种手段来实现，一是通过侵略扩张的强制性手段实现，另一种是通过和平、协商的手段实现。两种手段的代价和效果都不一样。

整个西方价值体系的构建以及更替大多是通过非和平的手段实现的。基督教价值观替代古希腊、古罗马价值观、近代价值观替代基督教价值观的过程都是血与火的历史。20世纪50年代以前，西方各国对别的国家进行经济上掠夺、政治上控制，让他国接受自己的文化价值观，往往都是通过侵略扩张的强制性手段，如果遭到抵抗，就使用武装战争。除了达到经济上的利益目的外，还有要让其他国家接受西方价值观，进而用西方价值观替代他国价值观，达到永久侵占的目的。采用非和平、侵略扩张的手段，给被侵略一方带来重大伤害和灾难，战争也会带来双方财富的巨大的消耗，不利于世界发展，同时战争还导致不同国家和民族之间的仇恨，恐怖主义一定程度上就是侵略扩张导致的一种逆反行为。战后，西方国家直接进行价值侵略扩张的情况少了，但是转变价值渗透的方式，达到让别国接受其价值观的目的。西方强力主义价值观导致侵略扩张的血淋淋后果告诉我们，人类共同价值观必须有效防范侵略扩张，从而彻底阻断侵略扩张和战争之路，还整个世界以和平和安宁。[1]

人类共同价值体系的构建要采用和平、合作手段，实现共赢。采用和平手段，而不是强制手段，才能让各国在平等、和谐的环境下实现价值认同。因此，在人类共同价值体系构建的过程中不能推行"丛林规则"，以牺牲一方或者多方利益实现价值认同，而要通过合作、协商途径，促进世界各国在构建人类共同价值体系中各得其所，各美其美，实现共赢。

第三节　人类共同价值体系现实构建的原则

所谓人类共同价值体系现实构建的原则，就是指要落实该体系的基本价值观，我们在相关实践中必须坚持的一贯做法。当然，这些原则或一贯做法不能是随意确定的，而必须面向当代社会生活，能够恰当地体现价值观的基本精神。基于前文的讨论，我们至少应该坚持四个方面的原则。以下分述之。

一　与人类命运共同体相适应原则

构建人类命运共同体集中反映了当今时代人类社会的共同价值追求，也是人类共同价值体系构建的前提条件。人类命运共同体需要有价值基础，以使每个民族、每个国家以及个人的前途命运紧紧联系在一起，这个价值基础就是人类共同价值体系。而构建的人类共同价值体系又是以人类命运共同体构建为基础的，并适用于它并为之提供规导的。没有了人类命运共同体构建这一基础，人类共同体价值体系就成为了先验、抽象、虚假的概念，构建起来的人类共同价值体系不可能得到各国各民族的认同。所以，我们构建的人类共同价值体系必须要与人类命运共同体相适应，坚持与人类命运共同体相适应原则。人类命运共同体的主体是"全人类"，因而人类共同价值体系要体现人类命运共同体的理

---

[1]　江畅：《西方价值观检视》，《武汉科技大学学报》（社会科学版）2020年第4期。

念，就必须明确地把人类作为价值主体。也就是说，所有人都应接受人类共同价值体系的价值规范和调节，同时也应同等地得到该体系的价值关照。任何国家、组织和个人都不应被排除在外，也不应自视为例外。

所谓共同体，可以从多个层次来界定，从而呈现为多种形态，如家庭、社区单位、组织、民族、国家，等等。人类共同体则是最广泛意义上的共同体，任何人不论属于哪个种族、国家或其他组织，其社会地位如何，都是人类共同体中平等的一员。2013 年 3 月 23 日，习近平主席在莫斯科国际关系学院发表主题为《顺应时代前进潮流，促进世界和平发展》的重要演讲，其中首次提出了人类命运共同体理念，此后 100 余次在国际重要场合阐述这一理念。这是对人类社会发展理念的新探索，得到了世界各国的广泛认同，并被载入联合国安理会决议。2015 年 9 月 28 日在出席纪念联合国成立 70 周年大会上，习近平主席发表题为《携手构建合作共赢新伙伴 同心打造人类命运共同体》的讲话，指出"和平、发展、公平、正义、民主、自由，是全人类的共同价值……构建以合作共赢为核心的新型国际关系，打造人类命运共同体"[①]。这一表述明确了人类共同价值与人类命运共同体之间的内在关联。

习近平总书记在出席中国共产党与世界政党高层对话会开幕式讲话中指出："人类命运共同体，顾名思义，就是每个民族、每个国家的前途命运都紧紧联系在一起……把世界各国人民对美好生活的向往变成现实。"[②] 可以看出，人类命运共同体是指无论是哪个民族或国家，人类作为一个整体，其"前途命运都紧紧联系在一起"。也就是说，人类有需要共同面对的问题，安全问题、生态环境问题、疾病问题、人口问题、和平问题等，关系到每个人的共同利益。而只有基于对人类这一前途命运的自觉认识，在共同信守的价值体系的指导下采取一致的行动，才能有效地应对这些问题，进而使实现人类普遍幸福成为可能。

2015 年 9 月，联合国成立 70 周年峰会上，习近平主席阐述了人类命运共同体的"五位一体"内涵，人类共同价值体系为人类命运共同体提

---

① 习近平：《携手构建合作共赢新伙伴 同心打造人类命运共同体》，《人民日报》2015 年 9 月 29 日第 2 版。

② 习近平：《携手建设更加美好的世界——在中国共产党与世界政党高层对话会上的主旨讲话》，《人民日报》2017 年 12 月 2 日第 2 版。

供价值基础。因此，在人类共同价值体系构建中要坚持与人类命运共同体内涵相适应原则，才能为人类命运共同体提供超越人类历史上其他价值体系的先进价值体系基础。需要从五个方面建立起适应人类命运共同体的价值理念。

一是坚持平等的价值理念，以适应人类命运共同体所要求建立的各国之间平等相待、互商互量的伙伴关系。建立平等协商、互商互量的伙伴关系是全球化发展的必然要求，作为人类命运共同体成员的各国、各民族有不同的制度、不同的历史、不同的发展方式，其疆域、经济发展、政治制度和文化不同。基于共同的利益和命运紧密联系在一起的作为人类命运共同体成员的各国都应该是平等相待的，在国际事务中应该是国际行为体平等参与，通过相互协商、相互谅解的方式相处。人类历史上就有通过达到某种目标而通过结盟的方式，第一次世界大战以前的"三国协约"和"三国同盟"，到第二次世界大战前的德意日三国同盟，以及战后的东西方阵营，这些同盟带来的是对抗，对抗又引发冲突甚至战争。在和平时期，一些发达国家和不发达国家、强国与弱国之间在经济、科技、文化和军事上的差距悬殊而在竞争中形成了事实上的不平等，发达国家还通过经济上的掠夺、文化上的渗透等达到侵占他国利益，遭到受害国的强烈反对。如果听任这种情况持续下去，如果国家间不构建起平等的价值理念和价值取向来调整国际关系，人类命运共同体不可能构建起来。因此，人类共同价值体系要确定平等的价值理念。这种平等理念不仅仅是形式上的平等，也兼顾结果上的平等，要给不发达国家给予经济、科技上的扶持和帮助，使得不发达国家能够参与平等竞争，平等地沟通和商量参与国际事务、解决国际争端。

二是坚持和平、公正的价值理念，以适应人类命运共同体所要求的营造公平正义、共建共享的安全格局。在人类发展历史上，人类一直在不断寻求有效解决国家间安全问题的办法。安全问题也是影响不同国家、民族之间交往的关键性问题。人类近代以前一直都处于战争状态，到第二次世界大战以后尽管处于相对和平时期，但是局部战争还不断。为了寻求自身的安全，国家进行过各种努力和尝试，但一直没有找到有效的办法，各国大都通过建立起自己的军事国防力量来维护自身的国家安全格局。然而，建立和维护国防力量需要庞大的国防开支，对国家而言是一笔巨大的财富开支和资金浪费，同时还可能引发战争。"公平正义是世界各国人民在国际关系领域追求的崇高目标。在当今国际关系中，公平正义还远远没有实现。"① 构建人类命运共同体的首要要求是共同体中各国、各民族处于安全的格局中。安全的格局的形成需要坚持公道正义的原则，树立共同、合作、可持续安全的观念，尊重和保障共同体中每一个国家、每一个民族的安全，这是解决当前世界各国、各民族安全问题的正确选择。在构建人类共同价值体系中要坚持和平、公正的价值理念，用和平取代战争，用合作取代敌对，用对话取代对抗，营造公平正义、共建共享的安全格局。

三是坚持发展的价值理念，以适应人类命运共同体所要求的开放创新、包容普惠的发展前景。发展是推动社会进步的动力，提高生产力和人们的生活水平，也是世界各国的首要任务，随着科技的发展，人类的生产力水平不断提升，全球面临的发展挑战也日益增加。面对近年来的全球经济动荡和持续增长乏力，一些国家采取贸易保护主义，反全球化、逆全球化势头上升，民粹主义、民族主义、孤立主义思潮盛行。另一方面，全球发展不平衡，导致了国家贫富差距过大、两极分化，世界贫困问题没有有效解决，等等。现代工业发展带来了人类生态环境的破坏、疾病的流行、资源的过度消耗等，这些问题导致了不可持续发展的问题，加剧了社会政治不安全的问题。这不利于世界各国持久和平和稳定发展，也不利于人类命运共同体的形成。因此，构建人类共同价值体系要克服各国现有价值体系中发展理念的弊病，破除封闭、排外、自我中心主义的价值理念，树立"开放创新、包容普惠"的新发展理念。这就要求坚持发展以人为本，以实现人类的普遍幸福为目标，倡导全面发展、可持续发展的发展观。坚持创新、协调、绿色、开放、共享的发展理念，在发展中消除世界贫困、消除两极分化。

四是坚持"和而不同"的价值理念，以适应人类命运共同体所要求的建立各民族文明交流互鉴、兼收并蓄的"美人之美"关系。在人类历史发展中，不同的民族由于历史、地理的差异等形成了各具特色的文化价值。在经济全球化背景下，一方面世界各国的文化价值观和生活方式也在趋同化，融入全球化的洪流中；另一方面各国、各民族也在努力维护自己的文化价值特性。尊重各国文化价值的特性是一种合理要求，理应得到认同。各国、各民族文明交流互鉴是促进文化繁荣发展的有力举

---

① 习近平：《弘扬传统友好共谱合作新篇——在巴西国会的演讲》，《人民日报》2014年7月18日第2版。

措，也是推动人类文明共同进步的重要动力。"文明因交流而多彩，文明因互鉴而丰富。"① 不同文明在交流和碰撞中可以互相吸收各自长处，为自己所用。人类命运共同体中各国、各民族文化具有独特性，如何对待不同文明之间的差异，实现不同文明之间的交流合作？这要求人类共同价值体系提供相应的价值观基础，在文明交流中坚持"和而不同"的价值理念，就是为正确处理这种文化差异和冲突提供指导原则。"和而不同"就是尊重每个国家、民族文明的独特性，在尊重差异性的基础上坚持求同存异，兼容并蓄，相互借鉴，在取长补短、择善而从中促进人类的多元文明共生共荣。

　　五是坚持人与自然和谐的价值理念，以适应人类命运共同体构筑尊崇自然、绿色发展的生态体系的要求。自人类进入工业化时代以来，工业革命极大地提高了社会生产力，人类利用和改造自然的能力也不断提升，其消极后果是导致了日益严重的环境污染和生态的破坏问题。人类面临的生态环境急剧恶化，人与自然界的关系空前紧张起来，给人类的生存和发展带来了危机。人类命运共同体要求实现人与自然的和谐，倡导绿色发展。这就要求人类共同价值体系牢固树立人与自然和谐相处的价值理念，改变过去人类的自然观念。首先，要改变过去把自然看作是自在的存在转向把自然看作是人为的存在，人类活动不仅会对社会产生影响还会对自然产生影响，其活动要为自然负责，通过控制人类的活动可以使得人类与自然和谐。其次，改变过去把自然看作是无限和强大的转向把自然看作是有限和脆弱的，人类应该谨慎对待自然，改变无节制的索取、无限度的排放。最后，改变过去把自然资源看作是无偿的转向把自然资源看作是有偿的，不断提高自然资源的利用率。因此，人类共同价值体系要树立绿色发展的理念，科学合理地利用自然资源，使资源消耗降到最小，同时要大力发展节约资源型经济。

　　构建人类命运共同体，也要坚持主权原则、合作共赢原则、开放包容原则和和谐共生原则。② 人类共同价值体系的构建也要与这些原则相适应，否则构建起的人类共同价值体系就与人类命运共同体的要求不一致，

---

① 习近平：《在联合国教科文组织总部的演讲》，《人民日报》2014年3月28日第1版。

② 王帆、凌胜利：《人类命运共同体——全球治理的中国方案》，湖南人民出版社2017年版，第26页。

也就不可能发挥规导的作用。

一要与人类命运共同体的主权原则相适应。今天的世界依然处于主权国家的体系中，国家利益是各国之间相处奉行的最高准则，国家主权一直是现代国际体系中最根本的国际准则，也是国际体系赖以运转的基石。① 人类命运共同体以维护和保障人类共同权利为目标和任务，要在共同体框架下解决不同国家和文明之间的冲突，其解决的方式不是否认和超越国家主权，而是在尊重国家主权的前提下，坚持联合国的宗旨以及国际法等相关准则、条约，通过协商来解决。在人类命运共同体中，国家、民族处于世界主体的地位，人类命运共同体为世界各国家的主权和利益提供保障。人类命运共同体的权力来自于主权国家，依靠主权国家维持，对主权国家的影响力依赖于各国对共同体的认同程度。因此，人类共同价值体系在构建时要坚持与人类命运共同体的主权原则相适应，在尊重不同国家和民族的价值体系的差异基础上，逐步寻求共性、普遍性，构建符合人的内在本质性、人类根本利益而普遍认同和遵守的价值体系。人类共同价值体系不是否认和抛弃不同国家和民族的价值体系，不是以普遍性取代个性、特殊性。任何超越国家和民族的价值体系而构建起的价值体系都不会得到认同，因为只有本国家和本民族的价值体系才是真正融入各国家、各民族之中。人类共同价值体系需要依靠国家、民族的价值体系的支持和维护，在国家、民族的对人类共同价值体系认同下才能发挥作用。因此，人类共同价值体系要在尊重国家、民族的价值体系基础上进行构建。

二要与人类命运共同体合作共赢原则相适应。经济全球化和社会信息化使得各国之间的交流合作紧密起来，各国之间的合作机会大大增多。无论是各个国家的发展还是人类的发展都面临着共同的问题，如环境问题、贫困问题、资源问题、人口问题，等等。这些问题是地区乃至人类共同面临的，仅靠本国无法得到较好的解决，需要通过国际合作共同解决。全球化使人类成为了一个命运相关、利益相连、相互依存的共同体，零和博弈、损人利己已经不能适应世界发展。因此，各国不能彼此封锁、彼此隔离，更不能彼此对抗，而只能相互开放、相互交流、相互分工，实现合作共赢、相得益彰。"合作共赢，就是要倡导人类命运共同体意识，在追求

① 陈旭：《习近平新时代人类命运共同体思想实践价值研究》，博士学位论文，吉林大学，2019年，第64页。

本国利益时兼顾他国合理关切，在谋求本国发展中促进各国共同发展……增进人类共同利益。"① 因此，人类共同价值体系在构建中要坚持与人类命运共同体的合作共赢原则相适应，把合作共赢作为人类共同价值体系的价值理念。合作理念是前提，而合作是全方位的合作，包括经济、政治、文化、社会、生态等方面的合作。合作要建立在各国平等基础上。不论国家强弱、贫富、疆域大小，在国际事务中的地位都是平等的，国家间的合作也要建立在平等的基础上，其目的是实现双赢，而不是以一方的损失或者牺牲换取一方的收益。

　　三要与人类命运共同体开放包容原则相适应。人类命运共同体中的各个国家、民族都有其独特的文化、不同的制度和意识形态，他们共同构成了丰富多彩的世界。只有坚持开放包容，尊重世界各国、各民族的文明多样性，不断推动各国、各民族的多元文明交流对话，相互取长补短，坚持和而不同，兼容并蓄，人类才能够建设一个和平、发展、和谐的世界，才能构建命运与共的共同体。"我们要坚持求同存异、开放包容，在交流互鉴中取长补短，在求同存异中共同前进，让各个文明都绽放出自己的光彩。"② 任何孤立主义、霸权主义和封闭锁国不仅不符合世界发展趋势，也不利于甚至损害自身发展。因此，人类共同价值体系构建要坚持与人类命运共同体的开放包容原则相适应。开放包容原则要求在人类共同价值构建的过程中尊重各国、各民族的文化价值的多样性和差异性，通过对多元价值的对话、交流，吸收和借鉴其有益内容，构建符合人的内在本质性、人类根本利益而普遍认同和遵守的价值。

　　四要与人类命运共同体和谐共生原则相适应。人类命运共同体是基于当前全球化背景下提出的全球治理方案，突破现有帝国逻辑（最有支配力的国家支配世界），提出共同体中无论是各个国家、民族、组织、个人之间还是人类与自然之间应该是相辅相成、和谐共生的，实现在多元文化、多极世界的和谐。中国传统的"天人合一"的宇宙观、"大同社会"的社会图景对人类命运共同体构建具有积极的借鉴意义。人类共同价值体系构建要坚持与人类命运共同体的和谐共生原则相适应。把和谐共生作为人类

---

　　① 胡锦涛：《坚定不移沿着中国特色社会主义道路前进 为全面建成小康社会而奋斗——在中国共产党第十八次全国代表大会上的报告》，《人民日报》2012 年 11 月 18 日第 1—5 版。

　　② 习近平：《弘扬万隆精神 推进合作共赢》，《人民日报》2015 年 4 月 23 日第 2 版。

共同价值体系的价值理念，实现多元主体能够和平共处，相辅相成、相得益彰、良性互动，不仅人与人之间实现和谐共生，人与自然也实现和谐共生。做到尊重自然，遵守自然规律，从整个自然系统着眼考虑人类的作为；做到保护自然，防止自然遭到损害和破坏，受到损害时要给予救护；做到适应自然，根据自然界的规律调整自己的生存、发展的取向和策略。

二　尊重国家主权原则

国家的主权建立在国家的独立性和自主性的基础上，独立性是国家主权的前提，国家主权在内容上体现为自主性。国家的主权是指国家独立自主地处理内外事务的权利。"主权对内是国家推行法律秩序的前提，对外能使国家在国际间'无序'的力量角逐中捍卫自己。"① 由于国家主权不从属于任何外来的意志，因而在国内是最高的，在国际上是独立的。在国际交往中，国家主权体现为国家的基本权利，它们主要包括独立权、平等权、自保权、管辖权和国家司法豁免权等。②

在人类命运共同体中，主体主要是国家。人类一直生活在共同体中，从原始部落、氏族到文明古国，从传统国家发展到现代化国家，从过去的分散的人群走向一体，今天人类客观上已经成为了命运与共的共同体。今天的现代国家与此前的共同体氏族、部落有很大的不同，它不是以血缘关系维系而是依靠强制力量维系的，管辖地域扩大，内部结构和功能复杂得多。现代文明使得人类的活动范围不断扩大，从熟人社会走向生人社会，可以与更多的人生活在一起，获取更多资源、交换经验。人类国家化对于人类世界化具有基础性的意义，尽管今天全球一体化远未完成，但随着世界各国在经济、科技、文化、信息、环境等方面联系不断增强，各类世界组织、国际性会议不断增多，人类的前途和命运越来越紧密相联。全球一体化正在加速发展，这种一体化的趋势不是外在干预而是各国基于自身的利益而自愿加入的。在人类命运共同体中，国家、民族和企业、组织、个人等都是主体，国家相对于其他主体而言在共同体中更应是独立自主的主体，处于世界主体的地位，是具有主权的基本共同体。国家一方面代表个人与世界各国打交道，但是它还拥有自己的文化价值体系、生活方式和民

---

① ［德］哈贝马斯：《包容他者》，曹卫东译，上海人民出版社 2002 年版，第 128 页。
② 江畅：《幸福与和谐》，科学出版社 2016 年版，第 252 页。

族特色，能够独立自主地处理自己的一切事务，拥有自己的主权，而任何个人、企业、组织不可能具有完全独立自主地处理自己的一切事务的能力。在人类命运共同体中，主体主要是世界上的 200 多个民主国家，而不是 70 多亿个体（个人）。从人类社会终极发展来看，个人是人类的主体。然而，在当前甚至以后相当长的时间里，国家这个共同体不会消亡，依旧是具有独立主体地位的主权实体。

把尊重国家主权原则作为人类共同价值体系现实构建原则之一，具有现实的价值和意义，主要体现在以下四个方面：

一是尊重国家主权是实现世界和平的基本前提。国家是在长期历史中形成的，国家主权也是在这个过程中得到世界的确认，国家主权成为了各国公民意志和尊严的象征，是一个国家作为世界主体本应该享有的基本权利，不应该被他国和任何组织侵犯，这也是联合国的根本要求。如果国家的主权得不到尊重甚至受到他国侵犯，那么国家会采取相应的措施，可能引发国家间的对立甚至冲突、战争。在各国利益密切关联的情况下，局部的冲突可能升级为世界性的战争，其结果不仅发展中国家得不到安宁，发达国家的生存和发展也会受到影响。因此，人类共同价值体系确立尊重国家主权原则可以使人类远离战争，为实现世界和平和谐奠定基础。

二是尊重国家主权是国际合作的必然要求。随着世界经济、科技和信息化发展，各国的交流合作不断增强。通过国际合作，实现相互分工、相互交流互补、相得益彰，达到共赢。国际合作要能够持续推进，其前提是各国都能以平等的身份参与这种合作，不论强国还是弱国，在国际合作中都具有独立自主的权利，国家主权都必须得到尊重。这是确保平等地进行合作与竞争的前提，也有利于增强国家对国际合作的责任感。

三是尊重国家主权是实现人类幸福的客观需要。尊重国家主权意味着国家成为人类命运共同体的独立自主的主体，处于世界主体的地位。国家具有主体地位意味着国家成为了自己国家的主人和世界的主人，既要对自己的国家负责，也要对自己的世界负责，尤其是要让自己的国民生存和发展得到满足，能够获得普遍幸福，从而解决本国的问题。如果所有国家的人民都能够过上幸福生活，那么人类的幸福就可以实现。因此，尊重国家主权是整个人类更好地生存、人类社会更好地发展的客观需要。

四是尊重国家主权是人类命运共同体建设的需要。尊重国家主权就是要承认国家的独立自主性，维护国家的基本权利。人类命运共同体是基于国家主体的共同体，它承认和尊重国家主体的地位，不是否认各国的自主本身，而是为了更好地实现各国利益，使各国能够和谐相处，经济上合作实现共赢，文化价值上交流而达成共识，等等。只有基于尊重国家主权，承认不同国家的差异，在差异化中寻求各国的共同性，人类命运共同体才会得到越来越多国家的认同，才能实现其应有的目标。在现阶段，任何以世界共同体构建为由而否认国家的独立自主、国家的主权，都会导致一些国家把意志强加给其他国家，形成霸权主义和价值独断主义。如此，势必会引起其他国家的反抗，导致国家间的矛盾和冲突，破坏世界的和谐。正是基于此，人类命运共同体要尊重国家主权。

在构建人类共同价值体系的过程中，贯彻落实尊重国家主权原则，关键是要做到以下三个方面：

一是国家主权必须得到确实的尊重。人类国家化以后，国家成为目前世界上对其管辖区域拥有至高无上的、排他性的政治权力的主权共同体。国家具有独立自主的主权，这一事实应该得到世界各国的承认和尊重，任何国家都不能以任何名义和借口，对他国主权进行干涉，甚至侵占、掠夺他国领土和资源，从而达到自己国家在经济上、政治上、文化上和军事上的目的。对于已发生或者将要发生的这类行为，世界各国应该制止和谴责。

二是需要建立世界性的法治体系作为保障。尊重国家主权原则需要世界各国、国际组织共同遵守。要确保尊重各国的主权原则得到落实，必须建立相应的法制体系。这种法制体系不能是通由一国制定而要世界各国共同制定，一方面要确立国家主权必须得到尊重的原则；另一方面还必须制定对侵犯国家主权行为的惩罚机制，防止以强欺弱、以大欺小的情况发生。只有确立了国家主权必须得到尊重的原则，国家才能以此作为根据维护自身的主权。只有建立了惩罚侵犯国家主权的有效机制，国家主权才会成为神圣不可侵犯的，国家也才有与侵犯国家主权行为作斗争的武器。然而，当今世界，国家主权得以尊重和不受侵犯，主要依靠的是各国的国防军事力量而不是世界性法制。从人类长久发展来看，依靠法制要比依靠武力更适合维护国家主权，因此国家主权原则需要建立一套国际法制体系作为保障。

三是各国要维护自己的国家主权。维护国家主权，每一个国家主体都有责任和义务，没有哪个国家可以置之度外。对于每个国家来说，维护自己国家的权利，就是要成为独立自主的国家，成为一个实体。国家的独立是指国家在决策和管理等方面的独立，自主就是能够按照自己的意愿办事，不受他国或者外界干涉，自己确立自己的价值体系、生活方式、发展道路和外交政策等。在处理国际事务、参与国际竞争与合作中，作为主体的国家也要能够平等参与，确保有平等权，具有平等的机会，平等地享有权利和履行义务。同时，每个国家还要尊重和维护其他各国的权利，不侵犯和践踏他国的主权，尤其是强国、大国，要把尊重他国的主权作为对外交往的基本原则，对本国行为进行控制和约束。只有每个国家都使尊重国家主权原则得到贯彻落实，世界上才不会再发生侵犯国家主权的问题。

三　各国平等原则

作为人类共同价值体系主体的世界各国，彼此之间都应该是平等的，不允许有身份、资格等方面的差别和歧视。坚持各国平等原则是实现人类普遍幸福的要求，而要确保这一原则得以实施，需要建立相关的保障机制。

各国平等原则，不能是有差异的平等，而是在主权、机会、权利和义务等方面的无差异平等。习近平主席 2020 年 9 月 22 日在第 75 届联合国大会一般性辩论上的讲话中指出："全球治理应该秉持共商共建共享原则，推动各国权利平等、机会平等、规则平等，使全球治理体系符合变化了的世界政治经济，满足应对全球性挑战的现实需要，顺应和平发展合作共赢的历史趋势。"[1] 主权的平等就是主权得到尊重，不能受到他国干涉。"主权是国家独立的根本标志，也是国家利益的根本体现和可靠保证。"[2] 机会平等是各国真正能够要求的平等，因为各个国家在资源、经济、科技等方面是不可能平等的，但能够在机会上实现平等，如平等参与合作、竞争等。权利平等是就任何国家都是主权国家而言，都具有国家平等的权利，如拥有生存权、发展权等；义务平等就是任何主权国家平等地

---

[1]　习近平：《践行人民至上、生命至上理念——论习近平主席在第七十五届联合国大会一般性辩论上重要讲话》，《人民日报》2020 年 9 月 24 日第 2 版。

[2]　习近平：《弘扬传统友好共谱合作新篇——在巴西国会的演讲》，《人民日报》2014 年 7 月 18 日第 2 版。

享有权利的同时都要平等履行相应的国际义务，如保护世界生态环境、维护世界和平等。

在人类共同价值体系构建过程中，要保证各国平等原则得以实施，需要建立法制化机制。目前调整国家间的关系主要是国际法，国际法是维护今天世界的基础，是世界和平、公正的重要保障机制，也是实现国家平等的有力制约手段。"维护和弘扬国际公平正义，必须坚持联合国宪章宗旨和原则。"① 因此，要充分发挥《联合国宪章》以及国际法的作用，不断强化互相尊重主权、平等互利原则等国际法的基本原则。对于违反这一原则的行为，国际社会应给予谴责、制裁、惩罚，以维护国际公平正义。

世界公正不是要使所有国家在经济状况、社会发展和幸福水平方面都一样，这也是不可能达到的。世界公正并不要求国家间的结果平等、条件平等，而是要求主权平等、机会平等、权利和义务平等，防止权利和义务的不匹配。其中最重要的是主权平等，"维护和弘扬国际公平正义，必须坚持主权平等"②。通过世界公正来调整由自由和平等引起的事实上的社会不平等，防止世界发生严重的两极分化。

人类共同价值体系的终极目标是实现人类普遍幸福，人类普遍幸福是需要条件的，人类的普遍幸福只有在世界公正的条件下才有可能。世界公正保证每一个国家平等地享有权利和履行相应义务，这对于人类普遍幸福具有根本性的意义。这是因为，国家只有平等地享有权利，才能使自己国家的人民获得幸福。同时，国家平等地履行义务，使自己的国家的人民获得幸福与他们对人类幸福的贡献相匹配，这必定有助于人类整体幸福的实现和增进。

四　尊重各国国情原则

人类共同价值体系的终极目标是实现人类普遍幸福，其目标包含不同层次，需要分步达到。人类共同价值体系现实化就是构建起各国共同普遍认同接受并且具有约束力的价值体系，其构建需要世界各国共同参与，但

---

①　习近平：《弘扬传统友好共谱合作新篇——在巴西国会的演讲》，《人民日报》2014 年 7 月 18 日第 2 版。

②　习近平：《弘扬传统友好共谱合作新篇——在巴西国会的演讲》，《人民日报》2014 年 7 月 18 日第 2 版。

是各国经济、政治发展、历史文化等具体情况不同，对人类共同价值体系的认同程度也不一样。因此，人类共同价值体系现实构建要根据不同国家的实际情况，分别对待，不是将所有国家放在同等的位置，无差别、同时、同步构建，而是准确地判断各国所面临的在现实构建中遇到的具体问题，有针对性地提出适合本国的构建方案，最终达到人类共同价值体系在世界各国现实化。我们这里主要根据国家的经济状况，分为贫穷国家（亟须解决贫困问题的国家）、发展中国家和发达国家三类，根据不同类型国家的现实情况差异而制定不同的措施。

人类普遍幸福是人类共同价值体系的终极目标，实现幸福的前提要满足生存和发展的基本条件，其中最起码的是要解决贫困问题、消灭战争和恐怖主义，实现人类和平。对于人类共同价值体系构建的主体——国家而言，国家是各具差异的，经济上有贫富差距，贫困人口众多，并且世界贫富差距不断扩大，世界上最富的国家人均 GDP 是最贫穷的国家人均 GDP 的几十倍甚至上百倍。经济发达国家通过各种办法解决弱势人群的基本生存问题，但是对于不发达国家，尤其是最不发达国家来说，正在为解决饥饿而犯愁。贫困问题仍然是困扰当代人类的一个全球性问题。贫困会导致许多世界问题，是国家动荡的根源，造成国家不和平、世界不和谐。贫困地、痛苦地生存不是幸福生活，也不符合人类共同价值体系的目标。"贫困饥饿依然广泛发生，连绵战火、极度贫困依然在威胁着众多人们的生命和生存"①。造成国家贫困的原因很多，除了自身的原因外还有外在的如他国的侵略等。贫困问题大多发生在欠发达国家，这些国家往往经济贫穷、饱受战难，这些问题通过自身无法完全解决，需要发达国家、国际组织给予国际援助和扶持，以使他们摆脱贫困，消除战乱，解决基本生存、发展问题。一些国家除了贫困外，还处于战乱状态。20 世纪的两次世界大战给人类带来了巨大灾难，但战后世界上强权政治、霸权主义依然存在，许多国家奉行国家利益至上。为了获取更多利益，一些国家运用经济、政治手段甚至不惜发动战争，造成局部地区战争不断，战争又引发了恐怖主义。现代战争不仅仅涉及当事国，其他国家都会牵连受到影响，造成人类的灾难，同时战争会耗费大量人力和财富，又导致世界贫困。世界

---

① 习近平：《在纪念孔子诞辰 2565 周年国际学术研讨会暨国际儒学联合会第五届会员大会开幕会上的讲话》，《人民日报》2014 年 9 月 25 日第2 版。

的和平需要各国共同维护。人类共同价值体系现实构建需要人类有和平的环境、远离饥饿，为实现人类更好生存和发展奠定基础。因此，对贫穷国家要采取措施解决贫困问题，告别战乱，实现和平，满足贫穷国家基本生存和发展需求。在解决这些问题的过程中，让这些国家切身感受到人类共同价值理念给本国带来的利益，增加对人类共同价值体系现实化的认同。解决了基本生存发展问题之后，这些国家也有时间和精力主动参与人类共同价值体系的构建。

相对于发达国家而言，发展中国家经济、技术、人民生活水平程度较低。发展中国家在世界上占大多数（70%左右），涉及人口众多（占世界人口70%以上），中国是最大的发展中国家。人类共同价值体系提出的目标、价值理念体现了发展中国家的价值追求，与发展中国家倡导的全球治理体系理念具有一致性。发展中国家是人类共同价值体系现实构建的重要推动力量，要发挥好发展中国家的作用。

一些发展中国家曾饱受战难之苦，期盼国家之间和睦相处，希望有和平的国家环境。发展中国家经济、科学技术发展水平不高，亟须通过全方位的全面发展提升经济、科技、文化、社会等综合实力，通过发展解决贫困问题。发展中国家希望能够与其他国家进行全方位合作，不断发展自己的综合实力，在合作中实现共赢。合作要以公正为前提，使每个国家都能够各得其所，反对发生严重的两极分化。发展中国家要不断增强对人类共同价值体系的认同。人类共同价值体系在理论上有其合理性，体现了人的本性和人类整体利益有利于大多数人，但需要在实践上具有转化为现实的社会条件。

发展中国家不仅仅是要在价值目标、核心价值理念和基本价值原则上认同人类共同价值体系，还要将其价值观念融入到国家的价值体系构建中，要利用各种国际场合进行广泛宣传人类共同价值体系理念，同时要对少数国家将自己的价值观强加给他国的行为认清其面目，进行抵制。为此，要大力增强人类命运共同体意识，积极阐释人类命运共同体的"五位一体"内涵，推进人类共同价值体系构建，鼓励各国为人类共同价值体系现实构建建言献策。

相比发展中国家，发达国家在经济、科技、军事等方面具有明显优势。发达国家一直都在不遗余力地推广其经济模式、科学、军事技术的同时，推广自己的价值观，甚至从价值普遍主义出发走向霸权主义，强行推广"超主体"的"全球伦理""普世价值"。他们在价值领域以真理的化身自居，将自己利益和需求价值泛化，将自己的价值判断强加于发展中国家，遭到发展中国家的普遍反对。发达国家要意识到在价值主体多元化的今天，要形成普遍价值共识，不能忽视各价值主体的基本利益和需要，而要在多元价值主体之间平等的沟通交流基础上，构建符合人的内在本质性、人类根本利益而普遍认同和遵守的价值体系，不能将自己的价值观强加于别人，不能唯我独尊，要改变过去的价值思维。

西方发达国家能在人类共同价值体系现实构建中发挥重要作用。发达国家在近现代价值体系构建中积累了许多经验和教训，其价值体系对整个人类社会的发展产生过重要影响，这些经验和教训对人类共同价值体系现实构建有积极借鉴意义。发达国家人民普遍过上了比较富裕的生活，具备幸福生活条件，但其自身的价值体系存在根本性的缺陷和不可克服的弊端，不适合可持续发展，也不适合人类长远发展。实际上，构建人类最先进的价值体系不仅有利于欠发达国家的发展，也有利于发达国家的发展。

在人类共同价值体系的现实构建中，发达国家要克服狭隘的国家利益至上的弊病，在人类事实上已经形成命运共同体，世界各国、各民族和个人利益紧密联系时代条件下，发达国家应从人类根本总体的利益、从世界发展的趋势正确看待本国利益，要在实现国家利益的同时实现与他国利益的共进，反对唯利是图，要通过他国，尤其是发展中国家利益的增进来实现自身利益的增进。

第四节　人类共同价值体系现实构建的路径

我们要构建的人类共同价值体系应是深入人心、具有生命力并得到世界各国认同和遵循的价值体系。这种价值体系不仅仅是理论上的、观念上的，而且必须是现实的，使其转化为人类的现实生活。要使之实现现实化，人类需要采取合理的实现路径，从人类历史上的价值体系构建路径中吸取经验与启示，在认识上不断增强人类共同价值的共识，还需要让世界各国和各国际组织共同参与，建立民主、法制、道德、舆论机制等控制机制，使人类共同价值体系成为人类现实化的价值体系。

一　广泛达成人类价值共识

构建人类共同价值体系首先要在人类范围内普遍形成价值共识，这样才能构建对全人类具有普遍约束力和引领作用的人类共同价值体系。只有在人类范围形成了一些基本价值共识，这些价值共识才有可能转变成人类的共同理想和信念，从而促使人类自觉地追求其实现。在人类国家化的今天，我们否认存在超越国家、民族的抽象价值，但是在肯定人类文明进步的成果、人类共同利益基础上，通过国家、民族以及个人间的沟通交流，人类可以在一定范围内、一些问题上，形成对人类生存和发展具有重要意义的基本价值共识。人类价值共识不是脱离各国家、民族的价值而独立存在的抽象共相，而是具有时代性、历史性和发展性的。形成人类价值共识要以承认价值差异和共存为前提，体现人类现实的共同利益要求，坚定人类文明进步的信念，要在树立整体意识，追求人类和平、和谐和幸福生活上形成价值共识。

人类共同价值的价值共识具有时代性。人类形成的和平、发展、和谐等价值共识，不是具有抽象意义的，具有鲜明的时代性。今天人类对和平、发展、和谐这些价值愿望比任何时代要强烈得多。和平是要实现人类共同体（个人、组织、国家、人类命运共同体）之间和睦相处，相安无事，远离现代战争，尤其是核战争，世界上再也没有霸权主义和极端恐怖主义。发展是坚持发展以人为本、全面可持续发展，是坚持创新、协调、绿色、开放、共享的发展。和谐是人与人、人与社会、人与自然的和谐，无论是封建社会还是资本主义社会早期都没有今天人类对保护生态环境需要迫切。当代人与自然的和谐价值共识具有我们时代的特点，它与农业社会从小生产观点或道德观点出发的人对土地的情感，对待自然仁爱之心是不同层次的认识。①

人类价值共识具有历史性。人类价值共识不是靠人们约定的，也不是思想家的推断，它是在人类历史和社会进步中逐渐形成的，具有客观的历史必然性。自古以来，人类几乎始终处于敌对和战争状态，和平便成为了人类自古以来的价值追求。中国在进入文明社会之前就有"协和万邦"观念，西方基督教神学家奥古斯丁通过对"尘世之城"与"上帝之城"

---

① 陈先达：《马克思主义十五讲》，人民出版社 2016 年版，第 213 页。

两个国度的区分构想了人类的永久和平的理想境界，近代康德提出了永久和平思想，直接影响了维护世界和平的世界机构——联合国的成立。经历过两次世界大战的人类更深刻地理解和平的重要性。

人类价值共识具有发展性。人类价值共识不是一蹴而就的，而是世界各国、各民族、组织在经过长时间的沟通、交流和学习中逐渐形成的。无论形成人类价值共识的过程多么漫长，变成现实多么艰难，人类文明进步中人类价值共识在不断地生长和丰富发展。人类价值共识形成之后，其内容也不是一成不变的，而是随着时代发展而变化的，不过其终极价值目标、核心理念和基本原则是总体上保持稳定的。

要达成人类共同价值的共识，使之成为影响久远、有生命力的传统，深入世界人民的心灵和行为习惯之中，需要世界各国、各民族、国际组织以至个人在承认价值差异的前提下广泛达成价值共识。

广泛达成人类价值共识要以承认多种价值观共存和存在差异为前提。各国、各民族的价值是在长期历史发展过程中形成的，是每一个国家、民族区别其他国家、民族的标志，具有其独特性和差异性。人类共同价值是在充分尊重世界各国、各民族不同特殊价值的基础上求同存异，通过相互沟通、交流，互相认可形成的。它是多元一体、和谐共生的价值共识，而不是对价值多样性多元性的否定，不是要消灭一切层面上的个性和多样化，达到抽象、同质、价值一统，更不是通过强制手段或者文化霸权而达到的。

广泛达成人类价值共识要通过双向、多向的国际交流、交融和合作实现。在价值共识实现上，各国家、各民族以及国际组织要从现实的共同利益和需要出发，通过相互学习和沟通，求同存异，通过相互协商、协调，自觉、逐步地走向一致。不能粗暴地强求一律，甚至以武力相威胁，也不能以损害他国主权、核心利益和危害世界和平而达到强行接受。

广泛达成人类价值共识要坚定对人类文明进步的信念和不懈追求。它是一个在比较中发展、在批判和超越中前进的历史创造过程。

就当前而言，各国需要在以下几个方面达成基本价值共识：

一是追求和平。人类自古以来追求和平，但事实上，自从人类进入文明社会以后，人类总体上看是处于对抗状态。侵略扩张会使用战争的手段，战争又给受害国带来灾难，而最终的不幸者主要是老百姓。经过20世纪的两次世界大战的惨痛教训后，尽管世界性的战争没有发生，但是局部战争不断。现代战争，尤其是新式杀伤性武器可以给人类致命的摧毁，还会破坏人类赖以生存的自然环境甚至宇宙环境。和平是人类生存和发展的基本前提，如果世界没有一个和平的环境，国家与国家之间很难达成价值共识，人类幸福就无法实现。营造公平正义、共建共享的安全格局，实现人类普遍持久和平也是构建人类命运共同体的必然要求。人类共同价值体系要为人类命运共同体提供价值基础，要构建人类共同价值体系，就要形成追求世界和平的价值共识，国家与国家之间消除敌对，远离战争，和睦相处。

二是追求和谐。人是生存于环境中，人追求幸福离不开环境，而且离不开"好"的生存环境，这种"好"的标准，中外许多思想家和人们大多认同的是"和谐"，和谐也是自古以来人类理想价值的追求。目前，人类赖以生存和发展所处的环境并不和谐。人自身的不和谐，各种压力造成心理疾病，造成身心不和谐。人与人之间的不和谐，人际关系紧张，人们难以获得幸福感和满足感。国家之间不和谐，处于对立状态，霸权主义和恐怖主义依然存在带来了地区局势不稳定。人与自然的不和谐，大气污染、水土资源等自然生态环境破坏等，给人类的生存和发展带来了危机。造成人类环境不和谐的根源在于过分刺激和鼓励对利益的追求。一般认为和谐是事物之间的一种有序协调的秩序，四个基本规定性：和平共处，相辅相成、相得益彰、良性互动。① 从人类生存的环境来看，和谐状态应该包括身心和谐，即人的身体（肉体）与心灵（灵魂）的和谐，给激情与理性找到正确的位置；社会和谐，即达到个人自由幸福与整体协调有序有机统一的社会；世界和谐，即人类彻底告别战乱和消灭贫困，每个人得到更多更好的享受；自然和谐，即尊重自然、爱护自然、善待自然，人类与自然环境友好融洽。

三是追求幸福。古希腊人把追求个人幸福作为终极目标，追求"好生活""好社会"，把幸福作为人所能获得的整体上最好的生活。基督教诞生之后，西方人从追求现世幸福转向追求来世幸福，从追求整体幸福走向了追求利益（资源）的占有和欲望的无限追求，这两种转向都对后世产生了消极影响，尤其是后一种转向给今天的人类社会带来了诸多问题。过分追求占有资源和满足欲望使得社会和人日益物化，不仅不能给人带来幸

---

① 江畅：《幸福与和谐》第二版，科学出版社 2016 年版，第 xiv 页（引言）。

福，而且还会使人类陷入苦难。当代中国提出了人民幸福论，以实现人类幸福为宗旨，并正在从理论转变为实践，这一幸福论有助于当代人类对整体的好生活要求实现。根据习近平幸福观，人民才是真正意义的幸福的主体，人民是自己幸福的创造者和享受者。人民幸福的概念是习近平总书记提出的"中国梦"的重要内容。追求人类普遍幸福生活体现了人类的根本利益，顺应了人的本性，反映了人类社会进步和人类文明发展的总趋势，也体现了人类命运共同体的价值要求。因此，人类要在追求人类普遍幸福生活方面达成共识。

二　激励各国积极参与

人类共同价值体系的基础是世界各国、各民族、组织以及个人通过相互沟通、交流而形成的得到普遍认可的多元一体、和谐共生的价值共识。这种价值共识尊重价值多样性、多元性，具有价值的一致性和统一性。因此，人类共同价值体系的现实构建需要世界各国、各民族、组织以及个人的共同参与，其中世界各国共同参与具有重要作用。它不能仅靠少数国家参与构建，否则构建起来的人类共同价值体系可能不具有代表性，也有可能导致少数国家的价值输出和价值强权。只有世界各国共同参与，齐心协力推动，才能兼顾各方的利益和需求，构建起来的人类共同价值体系才能得到世界各国的认同和遵守。

世界各国在经济发展程度不同、政治制度选择不一和文化上具有差异，基于对本国利益的考虑，在构建人类共同价值体系认同程度上有差别，参与意识有强有弱。发达国家在长期发展过程中，在经济、政治、文化甚至军事上形成了优势，这些国家认为自己的国家在价值体系上具有优势，是世界上先进的价值体系，于是到处推广、输出自己的价值体系。一些发达国家甚至把"普世价值"等同于人类共同价值，打着人权、民主、自由等所谓的"普世价值"的旗号干涉其他国家的内政。同时，构建人类共同价值体系也需要各国在经济上合作，坚持绿色发展、可持续发展和共同发展。这就要求富国、大国、强国去帮扶穷国、小国和弱国的发展，这意味着富国、大国、强国要付出更多。因此，发达国家参与人类共同价值体系构建的积极性受到影响。欠发达国家往往在经济上贫困、政治上动荡、文化上冲突，这些国家解决贫困和温饱问题是其首要问题，他们无心参与人类共同价值体系的构建，即使愿意参与也精力、经验、能力有限。

发展中国家反对当前西方霸权主义奉行的价值普遍主义给世界安全和国际秩序带来的挑战，同时也反对一些国家的价值相对主义走向封闭、孤立和倒退。发展中国家认为不同国家可以通过相互交流、学习、对话、合作，从丰富的个性、多样性、特殊性中寻求一致的价值理想、价值标准。相比发达国家和欠发达国家，发展中国家大多能够积极参与人类共同价值体系的构建。

造成一些国家参与人类共同价值体系现实化构建的积极性不高的原因有多种，其中民族利己主义是重要原因。要增强各国主动参加的积极性，可以从以下几个方面考虑：一是树立人类整体意识，把整个人类以及人类与自然看作是一个利害相关的生存共同体，把自然环境看作是人类赖以生存的基础，不去破坏自然，而追求人与自然的和谐共生。二是增强世界民主意识，让世界上所有的公民、国家以主人身份参与世界管理。三是强化各国一律平等意识，尊重各国主权，无论是强国还是弱国都平等参与人类共同价值体系的构建，摒弃强国的霸权意识，让弱国也有发言权。四是形成世界公正意识，要通过世界公正来调整由自由和平等引起的事实上的社会不平等，防止世界发生严重的两极分化，给世界上最不发达的贫困国家和人民给予帮扶，解决世界贫困问题。

随着全球化的深入推进，世界上绝大部分国家都通过不同的形式参与国际合作，合作的范围已经从政治、军事、经济、贸易、科技领域扩展到思想、文化、教育等领域。国际合作大多是自愿的，符合各方利益，合作各方的平等合作与竞争加强了各国的联系，减少了冲突。但是，我们应该看到，相比在经济、科技等领域的合作，许多国家在思想、文化方面的国际合作比较慎重，顾虑很大。现实的情形是发达国家经常通过强势的文化对不发达国家的渗透，而不发达国家担心合作会引起政权颠覆和政局不稳。发达国家对不发达国家的渗透也对不发达国家的民族感情和国家尊严造成消极影响，影响了国际合作。因此，扩大各国在价值领域的国际合作，要尊重各国历史和现实，尽可能采取合理、平等、公平方式进行文化价值的交流，互相借鉴和吸收，以达到"美美与共"的目的。

在价值领域国际合作方面，理论学术方面的合作具有重要意义，一些国际学术机构定期召开国际学术会议，研讨人类共同价值，"世界文化发展论坛"就是其中的一个有影响力的学术交流合作平台。该论坛是湖北大学于2013年发起举办的，旨在就中国文化与世界文化展开国际探讨，促进不同文化的相互交流与借鉴。世界文化发展论坛围绕人类命运共同体、人类共同价值和价值共识等主题定期召开国际会议，至今已经召开了7届，先后在中国武汉、美国明尼苏达州、印度阿萨姆邦、巴西圣保罗州、阿联酋迪拜、波兰托伦市、埃及开罗举行，先后发表了武汉宣言——《共同推进世界主流文化发展构建》、明尼苏达宣言——《推动世界走向经济公正》、阿萨姆宣言——《弘扬和更新亚洲价值观 推动人类迈向美好明天》、圣保罗宣言——《寻求人类价值共识 促进世界和平发展》、迪拜宣言——《弘扬"一带一路"文化　构建人类共同价值》、托伦宣言——《为人类命运共同体建设提供强有力学术支持》、开罗宣言——《道德共识与人类共同价值观的构建》等宣言。世界文化发展论坛是世界各国学者共同研究世界文化的平台，通过论坛不仅扩大了各国学者关于世界主流文化研究成果的世界影响和人类共同价值体系构建的全球共识，而且直接推动各国政府和人民重视世界主流文化和人类共同价值体系建设发展。

三　发挥国际组织作用

构建人类共同价值体系不仅需要各个国家、各个民族积极参与，同时还要发挥国际组织，尤其是联合国的作用，需要国际组织在各种场合积极倡议、呼吁构建人类共同价值体系，让人类共同价值理念融入联合国大会、国际性会议、世界性赛事中去。

经历了20世纪两次世界大战后，人类越来越感到战争尤其是世界性战争对人类生存的严重威胁，世界各国意识到和平和谐世界的重要性，于是开始积极寻求防止世界战争、维护世界和平、促进国际交流和合作的途径。随着国际交往的不断扩大，国家之间建立起了长期战略伙伴关系，区域之间建立各种经济、贸易、政治、军事、文化等多方面的合作组织，国际组织发展进入了一个全新阶段。几十年来，世界上不仅建立了一般性国际组织——联合国，而且相继建立了一大批普遍性专门性国际组织，还举行各种世界性会议和世界性赛事，等等。

从整体来看，国际组织在维护世界和平安全、促进国际公正和国际合作与交流、保护组织成员的利益等方面发挥着积极作用，并且国际组织提出的规则、条约、准则对组织成员起到约束作用，有利于维护国际秩序，其中一些理念正在成为世界公认的国际关系准则，不断得到人类普遍的认同。国际组织在国际关系中发挥着越来越重要的作用，有力地推进了世界一体化。这些作用意义重大，影响深远。

一是使人类的交流活动范围不断扩大。国际组织使人类从过去的一个国家推向多国，大大增大了人类交流活动的范围。如世界贸易组织使经济贸易活动从原来的国内扩大到所有的成员国。

二是建立了一系列国际性的活动规范、准则。国际组织中由成员国共同遵守的活动规范和处理关系的准则具有一定的制约性和权威性，起到规范各国行为的作用，有利于成员国整体的利益。由于这些规范、准则普遍适用，而且有利于其他各国，后来得到了世界大多数国家的公认，成为了国际关系的普遍准则，对人类的行为起规范和导向作用。

三是国际组织处理和协调了一些全球性共同问题。国际组织发挥了在不同方面管理世界的职能，为维护世界秩序，实现世界和平、和谐发挥积极作用，也为构建人类共同价值体系提供了组织保障和现实依据。

国际组织，尤其是世界性的国际组织在维护世界和平、促进国际公正和国际合作，保护其成员的利益方面发挥着巨大作用，并且把实现世界和平、共同发展、公平正义、合作共赢作为核心价值理念也正在不断发挥积极作用，这些作用有力地推动人类共同价值体系的构建。主要体现在以下几个方面：

一是发挥了维护世界和平的作用。20 世纪两次世界大战后，人类在寻求避免世界战争、维护世界和平的种种方案，联合国等国际组织相继成立，维护世界和平成为其重要目标。《联合国宪章》中规定的联合国之宗旨第一条、第二条都提到了和平的目的，"一、维持国际和平及安全；并为此目的……二、发展国际间以尊重人民平等权利及自决原则为根据之友好关系，并采取其他适当办法，以增强普遍和平"①。联合会以及相关组织成立以后积极发挥维护世界和平的作用，尽管局部战争频发，但世界总体局势相对稳定，为人类共同价值体系构建奠定了良好基础。

二是发挥了沟通交流作用。全球化背景下，各国家、各民族以及个人价值取向、价值选择呈现多样化，在文化价值交流中不同价值文化之间存在差异甚至是对立，引发各种价值观念的矛盾和冲突不可回避。正是基于多元价值之间差异与冲突现实，人类共同价值体系构建就是要让人类在价值目标、价值理念和价值原则等方面达成基本一致意见，在尊重价值多样性、多元性的基础上达到社会的价值共识和价值的一致性、统一性。如何使得世界各

---

① 联合国官网：http://www.un.org/zh/about-us/un-charter/chapter-1.

国、各民族在价值观上实现某种程度的统一呢？这其中各国、各民族之间的相互沟通、交流很重要，可以通过相互沟通、交流消除隔阂和分歧、增进相互理解，实现对人类普遍追求的共同目标的认同、对制定的共同行为规则的认同和遵守。国际组织正好提供这个沟通交流的平台，也是其成员国平等表达自己的意愿和相互交流的地方，通过在这些平台上相互交流沟通，彼此间可以在价值观上达成理解、谅解和价值共识，寻求各种合作。

三是发挥了维护国家权益作用。人类共同价值是建立在平等、相互尊重基础上凝聚价值共识，尊重国家主权和基本人权是其基本要求。尊重国家主权就是要承认国家的独立自主性，维护国家的权益。人类命运共同体承认和尊重国家的平等地位，为了更好地实现各国利益，反对任何国家对他国的干涉、侵略、掠夺，要制止和谴责这类行为。国际组织在维护世界各国主权、国家利益上发挥了积极作用。国际组织一方面维护组织内各成员之间的平等权益，确保各国经济上、政治上、文化上的平等交流和合作；另一方面对外维护组织内成员的权益，防止其权益受到其他国家或组织的侵犯。在目前人类国家化，世界还未成为基本共同体的情况下，只有承认各国的主权和保证各国的利益，世界各国才可能通过交流沟通在价值领域内达成某种程度的共识，才能构建起各国认同的人类共同价值体系。

四是发挥了规范各国行为的作用。构建人类共同价值体系是价值目标、核心理念、基本原则组成的完整的价值体系，它能够得到各国、各民族、组织认同并能够规范其行为，从而可以克服价值冲突和价值危机，并在更高层次上形成价值共识。人类共同价值体系对世界各国、各民族、各组织在价值领域中具有引领、激励和规范的作用。今天，各个国家、民族、组织的法律、法规以及价值体系只能对自身具有约束力。要构建起对世界各国具有约束力的原则和准则，可以发挥国际组织的规范作用，国际组织建立的规范对成员国的活动具有约束力。这些原则和准则可能成为全世界公认的国际关系准则，对人类的行为起规范和导向作用，这些原则和准则的制定有助于人类共同价值体系的构建。

五是发挥了协调国际关系的作用。人类命运共同体不仅意味着人类有共同的利益，尤其需要普遍的国际规则来协调各国的利益关系。① 人类共

---

① 舒远招：《康德的永久和平论及其对构建当代人类命运共同体的启示》，《湖北大学学报》（哲学社会科学版）2017 年第 11 期。

同价值在实现手段和方式上，要基于各个国家、民族的认同和遵守，要通过相互协商、协调，自觉、逐步地走向一致，而不是通过少数国家强行推行。国际组织就具有这种协调作用，如《联合国宪章》中就规定"构成一协调各国行动之中心，以达成上述共同目的"①。国际组织对成员之间以及组织内部与外界之间的关系进行协调，以解决争端，避免冲突，促进合作，为协调各国之间关系，达成人类共同价值共识发挥了积极作用。

国际组织，尤其是联合国以及定期举行的国际会议和世界赛事，参与的国家多，在世界上的影响大。要充分借助联合国、国际会议和世界赛事的作用，努力通过联合国的相关决议、宣言和文件等积极宣传人类共同价值观。构建人类命运共同体的主张于2013年3月提出后，中国通过重要国际组织、主场外交等不同场合，积极加以倡导，使之得到越来越多的国家的认可。定期召开的国际会议和世界赛事参与面大，国际会议大部分是各国政府官员、专家参加，具有较大的政治、学术影响力，世界赛事，尤其是奥运会等大多数国家参加，传播面广。可以借助国际会议的召开和世界赛事举办的机会，宣传人类共同价值观。比如，在奥运会开幕式、闭幕式上除了展示主办国的文化特色外，可以将人类共同价值追求幸福的目标以及和平、发展、公平、正义、民主、自由的价值理念融入其中，让人类共同价值观深入千家万户，让人们去感受它、认识它、理解它和认同它。

四　建立世界管理机构

世界需要管理，然而目前的世界没有管理机构，联合国只是做决议，对世界的管理作用十分有限，而且没有像国家实体一样的强制力量。有些国家以自己国家利益为由，不服从国际组织甚至越过国际组织我行我素。国家有政府而世界没有政府，国家有管理机构而世界没有管理机构，这就是今天世界的现状。历史上有一些思想家曾提出过建立世界管理机构的设想。如果说20世纪提出建立世界管理机构为时尚早，那么在今天人类在客观上已经成为命运共同体的条件下，建立世界管理机构可以提上议事日程。

近代以来，一些思想家对建立世界权力机关——世界管理机构（世界政府）提出了种种设想。

① 联合国官网：http://www.un.org/zh/about-us/un-charter/chapter-1。

康德在《永久和平论》中提出建立一个各民族的世界联盟。"它们每一个都可以而且应该为了自身安全的缘故，要求别的民族和自己一道进入一种类似公民体制的体制，在其中可以确保每一个民族自己的权利。这会是一种各民族的联盟，但却不必是一个多民族的国家。"①

爱因斯坦耗费巨大精力研究世界政府。他非常厌恶战争，发表了大量关于世界政府的言论。他说："为了给更大的世界共同体打好基础，我们的共同体必须做些什么？因为没有这个更大的共同体，单个的国家也不会太持久。"②"二战"后，他曾给联合国大会写公开信，敦促建立世界政府，还建议把联合国改造成为世界政府。"联合国必须以最快速度为一个真正的世界政府打好基础，从而为国际安全创造必要的条件。"③

法国思想家马里旦主张由一个世界政治社会建立世界政府，"一旦我们的历史时代所要求的完善社会即世界政治社会出现时，它就应该在正义上尽可能地尊重那些将成为它的组成部分的政治、道德和文化生活的无可估价的脉管的自由"④。马里旦对建立世界政府的必要性以及世界政府如何构建的问题提供了方案。"世界国家将必须在严格限度内以及在这样一个新的人类理性创造物所应有的正常形态内，享有一个完善社会所自然要求的各种权力：立法权、行政权、司法权，连同为实施法律所必需的强制权力。""将来总有一天会对这样一个世界国家的权利和义务以及政府结构详加规定的宪法，只可能是共同努力、经验以及现今和将来的历史所遭遇到的艰难困苦的成果。"⑤

德国思想家哈贝马斯针对民族国家行为能力的弱化，提出民族国家应勇敢地做出尝试，联合成为一个更强大的政治统一体，在世界范围内建立组织共同体。这个共同体不同于联合国那样单纯由国家组成的国家共同体，"因为它不允许在内部和外部存在社会界限"⑥。这样的共同体具有跨民族性，通过对话协调利益关系，建立处理全球事务的行政权力机构。哈贝马斯将他倡导建立的共同体称为"没有世界政府的世界内政"。

---

① ［德］康德：《永久和平论》，何兆武译，上海人民出版社 2002 年版，第 19 页。

② ［美］爱因斯坦：《爱因斯坦自述》，富强译，新世界出版社 2012 年版，第 177 页。

③ 李醒民：《爱因斯坦》，商务印书馆 2005 年版，第 229 页。

④ ［法］马里旦：《人和国家》，沈宗灵译，中国法制出版社 2002 年版，第 171 页。

⑤ ［法］马里旦：《人和国家》，沈宗灵译，中国法制出版社 2002 年版，第 171 页。

⑥ ［德］哈贝马斯：《后民族结构》，曹卫东译，上海人民出版社 2002 年版，第 120 页。

为了应对人类面临的威胁，英国著名历史学家汤因比提出要建立世界政府。他认为现代科学技术，特别是交通运输为建立世界政府提供了便利条件。不过，世界政府的建立不是通过联合国组织的发展，而是通过两个政治上"兴旺的公司"，即美国政府和苏联政府的发展。

中国江畅教授在 2000 年出版的《理论伦理学》中专门讨论了建立世界政府的必然性，认为在当代建立世界政府不仅具有必要性，而且具有可能性。在他看来，建立世界政府来统一管理世界事务，是人类文明发展到今天的必然要求，是现代世界和谐的现实要求。而且，对于当代人类来说，建立世界政府是完全可能的。他还对世界政府的目的、职能和结构提出了构想，对于建立世界政府面临的难题提出了对策。①

经济全球化使得世界政治、经济、文化走向一体化，人类事实上已经形成了命运共同体，提出建立世界管理机构具有必要性。

建立世界管理机构是人类文明发展的必然要求。人类过去由于地理的阻隔、文化的差异、交通的闭塞始终分散在世界各地，老死不相往来、孤立封闭地存在和生活着。到了近代以后，由于科技和经济的发展推动了经济全球化，使世界成为了一个"地球村"，改变了人类的生存空间和环境，各国、各民族以及个人之间交往越来越便捷。经济全球化也使世界各国、整个人类在文化、价值观念和行为方式方面正在"趋同"，人类也越来越感觉到成为利益相关的命运共同体。各价值主体（国家、民族、群体、个人）之间交往越来越频繁、联系越来越多，相互之间因文化价值差异，利益需求冲突（如争夺自然资源）也越来越容易发生，世界整体上仍然处于无序状态。为了使世界结构能够有序化发展，合理利用地球资源，解决全球性问题，及时调解和解决各国、各民族之间矛盾，使人类不至于因相互争斗而导致人自身受到灾难性打击，尤其需要以强力为后盾的世界管理组织。

建立世界管理机构既是人类文明发展的必然要求，也是满足人类生存发展、实现普遍幸福的现实要求，也是构建人类共同价值体系的必然要求。走向一体的人类建立世界管理机构除了调解和解决各国、各民族之间矛盾，还要解决人类共同面临的问题，实现人类和平、远离战争，实现世界公正、反对国家之间的不平等，实现国际合作、抛弃零和博弈。建立世

---

① 江畅：《理论伦理学》，湖北人民出版社 2000 年版，第 432 页。

界管理机构需要解决以下问题：

一是生态环境破坏问题。随着科技的发展，人口数量增长，现代工业快速发展不顾环境的承受而导致生态环境危机。这些问题不能靠各国自己得到有效解决，国际组织虽然也在积极制定规范，但其执行有难度，如2001年3月美国宣布单方面退出《京都议定书》，2019年美国宣布退出《巴黎协定》。这些问题的解决需要世界管理机构或者有权利的国际组织来协调管理。

二是自然资源滥用问题。历史上人类对自然资源利用水平有限，认为自然资源是取之不尽、用之不竭的。但是今天，人类已经知道地球上的资源是有限的，并且有些资源是不可再生的，但是各国对自然资源，尤其是对不可再生资源存在普遍滥用浪费的现象。人类赖以生存的资源利用问题的解决不能单靠一个国家来解决，需要世界管理机构进行合理有效的配置，避免不可再生资源的枯竭。

三是战争和恐怖主义问题。两次世界大战以后，世界上的战争大幅度减少，但是局部战争不断，一国武装侵犯他国时有发生，如战后发生的越南战争、海湾战争、伊拉克战争、利比亚战争，等等。更可怕的是，现代大规模的杀伤性武器，尤其是核武器、生化武器对人类甚至整个地球会带来毁灭性打击，同时各国为了扩大国防实力，不断扩大国防开支，过高的国防开支给各国带来了严重的经济负担，浪费了巨大的人力资源和物质财富，也给人类的和平带来了极大威胁。西方的对外扩张和侵略是导致今天恐怖主义盛行的重要原因。战争和恐怖主义不是单靠一个国家或者几个国家就可以解决，需要世界管理机构进行干预管理。

四是重大灾祸问题。近年来，世界上经常遭受重大灾祸，既有天灾也有人祸，如在非洲肆虐的埃博拉病毒，2003年席卷全球的SARS病毒，2019年在美国暴发的乙型流感，2020年在东非地区发生的蝗灾，2020年全球暴发的新冠肺炎疫情等。这些重大灾祸问题不可能靠几个国家就能解决，而且在重大灾祸面前很少有国家可以独善其身，需要在世界管理机构统一指挥协调下，世界各国、各民族、各国际组织共同来应对。

人类已经具有建立世界管理机构的可能条件。对人类今天而言，建立世界管理机构不是天方夜谭，而是具有现实性。

人类已经具有构建人类命运共同体的强烈意识和认同。人类命运共同体提出之后，不断得到世界各国的认同，尤其是近年来发生的重大灾祸，人们越来越清晰地意识到，实际上每个国家、民族、个人以及组织都成为了利益相联、命运与共的共同体。人类国家化以后，国家有管理机构（政府）而世界没有管理机构的管理格局使得人类的整体利益受损。要解决这种问题，就要突破目前国家基本共同体走向命运共同体，世界需要有管理机构。

人类已经具备有管理世界的能力、经验和条件、基础。人类经过几千年的发展，对社会、国家的管理能力大大提升，已经积累了丰富的经验，这为从一国扩大到多国的世界管理提供了很好的借鉴。同时，现代科技的发展使世界成为了地球村，人们随时可以与世界各地的人保持沟通联系，也为世界管理提供了便利条件。"在科学技术可能而且已经能够对于交通运输提供许多便利的程度而言，世界政府已经是一个很实际的建议。"① 人类已经建立了各种国际组织（尤其是联合国）、定期举行世界性会议、举办世界性赛事，它们是世界管理机构的雏形，为人类建立世界管理机构提供了基础。

人类共同价值体系以实现人类普遍幸福为终极目的，国家和世界管理机构在人类幸福上具有相同的目标，只是在范围上从本国扩大到全世界。建立世界管理机构根本目的是实现人类的普遍幸福，人类的普遍幸福除了需要世界管理机构外还需要各个国家、民族以及个人共同努力。世界管理机构能为人类实现普遍幸福营造和谐的世界环境，也能对构建人类共同价值体系发挥积极作用。具体体现在：维护世界安全、实现人类和平，制止战争和恐怖主义，消除强权政治，打击国际犯罪，永久地建立和平、公正和合作的美好世界；合理解决国际争端，防止事态扩大化，维护国家主权和基本人权，防止国家主权和基本人权遭到践踏；管理世界社会经济生活，保持世界经济持续繁荣发展，兴办世界性的公共事业，解决世界贫困问题；定期召开各种国际交流，促进国际性的政治、经济、文化、科学技术、公共事业的交流与合作，不断促进人类社会文明发展。

建立世界管理机构在理论上具有必要性和可行性，但是在实践层面世界各国如何建立，世界各国如何享有权利，如何让强国和弱国都能愿意参与，还有世界军队的组建以及世界军队和国家军队的关系、世界政府与各

① ［英］汤因比：《历史研究》下册，曹未风、徐孝通等译，上海人民出版社1964年版，第400页。

国政府的关系等问题，都需要从理论与实践的结合上加以解决。有些思想家、政治家对建立"世界政府"提出了许多反对意见，就是因为构建世界管理机构面临很多困难和障碍。"在世界政府问题争论中的赞成和反对的理由，对我们今天没有关系，但对未来的世世代代却很有关系。"① 世界管理机构到底采取什么形式、如何管理世界是可以协商讨论的，但面对当前民族利己主义以及由此带来的霸权主义、恐怖主义等问题，人类亟须形成普遍共识：世界需要管理，管理需要管理机构，需要加快构建人类共同价值体系。

五　建立相应的控制机制

坚持人类共同价值的基本价值原则，必须建立相应的保障机制。人类建立了这样的保障机制，才能使世界各国、各民族和国际组织在处理各项工作事务中能够贯彻落实基本价值原则，让人类共同价值成为人类的内心价值信念。建立人类共同价值体系的控制机制，首要的任务是要建立并不断完善人类共同价值现实构建的控制机制，使之有效发挥作用。建立控制机制就是要让世界各国、各民族和国际组织通过协商建立具有约束力的国际法律、公约、规章制度，并且在各国中能够得到贯彻落实。人类共同价值体系的控制机制可以划分为舆论引导机制、制约保障机制和防范机制。

第一，建立舆论引导机制。在全球化时代，国际舆论影响力越来越大，它在促进人类和平、世界公正和国际合作中发挥越来越重要的作用，正在成为构建人类共同价值体系重要的控制引导机制。构建人类共同价值体系可以通过国际舆论向全世界传递各类信息，增强人类之间的沟通、交流，从而减少隔阂，消除对立和冲突，促进国际合作；也可以通过国际舆论传播人类共同价值观念以及理念、行为准则等，使各国、各民族、各种组织以及个人在这种舆论氛围中增强人类整体意识和责任，自觉接受人类共同价值观念；还可以通过有效、及时的国际舆论褒扬人类和平、公平正义等，谴责世界霸权主义、极端国家主义和恐怖主义，宣传人类共同价值的理念。

舆论引导机制主要是通过大众传媒（尤其是国际主流传播媒体）、国际会议、国际赛事、国际上各界知名人士（如政治家、思想家、社会活动

---

① ［法］马里旦：《人和国家》，沈宗灵译，中国法制出版社2002年版，第173页。

家、名流、体育和娱乐明星等）利用各种机会和渠道进行宣传，使人类共同价值的终极价值目标、核心价值理念和基本价值原则能够得到各国和国际组织的普遍认同。舆论引导机制可以在全世界形成良好舆论导向和氛围，使得人类共同价值深入人心。

在舆论引导机制中，大众传媒和世界性会议可以发挥重要作用。大众传媒作为现代社会的主要舆论形式，可以实时传播全世界的信息，它是世界各国人民最便捷、最及时了解世界的窗口，也能及时扬善抑恶，谴责那些不正当、不正义、丑恶的行为，有助于形成人们的是非善恶观念，对国家、民族、组织以及个人和确立什么样的价值观和价值观念，选择和追求什么，以什么方式追求都具有极为重要的导向作用。如果大众传媒以人类共同价值体系为总的价值导向，大力宣传人类应该追求永久和平、普遍幸福的价值目标，大力宣传发展、公平、正义、自由、民主、合作共赢、和谐的价值理念，大力宣传人类利益至上、维护基本人权、恪守和平底线、协商解决冲突等基本价值原则，就可以形成一种有利于人类共同价值体系构建的舆论氛围，可以使世界各国、各民族、各组织以及个人在潜移默化中受到影响，形成人类共同价值体系所要求的价值观念和行为方式。

各种地区性、国际性、世界性的会议是世界舆论的一种重要形式，它可以通过形成决议、宣言等方式表达对构建人类共同价值体系的支持，研究构建过程中出现的问题，促进构建朝着舆论所期待的方向发展。相比大众传媒，世界性会议可以汇集与会专家的智慧，表达与会国家的要求。

第二，建立制约保障机制。在现代国际社会，现行国际法是当代国家之间的主要制约机制。现行国际法主要是指国家之间的法律，它是用来调整国家之间的关系，其效力于整个国际社会，对一切国际法主体均具有法律效力。国际法是各个国家和各个国际组织从事国际活动的准则，是调整日益复杂的国际关系的根据。尽管目前它们还不一定具有完全的法律效力和充分的强制力量，但对国际社会生活具有规范、调节、控制、指导、评价、仲裁等诸多重要作用。[①] 真正的世界法制，应该是由世界权力机关制定、认可和解释，通过世界强制力保证实施，以合法和违法为基本范畴调整国际关系、规范国际行为、治理国际社会秩序的规范体系。一方面，世界法制明确告诉各国、国际组织应该做什么、不该做什么、应该如何做，

---

① 江畅：《幸福与和谐》第二版，科学出版社 2016 年版，第 267 页。

世界各国、国际组织根据世界法制来选择、约束和规范其行为，以确保人类共同价值体系能够得以遵守，不得违反。另一方面，世界法制保障各国主权和国家在世界中的主体地位，维护世界各国的利益和人类共同利益，不断促进世界和谐，追求实现人类普遍幸福的终极目的。

要构建人类共同价值体系，实现人类普遍幸福，不仅需要世界法制作为制约控制机制来规范各国的行为，而且也需要发挥世界道德作为保障机制的作用，用道德来规劝世界各国通过实现各国利益来更好地实现其自身的利益。世界道德是世界倡导的，主要通过世界舆论、各国的道德自觉等非强制性力量发生作用的。它是以善和恶、正当和不正当、公平和不公平、正义和不正义为基本范畴调整国际关系、治理世界秩序的价值导向体系。世界道德作为一种价值导向，通过世界各国、国际组织以及个人的道德自觉增强自身的主体意识，促进各国正确认识和处理本国的幸福和利益与其他国家、人类的幸福和利益之间的联系，从而不断增强自我约束的意识。世界道德作为现代道德，要体现人追求生活得好、生活得更好的本性，坚持无损于人原则、有益于人原则和服务他人原则。世界道德在肯定和鼓励各国实现每个人的幸福和国家利益的前提下，通过合理、正当的途径更好地实现每个人的幸福和国家利益，在实现每个人幸福和国家利益的同时实现他人幸福和他国利益的共进，从而实现人类幸福和共同利益。人类共同价值体现和代表各国家、各民族的共同利益，指向的是人类的共同利益，其目标是实现人类普遍幸福。世界道德就是要通过这种价值导向和道德要求，使之成为各个国家自觉的行为准则，为人类共同价值体系现实构建提供道德上的保障机制。

第三，建立安全防范机制。安全防范机制是通过各国、国际组织协商建立的防范少数国家凭借各种势力攻击、破坏、歪曲人类共同价值基本价值原则的言论和行为发生的控制机制。构建人类共同价值体系，面临着狭隘国家主义的障碍和区域文明主义的障碍。在狭隘的国家主义者看来，根本不存在人类的共同价值，也不存在人类的共同利益，他们只承认和认可自己国家的价值观和利益，认为人类共同价值只不过是全球化时代一些国家用来干涉他国主权和内政的手段。一些国家在各种场合攻击人类共同价值以及其价值原则，歪曲人类共同价值的实质，否认人类已经达成的价值共识，肆意破坏人类共同价值。有些国家故意混淆人类共同价值与西方"普世价值"，认为是它们具有同样的实质，企图用西方主导的所谓"普世价值"代替人类共同价值，提出如果有人类共同价值体系那也应该以西方价值文化包含的价值观念、理念、原则为主要内容。这些国家在人类共同价值的态度上，体现出明显的霸权主义。在区域文明主义者看来，本民族或者区域文明产生了独特的价值观，没有必要在区域文明之外再构建人类共同价值体系，因此也反对构建人类共同价值体系。这些国家在人类共同价值问题上所持的是文化相对主义、价值相对主义态度。面对这些问题，应该加大宣传人类共同价值体系的目标、理念，尤其是基本原则对于消除人类生存危机、确保世界永久和平、实现人类普遍幸福的重要性，让世界各国了解、认同、支持人类共同价值体系。同时，还要建立各国交流沟通和防范机制，通过沟通交流使人类相互理解、相互促进，消除人类在价值共识上的隔阂，减少对立和冲突，利用国际法、公约等措施回应、抵制一些国家对人类共同价值体系的破坏，防止人类共同价值体系被别有用心的国家攻击、歪曲和混淆。建立起这样的安全防范机制，有利于提高人类共同价值体系在国际上的认同度。

主要参考文献

（一）中文著作（以作者姓氏拼音为序）

北京大学哲学系外国哲学史教研室编译：《十八世纪法国哲学》，商务印书馆1963年版。

戴茂堂：《中国传统价值观念的基本结构与当代构建》，黑龙江教育出版社2016年版。

冯天瑜、何晓明、周积民：《中华文化史（上篇）》，上海人民出版社1990年版。

富学哲：《从国际法看人权》，新华出版社1998年版。

何小民：《共同利益论》，中央文献出版社2008年版。

江畅、戴茂堂、周海春：《我国主流价值文化及其构建研究》，人民出版社2013年版。

江畅、张媛媛：《中国梦与中国价值》，武汉出版社2016年版。

江畅：《当代中国主流价值文化及其构建》，科学出版社2017年版。

江畅：《德性论》，人民出版社2011年版。

江畅：《论当代中国价值观》，科学出版社2016年版。

江畅：《西方德性思想史》古代卷、近代卷、现代卷（修订版），人民出版社2018年版。

江畅：《幸福与和谐》，科学出版社2016年版。

江畅：《中国传统价值观及其现代转换》上卷、下卷，社会科学文献出版社2020年版。

康有为：《康有为全集》第五集，中国人民大学出版社2007年版。

老子道德经注：《王集校释》上册，中华书局1980年版。

李德顺：《价值论——一种主体性的研究》第3版，中国人民大学出版社 2013 年版。

李德顺：《我们时代的人文精神：当代中国价值哲学的构建及其意义》，北京师范大学出版社 2013 年版。

李慧玲、吕友仁注译：《礼记》，中州古籍出版社 2015 年版。

李连科：《价值哲学引论》，商务印书馆 1999 年版。

李菱：《如何看待中国当代社会思潮及影响》，人民出版社 2018 年版。

李龙、万鄂湘：《人权理论与国际人权》，武汉大学出版社 1992 年版。

李秋零主编：《康德著作全集》第 8 卷，中国人民大学出版社 2010 年版。

刘军宁、王焱：《自由与社群》，生活·读书·新知三联书店 1998 年版。

刘同舫：《马克思人类解放思想史》，人民出版社 2019 年版。

卢德之：《论共享文明——兼论人类文明协同发展的新形态》，东方出版社 2017 年版。

卢连章：《中国新儒学史》，中州古籍出版社 1993 年版。

马德普等：《普遍主义与多元文化：霸权主义与恐怖主义的文化根源及其关系研究》，人民出版社 2010 年版。

苗力田：《亚里士多德全集》第九卷，中国人民大学出版社 1994 年版。

宋瑞芝：《外国文化史》，湖北教育出版社 1994 年版。

孙伟平、陈新汉：《价值论研究》，社会科学文献出版社 2018 年版。

孙伟平：《价值差异与社会和谐——全球化与东亚价值观》，湖南师范大学出版社 2008 年版。

孙伟平等：《创建"中国价值"：社会主义核心价值体系研究》，社会科学文献出版社 2015 年版。

孙中山：《孙中山选集》，人民出版社 1981 年版。

唐凯麟、张怀承：《成人与成圣——儒家伦理道德精粹》，湖南大学出版社 1999 年版。

陶德麟、汪信砚、何萍主编：《马克思主义哲学研究》，湖北人民出版社 2015 年版。

王帆、凌胜利：《人类命运共同体——全球治理的中国方案》，湖南人民出版社 2017 年版。

王葎、金梦兰：《近现代中国的价值观建构》，四川人民出版社 2018 年版。

王伟光：《利益论》，中国社会科学出版社 2010 年版。

王志民、马啸：《中华文明与人类共同价值》，清华大学出版社 2017 年版。

《习近平谈治国理政》第一、二、三卷，外文出版社 2014、2017、2020 年版。

熊十力：《乾坤衍》，上海书店出版社 2008 年版。

臧世俊：《康有为大同思想研究》，广东高等教育出版社 1997 年版。

赵馥洁：《中国传统哲学价值论》增订本，人民出版社 2009 年版。

赵汀阳：《天下体系——世界制度哲学导论》，中国人民大学出版社 2011 年版。

周成编：《西方伦理学名著选》上卷，商务印书馆 1964 年版。

周辅成：《西方著名伦理学家评传》，上海人民出版社 1987 年版。

（二）中文译著（以作者中文名拼音首字母为序）

［美］爱因斯坦：《爱因斯坦自述》，富强译，新世界出版社 2012 年版。

［美］安德森：《想象的共同体》，吴叡人译，上海人民出版社 2005 年版。

［古罗马］奥古斯丁：《论信望爱》，许一新译，生活·读书·新知三联书店 2009 年版。

［古罗马］奥古斯丁：《上帝之城》上下卷，王晓朝译，人民出版社 2006 年版。

［古希腊］柏拉图：《柏拉图全集第》1、2 卷，王晓朝译，人民出版社 2002、2003 年版。

［古希腊］柏拉图：《理想国》，郭斌和、张竹明译，商务印书馆 1986 年版。

［美］贝兹：《政治理论与国际关系》，丛占修译，上海译文出版社 2012 年版。

［英］边沁：《道德与立法原理导论》，时殷弘译，商务印书馆 2000 年版。

［古希腊］第欧根尼·拉尔修：《名哲言行录》下，马永翔、赵玉兰、祝和军等译，吉林人民出版社 2011 年版。

［德］哈贝马斯：《包容他者》，曹卫东译，上海人民出版社 2002 年版。

［德］哈贝马斯：《后民族结构》，曹卫东译，上海人民出版社 2002 年版。

［英］哈耶克：《自由秩序原理》上，邓正来译，生活·读书·新知三联书店 1997 年版。

［瑞士］汉斯·昆：《世界伦理构想》，周艺译，生活·读书·新知三联书店 2002 年版。

［英］黑格尔：《历史哲学》，王造时译，生活·读书·新知三联书店 1956 年版。

［英］霍布斯：《利维坦》，黎思复、黎廷弼译，杨昌裕校，商务印书馆 1985 年版。

［奥］吉米·福尔克等：《主权的终结：日趋"缩小"和"碎片化"的世界政治/国际关系学当代名著译丛》，李东燕译，浙江人民出版社 2001 年版。

［德］康德：《永久和平论》，何兆武译，上海人民出版社 2002 年版。

［美］科恩：《论民主》，聂崇信等译，商务印书馆 1988 年版。

［瑞士］孔汉思：《世界伦理手册、愿景与践履》，邓建华、廖恒译，生活·读书·新知三联书店 2012 年版。

［法］卢梭：《社会契约论》修订第 2 版，何兆武译，商务印书馆 1982 年版。

［美］罗尔斯：《正义论》，何怀宏、何包钢、廖申白译，中国社会科学出版社 1998 年版。

［英］罗素：《西方哲学史》下卷，马元德译，商务印书馆 1976 年版。

［英］洛克：《人类理解论》上册，关文运译，商务印书馆 1958 年版。

［英］洛克：《政府论》下篇，叶启芳、瞿菊农译，商务印书馆 1964

年版。

　　［德］马蒂亚斯·霍尔茨：《未来宣言：我们如何为二十一世纪作准备》，王滨滨译，云南人民出版社 2001 年版。

　　［德］《马克思恩格斯全集》第 1—4 卷，中共中央编译局编译，人民出版社 1959、1957、1995 年版。

　　［德］《马克思恩格斯文集》第 1—10 卷，中共中央编译局编译，人民出版社 2009 年版。

　　［德］《马克思恩格斯选集》第 1、3 卷，中共中央编译局编译，人民出版社 1972、1995 年版。

　　［法］马里旦：《人和国家》，沈宗灵译，中国法制出版社 2002 年版。

　　［西］曼纽尔·卡斯特：《网络社会的崛起》，夏铸九、王志弘等译，社会科学文献出版社 2003 年版。

　　［法］孟德斯鸠：《论法的精神》下册，张雁深译，商务印书馆 1963 年版。

　　［美］诺齐克：《无政府、国家与乌托邦》，何怀宏等译，中国社会科学出版社 1991 年版。

　　［美］塞缪尔·亨廷顿：《文明的冲突与世界秩序的重建》，周琪、张立平译，新华出版社 2013 年版。

　　［美］桑德尔：《公正：该如何做是好?》，朱慧玲译，中信出版社 2011 年版。

　　［美］桑德尔：《自由主义与正义的局限》，万俊人等译，译林出版社 2001 年版。

　　［荷］斯宾诺莎：《伦理学》，贺麟译，商务印书馆 1982 年版。

　　［英］汤因比：《历史研究》下册，曹未风、徐孝通等译，上海人民出版社 1964 年版。

　　［德］滕尼斯：《共同体与社会》，林荣远译，商务印书馆 1999 年版。

　　［中世纪］托马斯·阿奎那：《阿奎那政治著作选》，马清槐译，商务印书馆 1963 年版。

　　［英］休谟：《人性论》下，关文运译，商务印书馆 1997 年版。

　　［古希腊］亚里士多德：《尼各马可伦理学》，廖申白译注，商务印书馆 2003 年版。

　　［古希腊］亚里士多德：《亚里士多德全集》第九卷，颜一、秦典华

译，苗力田主编，中国人民大学出版社 1994 年版。

　　［古希腊］亚里士多德：《政治学》，吴寿彭译，商务印书馆 1965
年版。

　　［英］亚当·斯密：《国富论》下，郭大力、王亚南译，凤凰出版传
媒集团/译林出版社 2011 年版。

　　［以色列］尤瓦尔·赫拉利：《人类简史：从动物到上帝》，林俊宏
译，中信出版社 2014 年版。

　　［英］约翰·密尔：《代议制政府》，汪瑄译，商务印书馆 1982 年版。

　　［英］约翰·密尔：《论自由》，许宝骙译，商务印书馆 1959 年版。

（三）外文著作（以作者姓氏首字母顺序为序）

Cicero, *On the Good Life*, Penguin Classics, the Penguin Group, 1971.

Darwall, Stephen (ed.), *Virtue Ethics*, Oxford：Blackwell Publishing,
2003.

Dent, N.J.H., *The Moral Psychology of the Virtue*, Cambridge University
Press, 1984.

Heidegger, Martin, *Being and Time*, China Social Sciences Publishing
House, 1999.

Hughes, Gerard J., *Aristotle on Ethics*, London and New York：
Routledge, 2001.

Hursthouse, Rosalind, *On Virtue Ethics*, Oxford University Press, 1999.

Marenbon, John, *Medieval Philosophy*：*an historical and philosophical in-
troduction*, London and New York：Routledge, 2007.

Rawls, John, *A Theory of Justice*, China Social SciencesPublishing
House, 1999.

Reis Burkhard, ed., *The Virtuous Life in Greek Ethics*, Cambridge Univer-
sity Press, 2006.

Runkle, Gerald, *Theory and Practice*：*An Introduction to Philosophy*,
New York, etc.：CBS College Publishing, 1985.

The Holy Bible, The Gideons International, New King J ames Version,
Thomas Nelson, Inc., 1985.

Weinman, Michael, *Pleasure in Aristotle's Ethics*, London；New York：

Continuum，2007.

（四）期刊论文（以作者姓氏拼音为序）

本刊记者：《价值文化及其构建的理论探索与现实关怀——访江畅教授》，《当代中国价值观研究》2018 年第 4 期。

陈来：《中华文明与人类共同价值》，《山东省社会主义学院学报》2017 年第 2 期。

董德刚：《关于人类共同价值的几点思考》，《理论视野》2017 年第 8 期。

杜维明：《儒家贡献给人类的共同价值——在第二十四届世界哲学大会启动仪式上的发言》，《船山学刊》2017 年第 5 期。

范希春：《人类命运共同体：科学社会主义的最新理论成果及其世界性贡献》，《中共杭州市委党校学报》2020 年第 1 期。

冯务中：《"三个基本"的形成过程和主要内涵》，《党的文献》2020 年第 2 期。

高炳亮：《马克思生活观之生成逻辑》，《理论与评论》2020 年第 2 期。

郭海龙、林伯海：《对习近平共同价值思想的哲学思考》，《社会主义核心价值观研究》2016 年第 2 期。

韩庆祥等：《人类命运共同体与共同价值》，《社会主义核心价值观研究》2017 年第 4 期。

韩星：《忠恕之道与人类共同价值的构建》，《山东省社会主义学院学报》2017 年第 4 期。

韩震、王临霞：《以社会主义核心价值观培育时代新人的历史演进与现实路径》，《东北师大学报》（哲学社会科学版）2019 年第 3 期。

何涛：《社会主义核心价值体系研究综述》，《中国职工教育》2008 年第 10 期。

洪晓楠：《如何看待西方所谓的"普世价值"》，《大连理工大学学报》（社会科学版）2016 年第 4 期。

侯衍社、侯耀文：《我国社会主要矛盾转化若干重要问题的思考》，《中国特色社会主义研究》2018 年第 1 期。

胡怀亮：《"三为民"思想对马克思主义利益观的丰富与发展》，《中共南宁市委党校学报》2007 年第 1 期。

黄琦：《习近平共同价值思想探析》，《湖南行政学院学报》2017 年第 6 期。

黄永鹏、庞云丽：《人类命运共同体思想的外部反应分析》，《社会科学》2018 年第 11 期。

江畅、潘从义：《习近平幸福观对中国古典幸福观的弘扬与超越》，《武汉大学学报》（哲学社会科学版）2018 年第 4 期。

江畅、潘从义：《中国当代幸福论检视》，《道德与文明》2018 年第 4 期。

江畅：《关于道德与幸福问题的思考》，《湖北大学学报》（哲学社会科学版）1999 年第 3 期。

江畅：《核心价值观的合理性与道义性社会认同》，《中国社会科学》2018 年第 4 期。

江畅：《论当代中国价值观构建》，《马克思主义与现实》2014 年第 4 期。

江畅：《论人类公认的价值理念》，《天津社会科学》2001 年第 1 期。

江畅：《论人类共同价值体系的构建》，《文化发展论丛》2016 年第 3 期。

江畅：《论习近平幸福观》，《思想理论教育》2018 年第 1 期。

江畅：《论中国特色社会主义核心价值理念》，《社会科学战线》2012 年第 10 期。

江畅：《全球化与人类共同价值体系之生成》，《理论月刊》2002 年第 4 期。

江畅：《全球一体与世界和谐》，《伦理学研究》2008 年第 3 期。

江畅：《世界共同体与文明多样性》，《江苏海洋大学学报》（人文社会科学版）2020 年第 3 期。

江畅：《西方近现代主流价值文化构建的启示》，《人民论坛–学术前沿》2012 年第 14 期。

江畅：《幸福：当代社会核心价值体系的核心价值理念》，《湖北大学学报》（哲学社会科学版）2019 年第 6 期。

江畅：《中国传统价值观的"仁者爱人"观念考论》，《马克思主义与中华文化研究》2019 年第 1 期。

江畅：《中国梦与中国社会的终极价值目标》，《道德与文明》2013 年第 7 期。

姜佑福：《论习近平新时代中国特色社会主义思想的逻辑结构》，《学习与探索》2018 年第 6 期。

李德顺：《"人类命运共同体"的主体性》，《党政干部学刊》2018 年第 5 期。

李德顺：《普遍价值及其客观基础》，《中国社会科学》1998 年第 11 期。

李德顺：《人类命运共同体理念的基础和意义》，《领导科学论坛》2017 年第 22 期。

李静：《论儒家文化对构建和谐社会的现实价值》，《湖北省社会主义学院学报》2011 年第 6 期。

李义天：《共同体与公民美德》，《天津行政学院学报》2009 年第 3 期。

廖小平：《人类命运共同体与共同价值安全构建》，《求索》2020 年第 4 期。

林伯海、杨伟宾：《习近平的人类共同价值思想初探》，《当代世界与社会主义》2016 年第 2 期。

刘长庚、张磊：《以社会核心价值观引领收入分配制度改革》，《湖南商学院学报》2016 年第 3 期。

刘进田：《论人类命运共同体的价值主体结构、哲学建构方法及其意义》，《观察与思考》2017 年第 11 期。

刘黎、娄亚萍：《习近平外交思想的伦理维度》，《当代世界社会主义问题》2018 年第 2 期。

马晓强：《利益关系问题是社会和谐的本质问题》，《高校理论战线》2007 年第 2 期。

潘岳：《中华文明要为建构人类共同价值提供重要支撑》，《山东省社会主义学院学报》2017 年第 1 期。

秦宣、刘鑫鑫：《共同价值：打造人类命运共同体的价值观基础》，《中国特色社会主义研究》2017 年第 4 期。

邱仁富：《全球化视域下人类共同价值何以可能?》，《理论与评论》2018 年第 2 期。

舒远招：《康德的永久和平论及其对构建当代人类命运共同体的启示》，《湖北大学学报》（哲学社会科学版）2017 年第 6 期。

孙伟平：《"人类共同价值"与"人类命运共同体"》，《湖北大学学报》（哲学社会科学版）2017 年第 6 期。

孙霄汉：《共同价值与中华民族伟大复兴》，《中国社会科学院研究生院学报》2017 年第 4 期。

汪亭友：《"共同价值"不是西方所谓"普世价值"》，《红旗文稿》2016 年第 2 期。

汪信砚：《价值共识与和谐世界》，《武汉大学学报》（哲学社会科学版）2017 第 5 期。

汪兴福：《简约生活：落实科学发展观的基本要求》，《理论建设》2008 年第 1 期。

王鲁宁：《当代社会主义核心价值体系的幸福理念探析》，《中共济南市委党校学报》2013 年第 5 期。

王伟光：《马克思恩格斯关于利益问题的理论探索》，《中共中央党校学报》1997 年第 4 期。

项久雨：《二者存在本质区别：莫把共同价值与"普世价值"混为一谈》，《理论导报》2016 年第 4 期。

肖河：《中国外交的价值追求——"人类共同价值"框架下的理念分析》，《世界经济与政治》2017 年第 7 期。

熊光清：《全球抗疫深刻诠释"人类命运共同体"理念》，《人民论坛》2020 年第 11 期。

杨俊英：《"共同价值"的内涵解析》，《当代中国价值观研究》2018 年第 1 期。

杨涯人、邹效维：《"普世价值"考辨》，《哲学研究》2011 年第 2 期。

易刚、林伯海：《共同价值与社会主义核心价值观的关系探究》，《思想理论教育》2016 年第 7 期。

易刚：《"全人类共同价值与跨文化交流"国际学术研讨会综述》，《社会主义研究》2020 年第 1 期。

虞崇胜、叶长茂：《社会主义核心价值观与人类共同价值》，《中共中央党校学报》2016 年第 2 期。

虞崇胜：《类文明：化解全球化时代文明冲突的新文明形态》，《马克思主义与中华文化研究》2019 年第 1 期。

张静：《思想政治教育过程的基本矛盾新探》，《中共四川省委省级机关党校学报》2005 年第 4 期。

张军：《树立"共同价值"理念 构建人类文化家园》，《前线》2017 年第 5 期。

张然：《〈共产党宣言〉中"人类命运共同体"思想及其当代价值》，《南昌航空大学学报》（社会科学版）2020 年第 1 期。

甄言：《中国应该为丰富人类的共同价值作贡献》，《人民论坛》2008 年第 14 期。

周鸿雁、江畅：《论社会的国家化及其目的和使命》，《理论月刊》2005 年第 4 期。

邹广文、张九童：《中国现代性方案的历史坐标》，《中国特色社会主义研究》2020 年第 1 期。

后　记

　　本书是在本人博士学位论文基础上修改完成的，在本书即将出版之际，博士论文写作过程和答辩后的修改经历如同电影般浮现在脑海中，这其中有太多的感慨，既有以"优秀"成绩通过论文答辩和书稿获得浙江省社科规划后期资助重点项目立项的喜悦，也有论文写作过程中和书稿交给出版社后无数次修改的艰辛，更多的是感激。感恩老师们对我的教诲，感恩家人和同事的支持。

　　首先要感谢我的导师——教育部长江学者江畅教授。在高校工作十多年，我一直抱有对学术追求和继续深造的愿望，非常荣幸被老师收入门下。老师在学术上给我思想启迪，有针对性地给予我指导，每次找老师请教，经常指导我到深夜甚至凌晨，意犹未尽，让我收获很多。尽管老师平常行政和科研工作繁忙，但每次发给老师稿子，老师都能在当天进行详细修改。老师注重言传身教，他严谨治学的态度、敬业的精神和对生活的热爱令我深深敬佩。在此，对老师表示深深的敬意和感谢！

　　特别要感谢我的家人。妻子在完成自己繁重的教学和科研任务的同时，不仅承担了儿子的学习辅导和生活照顾任务，还照料好双方父母，把家里安排得井井有条，我的缺位，妻子从未有过抱怨，默默地承受着一切。年迈的父母放下家里手头的工作，千里迢迢从武汉来到温州照顾家里，解决了我的后顾之忧，默默地支持我。读博期间，正值儿子上小学，因工作繁忙和博士学业，缺少了对他的陪伴，每次儿子进入书房想要我陪他玩游戏，看到我正在伏案写作时欲言又止，轻轻关上门，尽管儿子一直很懂事，但我心存愧疚。

　　要感谢浙江省社科规划办将书稿列为后期资助重点课题，资助本书出版。感谢温州大学把专著列入学术精品文库。

　　感谢中国社会科学出版社宫京蕾编辑对专著出版给予的大力支持和

帮助。

老师提出伦理学者要关注现实问题，要有国际视野和人类情怀。四年前，老师给我布置"人类共同价值"这一选题后，我备受老师的精神激励，以"初生牛犊不怕虎"的勇气，立即着手研究。在老师的鼓励和情怀影响下，我尝试在人类共同价值方面做些研究，并不断鼓励自己坚持下来，最终完成专著。专著在出版前已记不清自己修改了多少次，每次修改后都发现还有有待完善之处，深感离老师们的期许还有距离。我将在老师们的指导下继续潜心对人类共同价值进行研究，以此书的出版来感谢一路来给予我指导、关爱、支持和帮助的人。

潘从义

2021 年 10 月